El arte de la vida en Japón

HIROMI SATO

Introducción

El *saijiki*, o calendario anual de eventos, recopila los acontecimientos que se celebran con el paso de las cuatro estaciones del año, como los festivales del Hina-matsuri y el Tanabata, o los solsticios de verano e invierno. Dicho en pocas palabras, es como una guía de la vida en Japón. Todo el mundo sabe que, durante el Setsubun, el último día de invierno, se lanzan judías, o que en el Ōmisoka, el último día del año, se comen fideos *soba*. Sin embargo, hay muchísimas otras fiestas y costumbres preciosas de Japón que no deberían perderse. Me gustaría darte a conocer los distintos acontecimientos que se reparten durante todo el año para que disfrutes de cada uno de ellos. Incorporar el *saijiki* a tu vida hará que la monotonía de tu día a día empiece a brillar con luz multicolor y te enriquecerá espiritualmente.

Tal vez podrías sentir la tentación de pensar que las costumbres tradicionales son demasiado ceremoniosas y te dé pereza ponerte a ello. Aunque me avergüence admitirlo, debo decir que yo también soy bastante descuidada y comodona; además, al vivir en la ciudad me resulta difícil mantenerme conectada con la naturaleza en mi día a día.

Aun así, tenía tantas ganas de incorporar el *saijiki* a mi vida que simplifiqué aquello que requería demasiado esfuerzo, sustituí algunos ingredientes que necesitaba por otros productos de cercanía e ideé varias formas para poder celebrar yo también dichas tradiciones.

En este libro explico cómo preparar un *o-sechi* (la comida del Año Nuevo) que quepa en un solo plato, o cómo hacer muñecas con papiroflexia, entre otros, para que cualquiera pueda disfrutar de nuestras costumbres respetando siempre la tradición.

Asimismo, también incluyo recetas simples con ingredientes de temporada e historias fascinantes sobre el origen y el significado de nuestras tradiciones que te dejarán con la boca abierta. Espero que disfrutes de este libro introductorio al *saijiki*, de los consejos que contiene para enriquecer tu vida y de las coloridas ilustraciones que lo complementan.

Clave para disfrutar de este libro

¿Sabías que, en Japón, el primer día de primavera es el más caluroso del año? ¿O que al mes de junio, que es cuando más llueve, se lo llama *minazuki*, que literalmente significa 'mes sin agua'?

Muchas de las antiguas denominaciones de las estaciones y los acontecimientos que tienen lugar durante el año se basan en el antiguo calendario lunisolar. Este no se corresponde de manera exacta con el calendario gregoriano actual; a grandes rasgos, podríamos decir que en el lunisolar las estaciones llegan aproximadamente un mes antes que en el gregoriano. Esto se debe a que el antiguo calendario se creó tomando como referencia los sutiles cambios en la naturaleza. En aquella época, la civilización y la ciencia no estaban tan desarrolladas como ahora. Las personas vivían en comunión con el entorno natural y percibían los cambios de las estaciones gracias a ese antiguo calendario lunisolar.

Así, si lees este libro teniendo en mente la diferencia que existe entre ambos calendarios, disfrutarás de la lectura a un nivel mucho más profundo.

Índice

Tipos de calendarios

Generalmente, los calendarios se pueden clasificar en tres tipos: solar, lunar y lunisolar.

Calendario que se usa actualmente en todo el mundo, basado en que la Tierra tarda un año en dar una vuelta al sol. Esa vuelta se completa en 365 días, 5 horas, 48 minutos y 46 segundos, pero acaba por redondearse a 365 días. Ese desfase se reajusta una vez cada cuatro años con el 29 de febrero. También se conoce como «calendario gregoriano».

Cada ciclo lunar de este calendario, que va de una luna nueva a la siguiente y dura de 29 a 30 días, es un mes. No obstante, como los ciclos lunares y el movimiento del sol no guardan relación, las estaciones cada vez están más desfasadas.

Antiguo calendario japonés, e incorpora los elementos del calendario solar al lunar. El día de luna nueva más cercano al inicio de la primavera se establece como el primero del año. El desfase se suele corregir una vez cada tres años añadiendo un día. Fue el sistema estándar en Japón hasta el quinto año del período Meiji (1872).

Los 24 términos solares y las 72 péntadas

Los antiguos chinos usaban el calendario lunar, pero al percatarse del desfase con las estaciones del año, idearon los 24 términos solares. Estos se establecieron en función de los equinoccios de primavera y otoño, y su nombre hace referencia a los cambios de la naturaleza acaecidos durante su transcurso.

Los términos solares se importaron a Japón en el período Asuka y se usaron como guía para escoger las fechas de siembra y cosecha de los cultivos.

Cada uno de los 24 términos solares se puede subdividir en otros tres segmentos de unos cinco días llamados «72 péntadas». La denominación de cada una de ellas evoca con claridad la climatología y los sutiles cambios en la flora y la fauna.

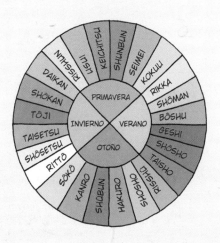

LAS 72 PÉNTADAS: LA PRIMAVERA

RISSHUN

INICIO DE PRIMAVERA. SUS SEÑALES EMPIEZAN
A MANIFESTARSE ENTRE EL FRÍO.

4 DE
FEBRERO
(APROX.)

- *HARUKAZE KŌRI WO TOKU*
  LOS VIENTOS DE PRIMAVERA EMPIEZAN A DERRETIR
  EL GRUESO HIELO.

- *ŌKŌ KENKANSU*
  SE EMPIEZA A OÍR EL CANTO DE LOS RUISEÑORES
  EN LAS ALDEAS DE MONTAÑA.

- *UŌ KŌRI WO HAIZURU*
  LOS PECES SALTAN EN LOS HUECOS QUE DEJA
  EL HIELO QUEBRADO.

USUI

LLUVIA DE AGUA. DURANTE ESTA ÉPOCA, LAS NEVADAS PASAN
A SER LLUVIAS.

19 DE
FEBRERO
(APROX.)

- *TSUCHI NO SHŌ URUOI OKORU*
  EL AGUA DE LA LLUVIA HUMEDECE LOS CAMPOS
  DE CULTIVO.

- *KASUMI HAJIMETE TANABIKU*
  COMIENZA A APARECER LA NIEBLA.

- *SŌMOKU MEBAE IZURU*
  EMPIEZAN A APARECER LOS PRIMEROS BROTES
  DE LAS PLANTAS.

KEICHI- TSU

DESPERTAR DE LOS INSECTOS. CON LA LLEGADA DE
TEMPERATURAS MÁS CÁLIDAS, LOS INSECTOS SALEN
A LA SUPERFICIE.

6 DE MARZO
(APROX.)

- *SUGOMORI MUSHI TO WO HIRAKU*
  LOS INSECTOS QUE ESTABAN EN ESTADO DE HIBERNACIÓN
  SALEN AL EXTERIOR.

- *MOMO HAJIMETE SAKU*
  LAS FLORES DE LOS MELOCOTONEROS EMPIEZAN
  A ABRIRSE.

- *NAMUSHI CHŌ TO NARU*
  LAS ORUGAS DESARROLLAN ALAS Y SE TRANSFORMAN
  EN MARIPOSAS.

| SHUNBUN | EQUINOCCIO DE PRIMAVERA. SE CELEBRA EL *HIGAN* DE PRIMAVERA, UNA IMPORTANTE FESTIVIDAD BUDISTA QUE DURA SIETE DÍAS. EN ESTE TIEMPO, EL DÍA Y LA NOCHE TIENEN PRÁCTICAMENTE LA MISMA DURACIÓN. |

21 DE
MARZO
(APROX.)

- *SUZUME HAJIMETE SUKŪ*
  LOS GORRIONES EMPIEZAN A CONSTRUIR SUS NIDOS.

- *SAKURA HAJIMETE HIRAKU*
  LAS FLORES DE LOS CEREZOS EMPIEZAN A ABRIRSE.

- *KAMINARI SUNAWACHI KOE WO HASSU*
  A LO LEJOS SE EMPIEZA A OÍR EL RETUMBAR DE LOS TRUENOS.

| SEIMEI | PURO Y CLARO. TODO SE LLENA DE CLARIDAD, PUREZA Y FRESCURA. |

5 DE ABRIL
(APROX.)

- *TSUBAME KITARU*
  LAS GOLONDRINAS LLEGAN DESDE EL SUR.

- *KŌGAN KAERU*
  LOS GANSOS ATRAVIESAN EL CIELO EN DIRECCIÓN AL NORTE.

- *NIJI HAJIMETE ARAWARU*
  SE EMPIEZA A VER CÓMO SE FORMAN ARCOÍRIS TRAS LAS LLUVIAS.

| KOKUU | LLUVIA EN GRANO. TEMPORADA DE LLUVIAS PRIMAVERALES QUE RIEGAN LOS CEREALES. |

20 DE
ABRIL
(APROX.)

- *ASHI HAJIMETE SHŌSU*
  LOS BROTES DE CARRIZO EMPIEZAN A EMERGER.

- *SHIMO YAMITE NAEIZURU*
  LA ESCARCHA DESAPARECE Y LOS PLANTONES DE ARROZ CRECEN.

- *BOTAN HANA SAKU*
  LAS FLORES DE LAS PEONÍAS FLORECEN.

LAS 72 PÉNTADAS: EL VERANO

RIKKA

INICIO DEL VERANO. EN EL CALENDARIO, ESTA ESTACIÓN SE INICIA EN ESTE DÍA Y DURA HASTA EL DÍA PREVIO AL INICIO DEL OTOÑO.

6 DE MAYO (APROX.)

- *KAWAZU HAJIMETE NAKU*
  LAS RANAS EMPIEZAN A CROAR.

- *MIMIZU IZURU*
  LAS LOMBRICES REPTAN A LA SUPERFICIE.

- *TAKE NO KO SHŌZU*
  EMERGEN LOS BROTES DE BAMBÚ.

SHŌMAN

GRANO LLENO. LAS PLANTAS SE VAN HACIENDO CADA VEZ MÁS ROBUSTAS.

21 DE MAYO (APROX.)

- *KAIKO OKITE KUWA WO HAMU*
  LOS GUSANOS DE SEDA SE ACTIVAN Y EMPIEZAN A COMERSE LAS HOJAS DE LAS MORERAS.

- *BENIBANA SAKAU*
  LAS FLORES DE LOS ALAZORES SE ABREN.

- *MUGI NO TOKI ITARU*
  EL TRIGO MADURA Y LLEGA LA TEMPORADA DE COSECHARLO.

BŌSHU

ARISTAS EN EL GRANO. DA COMIENZO LA ÉPOCA DE SIEMBRA DE LOS CAMPOS DE ARROZ Y EMPIEZA LA TEMPORADA DE LLUVIAS.

6 DE JUNIO (APROX.)

- *KAMAKIRI SHŌZU*
  LAS MANTIS RELIGIOSAS EMPIEZAN A NACER.

- *KUSARETARU KUSA HOTARU TO NARU*
  LAS LUCIÉRNAGAS EMERGEN DE DEBAJO DE LA HIERBA EN DESCOMPOSICIÓN.

- *UME NO MI KI NARI*
  LAS CIRUELAS SE VUELVEN AMARILLAS Y MADURAN.

GESHI

SOLSTICIO DE VERANO. ES EL DÍA DEL AÑO EN EL QUE HAY MÁS HORAS DE SOL Y LA NOCHE ES MÁS CORTA.

21 DE JUNIO
(APROX.)

- NATSU KAREKUSA KARURU
  LA HIERBA CONSUELDA MENOR SE MARCHITA.

- AYAME HANA SAKU
  LAS FLORES DE LOS LIRIOS SE ABREN.

- HANGE SHŌZU
  LA PINELLIA TERNATA GERMINA.

SHŌSHO

PEQUEÑO CALOR. EMPIEZA LA ÉPOCA DE LLUVIAS Y EL CALOR DE VERDAD.

7 DE JULIO
(APROX.)

- ATSUKAZE ITARU
  EMPIEZA A SOPLAR UN VIENTO CÁLIDO.

- HASU HAJIMETE HIRAKU
  LAS FLORES DEL LOTO COMIENZAN
  A FLORECER.

- TAKA SUNAWACHI WAZA WO NARAU
  LAS CRÍAS DE HALCÓN APRENDEN A VOLAR.

TAISHO

GRAN CALOR. ES LA ÉPOCA DE CALOR MÁS INTENSO.

23 DE
JULIO
(APROX.)

- KIRI HAJIMETE HANA WO MUSUBU
  EL ÁRBOL DE LA PAULONIA EMPIEZA A DAR SUS FRUTOS.

- TSUCHI URUOUTE MUSHIATSUSHI
  LA TIERRA SE MOJA Y LLEGA EL CALOR HÚMEDO
  Y SOFOCANTE.

- TAIU TOKIDOKI FURU
  ÉPOCA EN LA QUE OCASIONALMENTE CAEN LLUVIAS
  TORRENCIALES.

LAS 72 PÉNTADAS: EL OTOÑO

| RISSHŪ | INICIO DEL OTOÑO. EN EL CALENDARIO, ESTA ESTACIÓN SE INICIA EN ESTE DÍA Y DURA HASTA EL DÍA PREVIO AL INICIO DEL INVIERNO. |

8 DE
AGOSTO
(APROX.)

- **SUZUKAZE ITARU**
  EMPIEZA A SOPLAR UN VIENTO MÁS FRESCO.

- **HIGURASHI NAKU**
  SE EMPIEZA A OÍR EL CANTO DE LAS CIGARRAS VESPERTINAS.

- **FUKAKI KIRI MATOU**
  SE EMPIEZAN A LEVANTAR DENSAS NIEBLAS.

| SHOSHO | LÍMITE DEL CALOR. TERMINA EL PICO DE CALOR Y LAS ALTAS TEMPERATURAS EMPIEZAN A APLACARSE. |

23 DE
AGOSTO
(APROX.)

- **WATA NO HANASHIBE HIRAKU**
  LOS CÁLICES DE LAS FLORES QUE ENVUELVEN EL ALGODÓN COMIENZAN A ABRIRSE.

- **TENCHI HAJIMETE SAMUSHI**
  FINALMENTE, EL CALOR EMPIEZA A MITIGARSE.

- **KOKUMONO SUNAWACHI MINORU**
  EL ARROZ MADURA.

| HAKURO | ROCÍO BLANCO. EN ESTA ÉPOCA DEL AÑO ES TÍPICO VER COMO CADA VEZ SE ACUMULA MÁS ROCÍO SOBRE LA VEGETACIÓN CUANDO AMANECE. |

8 DE
SEPTIEMBRE
(APROX.)

- **KUSA NO TSUYU SHIROSHI**
  EL ROCÍO QUE HA CAÍDO SOBRE LA MALEZA EMANA UN RESPLANDOR BLANCO.

- **SEKIREI NAKU**
  LAS LAVANDERAS JAPONESAS EMPIEZAN A CANTAR.

- **TSUBAME SARU**
  LAS GOLONDRINAS VUELVEN AL SUR.

| SHŪBUN | EQUINOCCIO DE OTOÑO. SE CELEBRA EL HIGAN DE OTOÑO. EN ESTE TIEMPO, EL DÍA Y LA NOCHE TIENEN PRÁCTICAMENTE LA MISMA DURACIÓN. |

23 DE
SEPTIEMBRE
(APROX.)

- *KAMINARI SUNAWACHI KOE WO OSAMU*
  CESA EL RETUMBAR DE LOS TRUENOS.

- *MUSHI KAKURETE TO WO FUSAGU*
  LOS INSECTOS SE METEN BAJO TIERRA Y COMIENZAN
  EL PERÍODO DE HIBERNACIÓN.

- *MIZU HAJIMETE KARURU*
  EL AGUA DE LOS CAMPOS DE CULTIVO SE SECA.

| KANRO | ROCÍO FRÍO. A MEDIDA QUE AVANZA EL OTOÑO, EL ROCÍO DE LA MAÑANA ES MÁS FRÍO. |

8 DE
OCTUBRE
(APROX.)

- *KŌGAN KITARU*
  SE COMIENZA A VER LOS GANSOS QUE
  LLEGAN VOLANDO.

- *KIKU NO HANA HIRAKU*
  LAS FLORES DE LOS CRISANTEMOS SE ABREN.

- *KIRIGIRISU TO NI ARI*
  SE OYE EL CANTO DE LOS SALTAMONTES LONGICORNIOS
  CERCA DE LAS PUERTAS DE LAS CASAS.

| SŌKŌ | CAÍDA DE LA HELADA. EMPIEZA A LLOVER ESCARCHA EN LAS ALDEAS DE MONTAÑA. |

23 DE
OCTUBRE
(APROX.)

- *SHIMO HAJIMETE FURU*
  EMPIEZA A LLOVER ESCARCHA.

- *KOSAME TOKIDOKI FURU*
  CAEN LLUVIAS MENUDAS.

- *MOMIJI TSUTA KIBAMU*
  LAS HOJAS DE LOS ARCES Y LA HIEDRA
  ADQUIEREN LOS COLORES DEL OTOÑO.

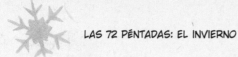

LAS 72 PÉNTADAS: EL INVIERNO

| RITTŌ |

INICIO DEL INVIERNO. EN EL CALENDARIO, ESTA ESTACIÓN SE INICIA ESTE DÍA Y DURA HASTA EL DÍA PREVIO AL INICIO DE LA PRIMAVERA.

7 DE NOVIEMBRE (APROX.)

- *TSUBAKI HAJIMETE HIRAKU*
  LAS CAMELIAS EMPIEZAN A FLORECER.

- *CHI HAJIMETE KŌRU*
  LA TIERRA EMPIEZA A HELARSE.

- *KINSENKA SAKU*
  LAS FLORES DE LOS NARCISOS SE ABREN.

| SHŌ-SETSU |

PEQUEÑA NEVADA. EMPIEZA A NEVAR DE FORMA ESPORÁDICA.

22 DE NOVIEMBRE (APROX.)

- *NIJI KAKURETE MIEZU*
  YA NO SE VEN ARCOÍRIS EN EL CIELO.

- *KITAKAZE KONOHA WO HARAU*
  LOS VIENTOS DEL NORTE DESPOJAN A LOS ÁRBOLES DE SUS HOJAS.

- *TACHIBANA HAJIMETE KIBAMU*
  LAS HOJAS DE LOS MANDARINOS EMPIEZAN A ADQUIRIR UN TONO AMARILLENTO.

| TAISETSU |

GRAN NEVADA. LLEGA EL RIGOR DEL INVIERNO.

7 DE DICIEMBRE (APROX.)

- *SORA SAMUKU FUYU TO NARU*
  TANTO LA TEMPERATURA DEL CIELO COMO LA DE LA TIERRA DESCIENDEN Y LLEGA EL INVIERNO.

- *KUMA ANA NI KOMORU*
  LOS OSOS SE OCULTAN EN EL INTERIOR DE SUS CUEVAS PARA HIBERNAR.

- *SAKE NO UŌ MURAGARU*
  LOS SALMONES FORMAN BANCOS Y REMONTAN LOS RÍOS.

| TŌJI | SOLSTICIO DE INVIERNO. ES EL DÍA DEL AÑO EN EL QUE HAY MENOS HORAS DE SOL Y LA NOCHE ES MÁS LARGA. |

22 DE DICIEMBRE (APROX.)

- NATSUKAREKUSA SHŌZU
  APARECEN LOS BROTES DE LA CONSUELDA MENOR.

- SAWASHIKA NO TSUNO OTSURU
  LOS GRANDES CIERVOS PIERDEN SUS CORNAMENTAS.

- YUKI WATARITE MUGI NOBIRU
  LOS BROTES DE TRIGO EMERGEN DE DEBAJO DE LA NIEVE.

| SHŌKAN | PEQUEÑO FRÍO. EL FRÍO VA INTENSIFICÁNDOSE DE FORMA GRADUAL. DA COMIENZO EL PLENO INVIERNO. |

5 DE ENERO (APROX.)

- SERI SUNAWACHI SAKAU
  EL PEREJIL CRECE CON FUERZA.

- SHIMIZU ATATAKA WO FUKUMU
  EL AGUA DE MANANTIAL QUE ESTABA CONGELADA BAJO TIERRA EMPIEZA A CORRER.

- KIJI HAJIMETE NAKU
  LOS FAISANES MACHO EMPIEZAN A CANTAR.

| DAIKAN | GRAN FRÍO. ÉPOCA MÁS FRÍA DE TODO EL AÑO. |

20 DE ENERO (APROX.)

- FUKI NO HANA SAKU
  FLORECEN LOS BROTES DEL PETASITES.

- SAWAMIZU KŌRI TSUMERU
  UNA GRUESA CAPA DE HIELO SE FORMA SOBRE LA SUPERFICIE DE LOS ARROYOS.

- NIWATORI HAJIMETE TOYA NI TSUKU
  LAS GALLINAS EMPIEZAN A PONER SUS HUEVOS.

Zassetsu

Los *zassetsu* son días exclusivos del calendario japonés que se crearon con el fin de compensar los desajustes ocasionales que había entre los 24 términos solares de China y el clima nipón.

| SETSUBUN | 3 DE FEBRERO (APROX.)
DÍA ANTERIOR AL INICIO DE LA PRIMAVERA. EN ESTA FECHA FINALIZA EL INVIERNO Y SE PRODUCE EL CAMBIO DE ESTACIÓN. |

| HIGAN | 21 DE MARZO Y 23 DE SEPTIEMBRE (APROX.)
SE CELEBRA EN PRIMAVERA Y OTOÑO. SON LOS DÍAS EN QUE EL SOL SALE POR EL ESTE EXACTO Y SE PONE POR EL OESTE EXACTO. |

| SHANICHI | 20 DE MARZO Y 20 DE SEPTIEMBRE (APROX.)
SE CELEBRA EN PRIMAVERA Y OTOÑO. EN EL PRIMERO SE REZA PARA QUE HAYA ABUNDANTES COSECHAS Y EN EL SEGUNDO SE DA LAS GRACIAS POR ELLAS. |

| HACHI JŪHACHI-YA | 2 DE MAYO (APROX.)
ES EL OCTOGÉSIMO OCTAVO DÍA DESDE EL INICIO DE LA PRIMAVERA. FECHA APROXIMADA DE LA RECOGIDA DEL TÉ. |

| NYŪBAI | 11 DE JUNIO (APROX.)
INICIO DE LA ÉPOCA DE LLUVIAS. |

| HANGESHŌ | 2 DE JULIO (APROX.)
FINAL DE LA ÉPOCA DE LLUVIAS. FECHA APROXIMADA EN LA QUE FINALIZA LA PLANTACIÓN DE LOS CAMPOS DE ARROZ. |

| DOYŌ | A PARTIR DEL 17 DE ENERO, 17 DE ABRIL, 20 DE JULIO, 20 DE OCTUBRE (APROX.).
ES EL PERÍODO FINAL DE CADA ESTACIÓN DEL AÑO, EL CUAL DURA 18 DÍAS. |

| NIHYAKUTŌKA | 1 DE SEPTIEMBRE (APROX.)
DÍA NÚMERO 210 CONTANDO DESDE EL DÍA EN QUE SE INICIA LA PRIMAVERA. EN ESTA FECHA HAY QUE TENER PRECAUCIÓN CON LOS TIFONES. |

| NIHYAKUHATSUKA | 11 DE SEPTIEMBRE (APROX.)
DÍA NÚMERO 220 CONTANDO DESDE EL DÍA EN QUE SE INICIA LA PRIMAVERA. EN ESTA FECHA HAY QUE TENER PRECAUCIÓN CON LOS TIFONES. |

OJALÁ QUE LOS 365 DÍAS DE TUS AÑOS
SE LLENEN AÚN MÁS DE LUZ...

一
月 Enero

睦 月 *Mutsuki*, el primer mes del antiguo calendario

(睦: íntimo, amigable, armonioso; 月: mes)

El origen de *mutsuki* hace referencia al hecho de que, en Año Nuevo, familia y amigos se reúnen para intimar y fortalecer los vínculos entre ellos. También recibe otros nombres, como *shinshun* ('nueva primavera'), *shoshun* ('inicio de la primavera'), *mōshun* ('comienzo de la primavera') o *tarōzuki* ('primer mes').

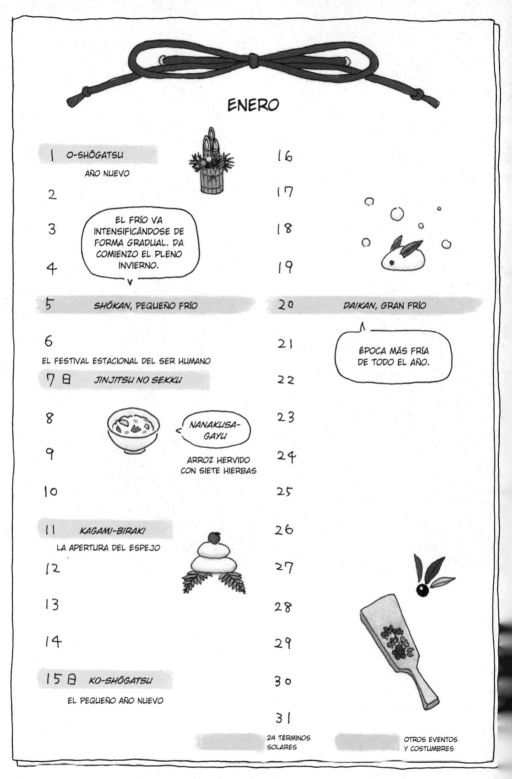

ENERO

1	O-SHŌGATSU		
	AÑO NUEVO	16	
2		17	
3		18	
4		19	

EL FRÍO VA INTENSIFICÁNDOSE DE FORMA GRADUAL. DA COMIENZO EL PLENO INVIERNO.

5   SHŌKAN, PEQUEÑO FRÍO

6

EL FESTIVAL ESTACIONAL DEL SER HUMANO

7 日   JINJITSU NO SEKKU

8

9

NANAKUSA-GAYU

ARROZ HERVIDO CON SIETE HIERBAS

10

11   KAGAMI-BIRAKI

LA APERTURA DEL ESPEJO

12

13

14

15 日   KO-SHŌGATSU

EL PEQUEÑO AÑO NUEVO

20   DAIKAN, GRAN FRÍO

ÉPOCA MÁS FRÍA DE TODO EL AÑO.

21

22

23

24

25

26

27

28

29

30

31

24 TÉRMINOS SOLARES

OTROS EVENTOS Y COSTUMBRES

Un nuevo año da comienzo. Para referirnos a él, en Japón no usamos la palabra *kawaru*, que significa 'cambiar', sino *akeru*, cuyo significado es, entre muchos otros, 'amanecer, clarear, iluminarse'. De igual modo que la luz del día pone punto final a la noche, el O-shōgatsu empieza en silencio y solemnidad.

En el antiguo calendario, el mes de enero se conocía como *mutsuki*. El término se acuñó con el significado de 'mes en el que fortalecemos la amistad', y creo que, actualmente, es el momento del año en que sentimos con más intensidad la relación que tenemos con los demás. Cuando yo era niña, solíamos pasar estas fiestas en casa de mis abuelos de Hiroshima, y recuerdo que recibíamos visitas de parientes y vecinos a todas horas. Comíamos juntos platos deliciosos, jugábamos a distintos juegos de cartas y nos daban el aguinaldo. La emoción que sentía por todos aquellos sucesos tan especiales era constante, pero lo que más recuerdo es que todas las personas con las que estábamos lucían sonrisas radiantes.

Enero es un mes que te permite disfrutar de momentos cálidos y apacibles a la vez que te serena para fijar objetivos nuevos de cara al año que empieza. Y esta manera de vivirlo se ha ido reforzando desde que he incorporado a mi vida eventos y costumbres que se han ido transmitiendo de generación en generación desde la antigüedad.

FLOR DE LOS NACIDOS EN ENERO:

FLOR DEL CIRUELO

SIGNIFICADO EN EL LENGUAJE DE LAS FLORES: 'BELLEZA ELEGANTE'

ALIMENTOS DE TEMPORADA EN ENERO

一月の旬

HOURENSŌ

ESPINACAS. RICAS EN HIERRO Y VITAMINA C, QUE AYUDA A ASIMILARLO. EN ESTA ÉPOCA RECOMIENDO LA VARIEDAD DE HOJA RIZADA, QUE SE CULTIVA PRINCIPALMENTE EN LAS REGIONES DE KANTŌ Y TŌHOKU. LAS HOJAS ARRUGADAS POR EL FRÍO CONCENTRAN LOS NUTRIENTES Y SABEN DULCE.

BURI

SERIOLA. CUANDO SE PESCA EN INVIERNO TIENE MUCHA GRASA Y ESTÁ DELICIOSA TANTO HERVIDA O FRITA COMO CRUDA. NO PUEDE FALTAR EN LA COMIDA DE AÑO NUEVO. EN JAPONÉS, ESTE PEZ SE DENOMINA *HAMACHI* EN PERÍODO DE CRECIMIENTO Y *BURI* CUANDO ES ADULTO. TAMBIÉN HAY GENTE QUE LLAMA *BURI* A LOS EJEMPLARES SALVAJES Y *HAMACHI*, A LOS DE ACUICULTURA.

GOBŌ

BARDANA. JUSTO BAJO LA PIEL REÚNE MUCHOS NUTRIENTES, COMO POLIFENOLES, ASÍ QUE, EN VEZ DE PELARLA, PREFIERO FROTARLA CON UN *TAWASHI* (CEPILLO DE FIBRAS DE COCO) Y LAVARLA.
SE USA EN TODO EL MUNDO COMO PLANTA MEDICINAL, PERO SOLO JAPÓN Y ALGUNAS ZONAS DE ASIA LA UTILIZAN EN LA COCINA.

RENKON

RIZOMA DE LOTO. SE USA MUCHO EN LAS CELEBRACIONES, YA QUE SE DICE QUE SE PUEDE VER EL FUTURO A TRAVÉS DE SUS AGUJEROS Y ESO DA BUENA SUERTE. ES MUY RICO EN VITAMINA C, POR LO QUE PREVIENE LOS RESFRIADOS Y ES IDEAL PARA EL FRÍO DEL INVIERNO.

① CORTA LA ZANAHORIA EN JULIANA. PELA EL RIZOMA DE LOTO Y CÓRTALO EN CUARTOS. FROTA LA BARDANA CON UNA ESPONJA QUE RASPE PARA QUITAR LA SUCIEDAD MIENTRAS LA LAVAS, Y CÓRTALA EN JULIANA. METE LOS DOS ÚLTIMOS EN AGUA DURANTE UNOS 5 MINUTOS Y LUEGO CUÉLALOS.

CORTE EN JULIANA   CORTE EN CUARTOS   CORTE EN JULIANA

SI SE DEJAN REPOSAR EN AGUA CON VINAGRE SE EVITA QUE SE OXIDEN, PERO ES FÁCIL QUE EL RIZOMA DE LOTO ADQUIERA UN REGUSTO AVINAGRADO Y LA BARDANA PIERDA SU SABOR.

INGREDIENTES (PARA DOS PERSONAS)

- 1 RIZOMA DE LOTO
- 1/2 BARDANA
- 1/2 ZANAHORIA
- 1 CDA. DE ACEITE DE SÉSAMO
- SEMILLAS DE SÉSAMO BLANCO

☆ 1 CDA. DE SAKE
☆ 1 CDA. DE AZÚCAR
☆ 2 CDAS. DE SALSA DE SOJA
☆ 1 CDA. DE SALSA *MIRIN*

*SE PUEDE CONSERVAR EN LA NEVERA DE TRES A CUATRO DÍAS.

② CALIENTA UNA SARTÉN Y AÑADE EL ACEITE DE SÉSAMO. SALTEA LOS INGREDIENTES. CUANDO SE EMPIECEN A ABLANDAR, AÑADE EL SAKE, EL AZÚCAR, LA SALSA DE SOJA Y LA SALSA *MIRIN*. SALTEA HASTA QUE EL CALDO SE EVAPORE.

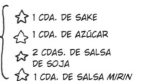

¡QUÉ RICO ESTOY CUANDO CRUJO DENTRO DE LA BOCA! ♪

SI TE GUSTA EL PICANTE, PRIMERO SALTEA UNA GUINDILLA (*TAKANO-TSUME*).

¡UN POCO DE SÉSAMO BLANCO POR ENCIMA Y LISTO!

O~shōgatsu, el Año Nuevo
1 de enero

お正月

En este día, los «¡Feliz Año Nuevo!» se oyen por doquier. Apenas unas horas tras el 31 de diciembre, nos levantamos como si cuerpo y mente hubieran renacido. Como dice el refrán, *«ichinen no kei wa gantan ni ari»* ('los planes de todo el año se hacen en el primer día'), es mejor proponerse los objetivos cuando estamos más despejados.

Dicen que es mejor realizar la primera visita al templo, llamada Hatsumōde, durante los festivos de Año Nuevo. Ese período se llama Matsu no uchi, y entonces se colocan las *shimenawa*, cuerdas que indican que un lugar es sagrado, o los *kadomatsu*, adornos de pino y bambú, en la entrada de las casas. Suele durar desde el día 1 hasta el 7, pero en algunas regiones se alarga hasta el 15. Se cree que hay que visitar el templo mientras el Dios del Año, conocido como *toshigamisama*, aún está en el pino ornamental.

Cuando finaliza la visita al templo, se recoge el *o-mikuji*, papel cuyo texto revela la suerte que se tendrá durante el año. Una vez un extranjero me preguntó la diferencia entre los tipos de suertes llamados *shōkichi* y *suekichi*, pero en aquella época ni yo misma sabía la diferencia y contesté: *«Small lucky... and little lucky...?»*. Me di cuenta de que muchos japoneses tampoco saben cuál de ellas es mejor. Por orden, quedarían así: *daikichi* (buena suerte mayor), *chūkichi* (buena suerte media), *shōkichi* (buena suerte menor), *kichi* (buena suerte), *suekichi* (buena suerte futura), *ku* (mala suerte). Si algo me gusta de los japoneses es que siempre vemos el lado positivo de los presagios porque, aunque nos salga mala suerte, solemos pensar: «¡Qué bien! ¡Ya no puedo estar peor de lo que estoy ahora!» o «¡Al fin se acaba mi mala suerte!».

Adornos de Año Nuevo

KADOMATSU

ADORNO DE PINO Y BAMBÚ QUE SE COLOCA EN LA ENTRADA DE LAS CASAS Y SIRVE DE GUÍA AL DIOS DEL AÑO EN SU VISITA A LOS HOGARES.

SHIMENAWA

ESTA CUERDA MARCA EL LÍMITE DE UN RECINTO EN EL QUE MORAN LOS DIOSES. EXPULSAN LAS DESGRACIAS DE OTROS AÑOS Y NO PERMITEN QUE ENTREN NUEVOS INFORTUNIOS EN CASA.

KAGAMI-MOCHI

PASTELITOS DE PASTA DE ARROZ QUE SE OFRECEN AL DIOS DEL AÑO EN SU VISITA AL HOGAR.

DAIDAI

NARANJA AGRIA CUYO NOMBRE SE PRONUNCIA IGUAL QUE LA EXPRESIÓN «GENERACIÓN TRAS GENERACIÓN». SE COLOCA PARA QUE EL HOGAR PROSPERE.

MOCHI REDONDOS AMONTONADOS

ESTOS DOS MOCHI SIMBOLIZAN EL SOL Y LA LUNA, LA BUENA SUERTE QUE SE AMONTONA Y LA ACUMULACIÓN DE AÑOS EN ARMONÍA.

URAJIRO

LAS VIEJAS HOJAS DE ESTE TIPO DE HELECHO NO CAEN CUANDO SALEN LAS NUEVAS, POR LO QUE ES SÍMBOLO DE VITALIDAD Y LONGEVIDAD.

YUZURIHA

LA PALABRA YUZURI QUE CONTIENE EL NOMBRE DEL DAFNIFILO EN JAPONÉS SIGNIFICA 'CEDER O TRASPASAR', POR ESO SIMBOLIZA EL RELEVO A LA SIGUIENTE GENERACIÓN.

Otros aspectos relacionados con el Año Nuevo

WAKAMIZU

PRIMERA AGUA QUE SE EXTRAE DEL POZO EL DÍA 1 DE ENERO. SEGÚN LA TRADICIÓN, HABÍA QUE DIRIGIRSE AL POZO A LA HORA DEL TIGRE (ENTRE LAS TRES Y LAS CINCO DE LA MAÑANA) SIN HABLAR CON NADIE POR EL CAMINO. SE CREE QUE PURIFICA LA MALDAD, Y DESPUÉS DE OFRENDARLA EN EL ALTAR DE CASA PUEDE BEBERSE O USARSE PARA COCINAR.

HATSUHINODE

PRIMER AMANECER DEL AÑO. NOS PONEMOS MIRANDO HACIA EL ALBA Y REZAMOS POR UN AÑO LLENO DE SALUD Y BENDICIONES. EN JAPONÉS TENEMOS DOS TÉRMINOS RELACIONADOS CON ESTE DÍA: *GANJITSU*, QUE SIGNIFICA '1 DE ENERO' Y *GANTAN*, QUE HACE REFERENCIA SOLO A LA MAÑANA DE ESE DÍA. EL *KANJI* DE «*GAN*», QUE EN JAPONÉS SE ESCRIBE «旦», SIMBOLIZA EL SOL QUE SALE POR EL HORIZONTE.

O-TOSHIDAMA

EN UN INICIO, EL PATRIARCA REPARTÍA *MOCHI* A SUS FAMILIARES COMO SÍMBOLO DE LAS PARTES EN LAS QUE SE DIVIDÍA EL ESPÍRITU DEL DIOS DEL AÑO. EL *KANJI* «玉», «*DAMA*», HACE REFERENCIA AL ESPÍRITU, EN JAPONÉS *TAMASHII*. A PARTIR DEL PERÍODO EDO, SE EMPEZÓ A DAR DINERO EN VEZ DE COMIDA.

SHISHIMAI

EL *SHISHIMAI*, O 'DANZA DEL LEÓN', ES UN ESPECTÁCULO FOLKLÓRICO EN EL CUAL PERSONAS ATAVIADAS CON MÁSCARAS DE LEÓN EJECUTAN UN BAILE. EN ÉL SE ESPANTAN LOS MALOS ESPÍRITUS Y SE REZA PARA QUE LAS PLAGAS TERMINEN. SE CREE QUE, SI EL LEÓN TE MUERDE LA CABEZA, ESE AÑO GOZARÁS DE UNA SALUD DE HIERRO.

KAKIZOME

LA PRIMERA CALIGRAFÍA ESCRITA CON PINCEL. SE SUELE HACER EL 2 DE ENERO, Y EL DÍA 15 DE ESE MISMO MES SE QUEMA EN UN EVENTO CONOCIDO COMO *DONDOYAKI*. SE DICE QUE, CUANTO MÁS ALTAS SON LAS LLAMAS DE LA HOGUERA, MÁS MEJORARÁ LA CALIGRAFÍA DE QUIEN LO HA ESCRITO. EL ORIGEN DE ESTA TRADICIÓN SE REMONTA A LA CORTE IMPERIAL HEIAN, DONDE ERA COSTUMBRE DILUIR LA TINTA EN AGUA DE *WAKAMIZU* PARA ESCRIBIR CON ELLA POEMAS Y COMPOSICIONES LITERARIAS DE RENOMBRE.

EL *HATSUMŌDE* ES LA PRIMERA VISITA A UN SANTUARIO SINTOÍSTA O A UN TEMPLO BUDISTA TRAS EL COMIENZO DE UN NUEVO AÑO. ALLÍ CADA UNO RECIBE UN *O-MAMORI* (AMULETO PROTECTOR) Y UNA *HAMAYA* (FLECHA DESTRUCTORA DEL MAL), PUEDES ESCRIBIR TUS DESEOS Y PROPÓSITOS EN UNA *EMA* (TABLILLA DE MADERA) Y REZAR PARA TENER UN AÑO DE FELICIDAD Y SIN CONTRATIEMPOS.

Cómo hacer una visita a un santuario sintoísta

PRIMERO PURIFICAMOS NUESTRO CUERPO EN LAS FUENTES DE AGUA DE LA ENTRADA (*MITARASHI*).

COGE EL *HISHAKU* (CAZO DE MADERA) CON LA MANO DERECHA, LLÉNALO DE AGUA Y VIÉRTELA SOBRE TU MANO IZQUIERDA.

LUEGO CÓGELO CON LA MANO IZQUIERDA Y VIERTE AGUA SOBRE TU MANO DERECHA.

VUELVE A ASIRLO CON LA MANO DERECHA, RECOGE EL AGUA CON LA PALMA ZQUIERDA Y ENJUÁGATE LA BOCA CON ELLA.

COLOCA EL *HISHAKU* EN VERTICAL Y DEJA QUE EL AGUA QUE QUEDABA EN ÉL LIMPIE EL MANGO.

DEVUELVE EL *HISHAKU* A SU SITIO COLOCÁNDOLO HACIA ABAJO.

SOLO SE COGE AGUA CON EL *HISHAKU* UNA VEZ. DEBE COMPLETARSE EL PROCESO ÚNICAMENTE CON ESA AGUA.

RENDIR CULTO

CLANG
CLANG

① COLÓCATE DE PIE FRENTE A LA CAPILLA, INCLÍNATE EN UNA REVERENCIA Y HAZ SONAR EL CASCABEL.

② INTRODUCE EL DONATIVO EN LA CAJA DE OFRENDAS.

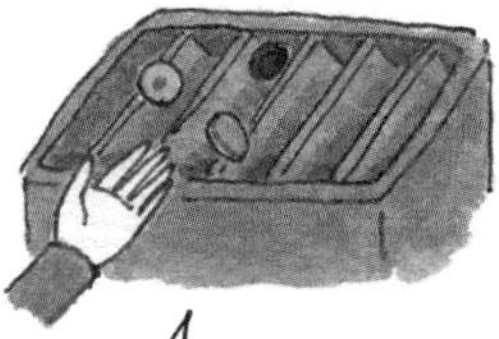

NO HAGAS RUIDO CUANDO TIRES LAS MONEDAS.

③ HAZ DOS REVERENCIAS BIEN PRONUNCIADAS.

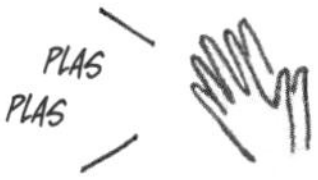
PLAS
PLAS

④ DA DOS PALMADAS.

⑤ REZA CON LAS MANOS JUNTAS.

⑥ HAZ UNA REVERENCIA.

Cómo hacer una visita a un templo budista

PURIFÍCATE EN LAS FUENTES DE LA ENTRADA (*MITARASHI*).

ESTA PARTE ES IGUAL QUE EN EL SANTUARIO SINTOÍSTA.

RENDIR CULTO

※ PUEDE VARIAR SEGÚN LA ESCUELA BUDISTA.

① TOCA LA CAMPANA.

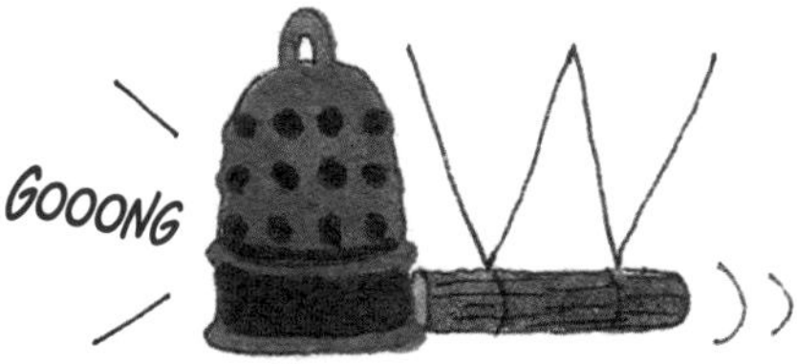
GOOONG

ASEGÚRATE ANTES DE QUE PUEDES HACERLO, YA QUE HAY MUCHOS TEMPLOS QUE NO PERMITEN QUE LOS VISITANTES NORMALES Y CORRIENTES LA TAÑAN.

② ENCIENDE LOS BASTONCITOS DE INCIENSO.

③ INTRODUCE EL DONATIVO EN LA CAJA DE OFRENDAS.

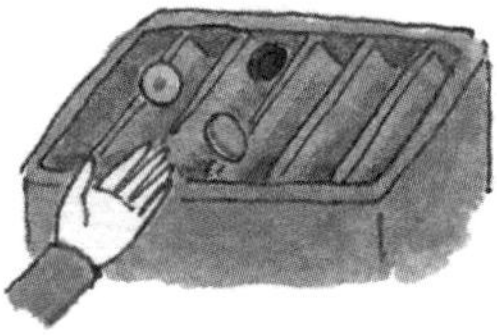

④ JUNTA LAS MANOS.

A DIFERENCIA DEL SANTUARIO SINTOÍSTA, AQUÍ SE UNEN LAS MANOS EN SILENCIO, SIN DAR NINGUNA PALMADA.

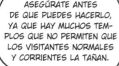

TARJETAS DE FELICITACIÓN DE AÑO NUEVO. ORIGINARIAMENTE, LA GENTE VISITABA A SUS ALLEGADOS PARA FELICITARLES LAS FIESTAS, PERO LUEGO PASÓ A HACERSE POR CARTA. SUELEN TENER UN DISEÑO RELACIONADO CON EL *ETO* DE ESE AÑO PARA DAR BUENA SUERTE.

¿Qué es el *eto*?

El *eto*, o zodíaco de doce años, tiene su origen en China. La cultura nipona lo ha asimilado con tal profundidad que todos los japoneses saben su signo. Cuando dos personas se llevan doce años, se dice popularmente que «se llevan una vuelta». No obstante, el *eto* no solo se reduce a un conjunto de signos zodiacales que se asignan a distintos animales. El nombre completo oficial es *jikkan-jūnishi*, el cual, a su vez, es una combinación de dos términos: *jikkan* ('diez troncos celestes') y *jūnishi* ('doce ramas terrestres'). Un ciclo del *jikkan-jūnishi* se repite cada sesenta años, por eso también se conoce como «ciclo sexagenario».

¿QUÉ SON LOS *JIKKAN*?

TRONCOS CELESTES	CINCO ELEMENTOS	YIN-YANG	LECTURAS JAPONESAS
甲	MADERA	YANG	KŌ - KINOE
乙		YIN	OTSU - KINOTO
丙	FUEGO	YANG	HEI - HINOE
丁		YIN	TEI - HINOTO
戊	TIERRA	YANG	BO - TSUCHINOE
己		YIN	KI - TSUCHINOTO
庚	METAL	YANG	KŌ - KANOE
辛		YIN	SHIN - KANOTO
壬	AGUA	YANG	JIN - MIZUNOE
癸		YIN	KI - MIZUNOTO

Los *jikkan*, o diez troncos celestes, dividen cada mes en tres períodos de diez días. Cada uno de esos diez días tiene un símbolo (甲, 乙, 丙, 丁, 戊, 己, 庚, 辛, 壬 y 癸), que a su vez se relaciona con uno de los cinco elementos (madera, fuego, tierra, metal y agua) y con el yin o el yang.

¿QUÉ SON LOS *JŪNISHI*?

Los *jūnishi*, o doce ramas terrestres, se basan en los doce años aproximados que Júpiter tarda en dar una vuelta al sol. Esta vuelta se divide en doce partes, a las que se les asigna un animal.

El *jikkan* y el *jūnishi* crean hasta sesenta combinaciones distintas. En japonés dicha unión se conoce como *jikkan-jūnishi* y se abrevia como *eto*.

KINOE + RATA	KINOTO + BUEY	HINOE + TIGRE	HINOTO + CONEJO	TSUCHINOE + DRAGÓN	TSUCHINOTO + SERPIENTE	KANOE + CABALLO	KANOTO + CABRA	MIZUNOE + MONO	MIZUNOTO + GALLO
KINOE + PERRO	KINOTO + CERDO	HINOE + RATA	HINOTO + BUEY	TSUCHINOE + TIGRE	TSUCHINOTO + CONEJO	KANOE + DRAGÓN	KANOTO + SERPIENTE	MIZUNOE + CABALLO	MIZUNOTO + CABRA
KINOE + MONO	KINOTO + GALLO	HINOE + PERRO	HINOTO + CERDO	TSUCHINOE + RATA	TSUCHINOTO + BUEY	KANOE + TIGRE	KANOTO + CONEJO	MIZUNOE + DRAGÓN	MIZUNOTO + SERPIENTE
KINOE + CABALLO	KINOTO + CABRA	HINOE + MONO	HINOTO + GALLO	TSUCHINOE + PERRO	TSUCHINOTO + CERDO	KANOE + RATA	KANOTO + BUEY	MIZUNOE + TIGRE	MIZUNOTO + CONEJO
KINOE + DRAGÓN	KINOTO + SERPIENTE	HINOE + CABALLO	HINOTO + CABRA	TSUCHINOE + MONO	TSUCHINOTO + GALLO	KANOE + PERRO	KANOTO + CERDO	MIZUNOE + RATA	MIZUNOTO + BUEY
KINOE + TIGRE	KINOTO + CONEJO	HINOE + DRAGÓN	HINOTO + SERPIENTE	TSUCHINOE + CABALLO	TSUCHINOTO + CABRA	KANOE + MONO	KANOTO + GALLO	MIZUNOE + PERRO	MIZUNOTO + CERDO

MOMENTOS EN LOS QUE SE USA EL *JIKKAN-JŪNISHI*

KANREKI: LOS SESENTA AÑOS

CUANDO UNA PERSONA CUMPLE SESENTA AÑOS VUELVE AL INICIO DE SU CICLO SEXAGENARIO Y SE CELEBRA SU COMPLECIÓN. LLEVAR A CABO UN CICLO ENTERO ES COMO RENACER Y EMPEZAR DESDE CERO.

LA GUERRA BOSHIN

EMPEZÓ EN 1868. ESE AÑO CORRESPONDÍA AL «戊辰» (*TSUCHINOE-TATSU*, CUYA OTRA LECTURA ES *BOSHIN*). «*TATSU*» Y «*SHIN*» SON LAS LECTURAS DE 'DRAGÓN', POR ESO TAMBIÉN SE CONOCE COMO «LA GUERRA DEL AÑO DEL DRAGÓN».

ESTADIO DE BÉISBOL KŌSHIEN

SU CONSTRUCCIÓN FINALIZÓ EL AÑO 13 DE LA ERA TAISHŌ (1924). ESE AÑO ERA EL PRIMERO DE UN NUEVO CICLO SEXAGENARIO Y EMPEZABA CON EL «甲子» (*KINOE-NE*, CUYA OTRA LECTURA ES *KŌSHI*), ASÍ QUE EL ESTADIO RECIBIÓ EL NOMBRE DE KŌ-SHIEN (甲子園) PARA ATRAER A LA BUENA SUERTE.

CURIOSIDADES ¡Rivalidad entre animales! ¡La carrera de los doce signos!

De niña, me preguntaba por qué había un perro entre los doce signos zodiacales, pero no un gato. Hay una leyenda muy interesante al respecto.

Hace mucho tiempo, los dioses anunciaron a todos los animales que los doce primeros que presentaran sus respetos el día de Año Nuevo serían, por orden de llegada, los representantes de los signos zodiacales. El lento buey partió hacia su destino el día anterior. La rata se subió a su lomo y saltó justo antes de llegar, por lo que fue la primera. El segundo fue el buey, seguido del tigre, el conejo, el dragón, la serpiente, el caballo, la cabra, el mono, el gallo, el perro y el jabalí (cerdo). Por otra parte, el gato... la rata le había dicho que la carrera se celebraría un día después del que realmente era, así que llegó tarde y los dioses le dijeron que se lavara el rostro y lo intentara de nuevo. Por eso se dice que los gatos hacen el gesto de lavarse la cara y odian a las ratas.

HATSUYUME

EL *HATSUYUME* ES EL PRIMER SUEÑO QUE SE TIENE DESPUÉS DE QUE SE INICIE EL NUEVO AÑO. SEGÚN SU CONTENIDO, BUENO O MALO, SE DETERMINA LA SUERTE QUE SE TENDRÁ ESE AÑO.

CURIOSIDADES Lo mejor, el monte Fuji, seguido del halcón y luego la berenjena

Se dice que el *hatsuyume* es el sueño que se tiene la misma noche del cambio de año, o también el de la madrugada del 2 de enero. Para mí es el primero del año, ya que no soñamos todas las noches. Son considerados buenos augurios: primero, el monte Fuji, seguido de un halcón y, en tercer lugar, una berenjena. De hecho, esta lista sigue: cuarto, un abanico; quinto, tabaco; sexto, un hombre ciego. Al parecer, este último hace referencia a los monjes ciegos que viajaban tocando el laúd (aunque no creo que mucha gente sueñe con estas cosas).

Os invito a probar el hechizo de buena suerte del Takarabune ('barco del tesoro'). Ya en el período Muromachi se decía que era propicio poner debajo de la almohada una imagen de los Siete Dioses de la Fortuna subidos en el barco Takarabune. Esa imagen solía tener escrito el poema: «*Nakaki yo no too no nefuri no mina mezame naminorifune no oto no yoki ka na*» ('Aquellos que dormían en el lejano mundo de la eternidad han despertado con el agradable sonido del barco al navegar sobre las olas'). La frase en japonés es un palíndromo (las sílabas se leen igual de izquierda a derecha que de derecha a izquierda). Que fuera una frase sin fin la volvía auspiciosa. ¡Ojalá el próximo año tengas un buen sueño gracias al hechizo del Takarabune!

¡LISTO!

Shichifukujin Los Shichifukujin, o Siete Dioses de la Fortuna, son un grupo de deidades veneradas en Japón. Se dice que viajan en su barco, el Takarabune, y traen consigo la buena suerte.

EBISU

LLEVA UNA CAÑA DE PESCAR Y UN BESUGO. ES EL DIOS DE LA PESCA, LA AGRICULTURA Y LA PROSPERIDAD DE LOS NEGOCIOS.

DAIKOKUTEN

LLEVA UNA MAZA PEQUEÑA CON UNOS GRABADOS EN RELIEVE. ES EL DIOS DE LA RIQUEZA, LA FORTUNA Y LA COMIDA.

BISHAMONTEN

ES EL ÚNICO DE LOS SIETE QUE VA VESTIDO COMO UN COMANDANTE MILITAR. PROTEGE DE LAS DESGRACIAS Y LOS INFORTUNIOS.

BENZAITEN

ES LA ÚNICA DEIDAD FEMENINA DEL GRUPO. ES LA DIOSA DE LA BELLEZA, LA CIENCIA, LA MÚSICA Y LAS ARTES.

FUKUROKUJU

TIENE UNA CABEZA ALARGADA Y UNA LARGA BARBA. ES EL DIOS DE LA FORTUNA, LA VIRTUD Y LA LONGEVIDAD.

JURŌJIN

VA ACOMPAÑADO DE UN CIERVO. ES EL DIOS DE LA SALUD, LA LONGEVIDAD Y LA FELICIDAD.

HOTEI

LLEVA UN SACO GRANDE Y SIEMPRE SONRÍE. ES EL DIOS DE LA BUENA SUERTE, LA FELICIDAD MATRIMONIAL Y LA BENDICIÓN DE LA DESCENDENCIA.

El banquete de Año Nuevo

O-SECHI — EL *O-SECHI RYŌRI*, ABREVIADO COMO *'O-SECHI'*, SE ESCRIBE ≪御節料理≫ Y SIGNIFICA 'COMIDA DE FESTIVAL ESTACIONAL'. SIN EMBARGO, HOY EN DÍA SOLO HACE REFERENCIA A LA QUE SE COCINA PARA EL AÑO NUEVO. SE PREPARA EL ÚLTIMO DÍA DEL AÑO Y SE COME ENTRE EL 1 Y EL 3 DE ENERO. TAMBIÉN SE EVITA REALIZAR TAREAS DOMÉSTICAS PARA NO HACER RUIDO Y QUE EL DIOS DEL AÑO GOCE DE UNA ESTANCIA TRANQUILA. EL *O-SECHI* LLEVA INGREDIENTES QUE DAN SUERTE Y DURAN VARIOS DÍAS.

KINTON — PURÉ HECHO DE BONIATO CON CASTAÑAS O JUDÍAS CONFITADAS. EL SIGNIFICADO DEL PRIMER *KANJI* EN JAPONÉS ES 'ORO', Y SE PONE PARA ATRAER EL DINERO.

TAZUKURI — PEQUEÑAS SARDINAS FRITAS EN SALSA DE SOJA Y AZÚCAR. REPRESENTAN LA ABUNDANCIA DE LAS COSECHAS.

KUROMAME — JUDÍAS DE SOJA NEGRAS. *MAME* PUEDE SIGNIFICAR 'TRABAJADOR, SALUDABLE'.

BURI — SERIOLA. REPRESENTA EL DESEO DE CRECER, EN EL SENTIDO DE TENER ÉXITO EN LA VIDA.

KOBUMAKI — PESCADO ENVUELTO EN ALGA *KONBU*. ≪KOBU≫ SUENA PARECIDO A *YOROKOBU* ('ESTAR ALEGRE').

KAZUNOKO — HUEVAS DE ARENQUE. SIMBOLIZAN LA PERPETUACIÓN DE LA DESCENDENCIA.

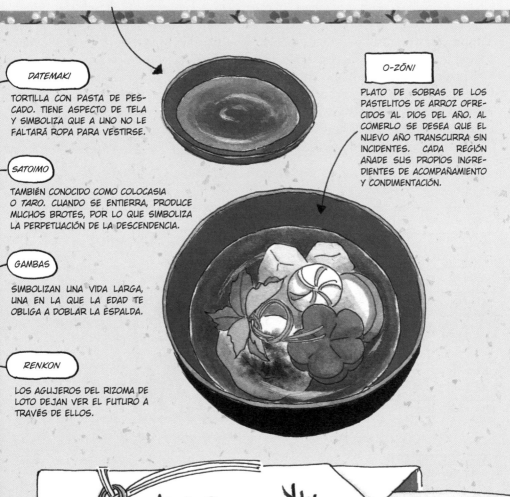

O-TOSO

SAKE ESPECIADO QUE SE BEBE EN AÑO NUEVO PARA EXPULSAR EL MAL Y TENER UNA VIDA LARGA. SE TOMA ANTES DEL *O-SECHI* DANDO TRES SORBOS POR ORDEN DE EDAD, DESDE LA PERSONA MÁS JOVEN.

EN JAPONÉS, *O-TOSO* SE ESCRIBE «お屠蘇». EL *TO* SE ESCRIBE CON EL *KANJI* DE «屠» ('MATANZA') Y EL *SO*, CON EL DE «蘇» ('RENACIMIENTO'). SE CREE QUE SIMBOLIZA LA MATANZA DE LOS MALOS ESPÍRITUS Y EL RENACIMIENTO DEL ALMA. SU NOMBRE COMPLETO ES «屠蘇延命散», CUYA LECTURA ES *TOSO-ENMEISAN*. LA PALABRA *ENMEI* SIGNIFICA 'PROLONGACIÓN DE LA VIDA', Y SE AÑADE POR LOS VARIOS TIPOS DE HIERBAS MEDICINALES REMOJADAS EN SALSA *MIRIN* Y SAKE QUE CONTIENE.

DATEMAKI

TORTILLA CON PASTA DE PESCADO. TIENE ASPECTO DE TELA Y SIMBOLIZA QUE A UNO NO LE FALTARÁ ROPA PARA VESTIRSE.

SATOIMO

TAMBIÉN CONOCIDO COMO COLOCASIA O *TARO*. CUANDO SE ENTIERRA, PRODUCE MUCHOS BROTES, POR LO QUE SIMBOLIZA LA PERPETUACIÓN DE LA DESCENDENCIA.

GAMBAS

SIMBOLIZAN UNA VIDA LARGA, UNA EN LA QUE LA EDAD TE OBLIGA A DOBLAR LA ESPALDA.

RENKON

LOS AGUJEROS DEL RIZOMA DE LOTO DEJAN VER EL FUTURO A TRAVÉS DE ELLOS.

O-ZŌNI

PLATO DE SOBRAS DE LOS PASTELITOS DE ARROZ OFRECIDOS AL DIOS DEL AÑO. AL COMERLO SE DESEA QUE EL NUEVO AÑO TRANSCURRA SIN INCIDENTES. CADA REGIÓN AÑADE SUS PROPIOS INGREDIENTES DE ACOMPAÑAMIENTO Y CONDIMENTACIÓN.

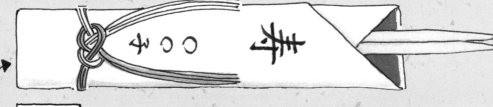

IWAI-BASHI

LOS EXTREMOS DE LOS PALILLOS QUE SE USAN EN OCASIONES FESTIVAS TIENEN UN DIÁMETRO INFERIOR QUE EL DE LA PARTE CENTRAL. UN LADO ES PARA QUE LO USEN LAS PERSONAS Y EL OTRO, LOS DIOSES. EL DÍA 31 DE DICIEMBRE, EL CABEZA DE FAMILIA ESCRIBE EL NOMBRE DE SUS FAMILIARES EN LOS ENVOLTORIOS DE LOS PALILLOS Y LOS OFRECE EN EL ALTAR DE LA CASA. ESTOS PALILLOS SE USAN PARA COMER DURANTE LOS TRES PRIMEROS DÍAS DE ENERO.

Preparar un *o-sechi* que quepa en un solo plato

Más o menos al cumplir los veinticinco, empecé a incorporar las tradiciones anuales en mi vida, y la que más me costó fue la del *o-sechi*. Solo de pensar en el esfuerzo que suponía prepararlo y colocarlo estéticamente en la *jūbako*, la caja de comida de varios niveles, me echaba para atrás. En esos años me casé y fui a pasar mi primer Año Nuevo a casa de la familia de mi marido. Cuando mi suegra nos lo sirvió, vi que nos puso un único y precioso plato a cada uno. En él había unas *kuromame* (judías de soja negras), *kamaboko* rojo y blanco (pasta de pescado cocida) y otros manjares perfectamente dispuestos. ¡Era un *o-sechi* en un solo plato! Cuando lo vi, me di cuenta: «¡Puedo hacer uno a mi manera!», pensé. Me había obsesionado tanto con el aspecto que había olvidado que lo importante era disfrutar de esta costumbre, así que modifiqué la preparación para facilitar el proceso. Eso hizo que me diera cuenta de que así también estaba manteniendo viva la tradición. Si se le echa un poco de imaginación, también es posible preparar un *o-sechi* increíble con muy poco. Además, tampoco es que se coma mucho con este plato, así que, personalmente, recomiendo plantearlo más bien como picoteo.

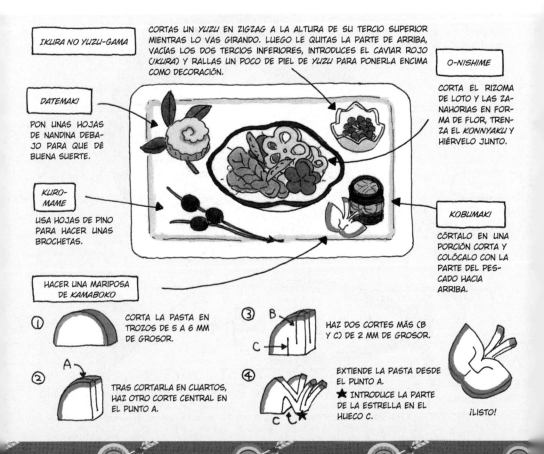

IKURA NO YUZU-GAMA

CORTAS UN *YUZU* EN ZIGZAG A LA ALTURA DE SU TERCIO SUPERIOR MIENTRAS LO VAS GIRANDO. LUEGO LE QUITAS LA PARTE DE ARRIBA, VACÍAS LOS DOS TERCIOS INFERIORES, INTRODUCES EL CAVIAR ROJO (IKURA) Y RALLAS UN POCO DE PIEL DE *YUZU* PARA PONERLA ENCIMA COMO DECORACIÓN.

O-NISHIME

CORTA EL RIZOMA DE LOTO Y LAS ZANAHORIAS EN FORMA DE FLOR, TRENZA EL *KONNYAKU* Y HIÉRVELO JUNTO.

DATEMAKI

PON UNAS HOJAS DE NANDINA DEBAJO PARA QUE DÉ BUENA SUERTE.

KURO-MAME

USA HOJAS DE PINO PARA HACER UNAS BROCHETAS.

KOBUMAKI

CÓRTALO EN UNA PORCIÓN CORTA Y COLÓCALO CON LA PARTE DEL PESCADO HACIA ARRIBA.

HACER UNA MARIPOSA DE *KAMABOKO*

① CORTA LA PASTA EN TROZOS DE 5 A 6 MM DE GROSOR.

② TRAS CORTARLA EN CUARTOS, HAZ OTRO CORTE CENTRAL EN EL PUNTO A.

③ HAZ DOS CORTES MÁS (B Y C) DE 2 MM DE GROSOR.

④ EXTIENDE LA PASTA DESDE EL PUNTO A.
★ INTRODUCE LA PARTE DE LA ESTRELLA EN EL HUECO C.

¡LISTO!

Los juegos de palabras con los numerosos ingredientes del *o-sechi* son un buen ejemplo. Cuando hago un donativo a un templo o santuario, pienso: «Ojalá tenga suerte con las personas que encuentre» (*jūbun ni go-en ga arimasu you ni*) mientras introduzco quince yenes (*jūgo en*) en la caja. Hay varios otros muy graciosos.

TANUKI (PERRO MAPACHE) TAMBIÉN SE ESCRIBE «他抜き», QUE SIGNIFICA 'SUPERAR A LOS DEMÁS' EN EL ÁMBITO LABORAL.

SHUNKATŌ NISHŌ GOGŌ = NEGOCIO QUE PROSPERA CADA VEZ MÁS.
SHUNKATŌ ⟶ 'PRIMAVERA, VERANO, INVIERNO'. COMO FALTA EL OTOÑO, DECIMOS 'AKINAI' ('SIN OTOÑO'), QUE TAMBIÉN SIGNIFICA 'NEGOCIO'.
NISHŌ ⟶ 'NI' ES 'DOS' Y 'MASU' ES UNA MEDIDA QUE EQUIVALE A 1,804 LITROS. DOS MASU ⟶ MASU-MASU, QUE SIGNIFICA 'CADA VEZ MÁS'.
GOGŌ ⟶ 'GO' ES 'CINCO' Y 'GŌ' SON 0,1804 LITROS ⟶ 'CINCO GŌ' SON 0,902 L. ESTA CANTIDAD EQUIVALE A MEDIO 'MASU'. «MEDIO MASU» SE ESCRIBE «半升» Y SE LEE HANJŌ, IGUAL QUE LOS KANJI «繁盛» ('PROSPERIDAD').

FUKURŌ (BÚHO) TAMBIÉN SE ESCRIBE «不苦労», QUE SIGNIFICA 'SIN DIFICULTADES'.

DECORA CON ZANAHORIA

① CORTA LA ZANAHORIA EN RODAJAS DE 7 A 8 MM DE GROSOR. LUEGO HAZ CINCO CORTES CON FORMA DE V.

② REDONDEA LOS BORDES PARA QUE PAREZCA UNA FLOR.

③ REALIZA UNOS CORTES DE 1 A 2 MM DE PROFUNDIDAD SOBRE LAS RAYAS DISCONTINUAS.

④ QUITA PARTE DE LA SUPERFICIE EN DIAGONAL PARA DARLE TRIDIMENSIONALIDAD.

DECORA CON RIZOMA DE LOTO

① CORTA EL RIZOMA EN RODAJAS DE 7 A 8 MM DE GROSOR. HAZ CINCO CORTES CON FORMA DE V ENTRE LOS AGUJEROS.

② REDONDEA LOS BORDES PARA QUE PAREZCA UNA FLOR.

CÓMO TRENZAR EL KONNYAKU

① CORTA EL KONNYAKU EN LÁMINAS DE 7 A 8 MM DE GROSOR Y HAZ UN CORTE EN LA PARTE CENTRAL DEJANDO 1 CM A CADA LADO.

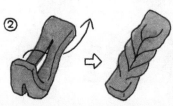

② PASA UNO DE LOS EXTREMOS DENTRO DEL CORTE CENTRAL, DALE LA VUELTA Y REPITE EL PROCESO.

Actividades de Año Nuevo

A diferencia de ahora, cuando era pequeña las tiendas cerraban los primeros tres días de enero. Por eso nos pasábamos horas jugando en familia a juegos de cartas como el *hanafuda* ('cartas de flores') o el *hyakunin-isshu* ('cien personas, un poema'). Las videoconsolas también son entretenidas, pero creo que los juegos tradicionales casan mejor con el Año Nuevo.

HANETSUKI

EN ESTA ESPECIE DE BÁDMINTON JAPONÉS HAY QUE PASARSE UN VOLANTE DE PLUMAS DE UNO A OTRO. A QUIEN SE LE CAIGA EL VOLANTE, SE LE PINTA LA CARA COMO CASTIGO.

¡JA, JA, JA, JA!

¡DICEN QUE LA BUENA SUERTE VA A LOS QUE SE RÍEN!

FUKUWARAI

EN EL *FUKUWARAI* ('RISA DE LA SUERTE'), EL QUE LA PARA SE TAPA LOS OJOS Y COLOCA OJOS, CEJAS, NARIZ Y BOCA ENCIMA DE UN PAPEL DONDE SOLO HAY DIBUJADO EL CONTORNO DE UN ROSTRO MOFLETUDO. LUEGO, TODOS MIRAN EL RESULTADO Y RÍEN. LAS CARCAJADAS ATRAEN LA BUENA SUERTE.

KARUTA

ESTE JUEGO TRATA DE COGER LA CARTA QUE TIENE EL DIBUJO QUE SE CORRESPONDE CON LA PALABRA. GANA EL QUE MÁS CARTAS COGE. EN EL *HYAKUNIN-ISSHU* ALGUIEN DICE LA PRIMERA PARTE DE UN POEMA Y LOS PARTICIPANTES TIENEN QUE COGER LA CARTA EN LA QUE ESTÁ ESCRITA LA CONTINUACIÓN.

KOMA-MAWASHI

EL *KOMA-MAWASHI* ES EL JUEGO DE HACER GIRAR LA PEONZA. SE TRATA DE LANZAR LA PEONZA TODOS A LA VEZ PARA VER QUIÉN HACE QUE LA SUYA GIRE DURANTE MÁS TIEMPO. OTRA FORMA DE JUGAR ES LANZARLAS UNA CONTRA OTRA Y PIERDE LA QUE SALE REPELIDA.

¡MÍA!

LA LUZ DEL SOL...

TAKO-AGE EN EL *TAKO-AGE* SE HACE VOLAR MUY ALTO UNA COMETA EN EL CIELO. HAY UN DICHO QUE DICE QUE MIRAR AL CIELO EL PRIMER DÍA DE PRIMAVERA (QUE EN EL ANTIGUO CALENDARIO EQUIVALÍA AL AÑO NUEVO) ES UNA MANERA DE CUIDAR LA PROPIA SALUD.

CÓMO HACER UNA COMETA SENCILLA CON UNA BOLSA DE PLÁSTICO

° **MATERIALES**

- BOLSA DE PLÁSTICO QUE, CON LAS NESGAS DOBLADAS, MIDA DE ANCHO UNOS 22 CM
- 140 CM DE CUERDA DE COMETA ENROLLADA EN UNA BOBINA DE CUERDA
- CINTA ADHESIVA, TIJERAS Y MONDADIENTES

① CORTA LAS PARTES SUPERIOR E INFERIOR DE LA BOLSA.

② FIJA LAS NESGAS DE LOS LATERALES CON CINTA ADHESIVA.

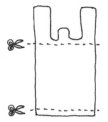

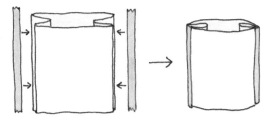

③ JUNTA LAS NESGAS EN EL INTERIOR Y CORTA UNA DE LAS DOS EN FORMA TRIANGULAR.

④ EXTIENDE LA COMETA Y PON CINTA ADHESIVA EN CADA PUNTA PARA REFORZARLAS.

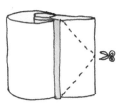

⑤ CON EL MONDADIENTES, ABRE UN AGUJERO EN CADA PUNTA REFORZADA.

⑥ ATA LA CUERDA EN AMBOS AGUJEROS Y HAZ UN NUDO EN MEDIO PARA QUE FORME UN CÍRCULO.

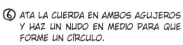

¡TAMBIÉN PUEDES HACER UN DIBUJO CON ROTULADOR PERMANENTE!

ATA EL OTRO HILO DE LA BOBINA EN EL CÍRCULO DE CUERDA, PONTE CONTRA EL VIENTO Y VE DESENROLLANDO LA BOBINA PARA QUE LA COMETA SE ELEVE BIEN ALTO.

Engimono

Los *engimono* son todos aquellos objetos que traen buena suerte, como las flechas *hamaya* o los amuletos *o-mamori* que se reciben en el Año Nuevo.

EMA

LAS *EMA* SON TABLILLAS DE MADERA DONDE SE ESCRIBEN DESEOS O SE DAN LAS GRACIAS POR ALGO QUE HA SIDO CONCEDIDO Y SE DEJAN COMO OFRENDA EN TEMPLOS Y SANTUARIOS. EL NOMBRE, QUE LITERALMENTE SIGNIFICA 'IMAGEN DE UN CABALLO', VIENE DE QUE, ORIGINARIAMENTE, ESTOS ANIMALES SE OFRECÍAN A LOS DIOSES EN DICHOS RECINTOS SAGRADOS. LUEGO, LOS CABALLOS VIVOS SE CAMBIARON POR IMÁGENES, Y AHORA LAS TABLILLAS LLEVAN DIBUJOS DE TODO TIPO DE ANIMALES.

DARUMA

LAS FIGURAS DE *DARUMA* NACEN DE LA COMBINACIÓN DE DARUMA TAISHI (O BODHIDHARMA), EL FUNDADOR DE LA ESCUELA ZEN DEL BUDISMO, Y LOS *OKIAGARI-KOBOSHI*, UNOS TENTETIESOS CON FORMA DE PEQUEÑOS MONJES BUDISTAS. SE USA FORMULANDO UN PROPÓSITO MIENTRAS SE LE DIBUJA EL OJO IZQUIERDO. SI EL PROPÓSITO SE CUMPLE, HAY QUE DIBUJARLE EL OJO DERECHO Y DEJARLO COMO OFRENDA EN UN TEMPLO O SANTUARIO.

O-MAMORI

EXISTEN MUCHOS TIPOS DE
ESTOS AMULETOS PARA TODO
TIPO DE DESEOS: ÉXITO EN
LOS ESTUDIOS (*GÔKAKU KI-
GAN*), PLENITUD EN EL AMOR
(*REN'AI JÔJU*), SEGURIDAD
EN LA CARRETERA (*KÔTSU
ANZEN*), ALUMBRAMIEN-
TO FELIZ (*ANZAN KIGAN*), ETC.
SE LLEVAN SIEMPRE ENCIMA UN AÑO
Y LUEGO SE DEJAN EN LOS TEMPLOS Y
SANTUARIOS PARA QUE LOS QUEMEN.

HAMAYA

SE DAN EN LOS TEMPLOS Y
SANTUARIOS EL DÍA DE AÑO
NUEVO. DESTRUYEN EL MAL
Y ATRAPAN LA FELICIDAD DU-
RANTE UN AÑO ENTERO.

SE COLOCA EN LUGARES
PUROS, COMO EL ALTAR DE CASA O EL
TOKONOMA (ESPACIO SAGRADO EN LA
SALA DE UNA CASA JAPONESA).

MANEKI-NEKO

LOS *MANEKI-NEKO* QUE
TIENEN LA PATA DERECHA
LEVANTADA ATRAPAN LA
SUERTE EN EL DINERO,
MIENTRAS QUE LOS QUE
ALZAN LA IZQUIERDA
ATRAEN A LAS PERSONAS.

Jinjitsu no sekku, el festival estacional del ser humano (7 de enero)

Tras las fiestas de Año Nuevo, me aterra subirme a la báscula... y seguro que no soy la única. Las comilonas y la holgazanería nos dejan las caras redondas como pastelitos y los estómagos pesados como piedras... El *nanakusa-gayu* (arroz hervido con siete hierbas) del 7 de enero es el plato ideal para aliviar nuestros aparatos digestivos. Siete hierbas y 7 de enero, así es fácil acordarse. Ese día también es el Jinjitsu no sekku, uno de los cinco festivales estacionales del año, como el Hina-matsuri o el Tanabata.

En la antigua China asignaban los primeros días de enero al gallo (día 1), al perro (día 2), a la cabra (día 3), al jabalí o cerdo (día 4), al buey (día 5), al caballo (día 6), al ser humano (día 7) y a los cereales (día 8). El tiempo que hacía esos días predecía la suerte que traería el nuevo año. La costumbre de comer sopa de hierbas para tener buena salud se transmitió a Japón.

Haru no nanakusa — **Las siete hierbas de primavera**

GOGYŌ

NAZUNA

SERI

BOLSA DE PASTOR. TIENE PROPIEDADES HEMOSTÁTICAS Y VA BIEN PARA LA ANEMIA.

PEREJIL JAPONÉS. TIENE MUCHO HIERRO Y VITAMINA C.

MALEZA DE ALGODÓN. VA BIEN PARA PREVENIR RESFRIADOS Y TIENE PROPIEDADES ANTITÉRMICAS.

HOTOKENOZA

HAKOBERA

PAMPLINA. ES MUY RICA EN PROTEÍNAS.

SUZUNA

NABO. ALIVIA LA PESADEZ DE ESTÓMAGO Y CONTRIBUYE A TENER UNA PIEL BONITA.

ORTIGA MANSA. ES PARECIDA AL DIENTE DE LEÓN. CONTIENE ALTAS CANTIDADES DE FIBRA.

SUZUSHIRO

DAIKON O NABO JAPONÉS. AYUDA A LA DIGESTIÓN Y ACTÚA COMO BACTERICIDA.

¡SERI, SUZUNA... GOGYŌ, HAKOBERA... HOTOKENOZA... SUZUNA, SUZUSHIRO... SIETE HIERBAS COMO YO! ¡ASÍ, A ESTE RITMO DE 5-7-5-7 SÍLABAS, ES FÁCIL ACORDARSE!

PREPARAR *NANAKUSA-GAYU*
(ARROZ HERVIDO CON SIETE HIERBAS)

CUANDO SE ACERCA EL DÍA 7, LOS SUPERMERCADOS Y LAS TIENDAS DE ALIMENTACIÓN DE JAPÓN EMPIEZAN A VENDER LAS SIETE HIERBAS.

INGREDIENTES
(PARA DOS PERSONAS)

- ½ VASO DE ARROZ BLANCO

- 2 Y ½ VASOS DE AGUA (CINCO VECES LA PROPORCIÓN DEL ARROZ)

- 1 MANOJO DE SIETE HIERBAS (DEL SÚPER)

- SAL AL GUSTO

① LAVA EL ARROZ Y PONLO EN UNA OLLA CON AGUA. DÉJALO REPOSAR 30 MINUTOS.

② PON EL FUEGO FUERTE. CUANDO HIERVA, BÁJALO AL MÍNIMO, PON LA TAPA Y DEJA QUE HIERVA DE 20 A 30 MINUTOS.

③ LAVA Y PELA EL *SUZUNA* Y EL *SUZUSHIRO*. CORTA CADA UNA DE LAS HIERBAS EN TROZOS DE 3 MM Y ESCÁLDALOS EN AGUA HIRVIENDO. LAVA LAS CINCO RESTANTES, PÁSALAS UNOS INSTANTES POR EL AGUA HIRVIENDO Y CÓRTALAS DEL TAMAÑO QUE QUIERAS.

④ CUANDO EL ARROZ HERVIDO ESTÉ LISTO, AÑADE SAL PARA DARLE MÁS SABOR Y LAS SIETE HIERBAS.

TAMBIÉN PUEDES AÑADIR CONCENTRADO DE PESCADO Y ALGA (*WAFŪ DASHI*) O CALDO DE POLLO PARA POTENCIAR EL SABOR.

¡SI TIENES PESADEZ DE ESTÓMAGO, ESTO TE SENTARÁ FENOMENAL!

SI NO TE ES POSIBLE CONSEGUIR LAS SIETE HIERBAS, PUEDES PREPARAR UN *ICHIKUSA-GAYU*, ARROZ HERVIDO DE UNA SOLA HIERBA, CON *KABU* Y NABO.

Kagami-biraki, la Apertura del Espejo
(11 de enero)

El día 11 de enero se celebra el Kagami-biraki. Se trata de romper unos pastelitos llamados *kagami-mochi* que se habían ofrecido a las divinidades y se comen para tener una buena salud. Dejamos a un lado el cuchillo de cocina, puesto que trae mala suerte apuntar a las ofrendas con un objeto cortante, y golpeamos los *mochi* con un mazo.

Por otro lado, también se considera que la palabra *waru* ('romper') trae mala suerte, así que en su lugar usamos *hiraku* ('abrir'). Además, la palabra *kagami* ('espejo') se usa para designar a los *mochi*, porque su forma redonda se asemeja a los antiguos espejos de bronce.

APERITIVO SENCILLO CON JUDÍAS *AZUKI* Y *KAGAMI-MOCHI*

(1) ASA LOS *MOCHI* EN EL HORNO TOSTADOR.

```
o          INGREDIENTES          o
           (PARA DOS PERSONAS)

    ·  1 LATA DE JUDÍAS AZUKI
       HERVIDAS (UNOS 200 G)

    ·  AGUA (MISMA CANTIDAD
       QUE LAS AZUKI)

    ·  UNA PIZCA DE SAL

    ·  MOCHI (AL GUSTO)
```

(2) PON LAS JUDÍAS EN UNA OLLA. LLENA DE AGUA LA LATA VACÍA PARA ECHAR LA MISMA CANTIDAD DE ESTA QUE DE JUDÍAS EN LA OLLA Y ENCIENDE EL FUEGO.

(3) AÑADE SAL Y REMUEVE LENTAMENTE MIENTRAS HIERVE.

(4) VIÉRTELO EN UN BOL Y AÑADE EL *MOCHI* ASADO.

SI TE SOBRAN CASTAÑAS CONFITADAS DEL O-SECHI, PUEDES AÑADIRLAS.

Ko-shōgatsu, el Pequeño Año Nuevo
(15 de enero)

小正月

Los tres primeros días de enero se come *o-sechi* para que nadie tenga que cocinar, pero la realidad es que estas son fechas muy ajetreadas, porque toda la familia está en casa y no paran de llegar visitas. Antiguamente, las atareadas esposas podían tomarse un respiro y visitar a sus padres el 15 de enero o Ko-shōgatsu (Pequeño Año Nuevo), que también se llama Onna shōgatsu (Año Nuevo de la Mujer).

Tiene dos costumbres típicas. Una de ellas es comer arroz hervido de *azuki* con *mochi* por la mañana, para espantar el mal y tener buena salud. Actualmente muchas regiones mantienen esta tradición.

La otra es el Dondoyaki, que puede llamarse de forma distinta según el lugar: Sagichō, Saitoyaki... Consiste en encender una hoguera para que el Dios del Año que llegó la mañana del 1 de enero pueda regresar montado en las llamas. Por esta celebración, se cree que en origen las fiestas de Año Nuevo (Matsu no uchi) eran hasta el día 15, aunque hay regiones donde finalizan en otra fecha. En la hoguera también se queman las decoraciones de las fiestas y las primeras caligrafías del año (*kakizome*), entre otros, para tener buena salud.

Cuando veo las llamas alzarse en el cielo me invade un entusiasmo ardiente y siento que empieza el año de verdad. También adoro asar *mochi* o boniatos en las brasas, ¡deliciosos!

成人式

Seijin~shiki, la ceremonia de la mayoría de edad

El segundo lunes de enero se celebra el Seijin no hi, o día de la mayoría de edad. En él se da la bienvenida a los jóvenes que cumplen los veinte años a la parte adulta de la sociedad. Se suelen ver chicas ataviadas con kimonos de mangas largas llamados *furisode* y chicos vestidos con trajes a los que no están acostumbrados.

Yo también vestí un *furisode* para mi ceremonia, pero cayó una nevada de esas históricas donde vivía y no pude asistir al evento. Estaba tan desesperada que me cambié, me puse ropa de esquiar y me fui con unos amigos de toda la vida al parque de mi barrio para lanzarnos bolas de nieve. ¡Armamos una buena! Nunca habría imaginado que el día de mi llegada a la adultez acabaría jugando como una cría, pero se convirtió en un recuerdo imborrable.

Al entrar en la sociedad adulta, uno debe superar duros obstáculos por sus propios medios. Hoy pienso que tal vez la nieve fue un regalo de los dioses en mi último día como niña.

Ritos de paso de toda una vida

Además de la ceremonia de la mayoría de edad, los japoneses celebramos muchos otros ritos de paso.

O-SHICHIYA

LA SÉPTIMA NOCHE. EL NOMBRE DE UN BEBÉ SE ANUNCIA EL SÉPTIMO DÍA A PARTIR DE SU NACIMIENTO. EN EL CENTRO DE UN PAPEL JAPONÉS BLANCO LLAMADO *HŌSHOGAMI* LOS PADRES ANOTAN CON UN PINCEL EL NOMBRE DEL BEBÉ Y, EN EL EXTREMO IZQUIERDO, LA FECHA DE NACIMIENTO. ESE PAPEL SE COLOCA BAJO EL ALTAR O EN UN SOPORTE EN EL *TOKONOMA* (ESPACIO SAGRADO DE LA CASA).

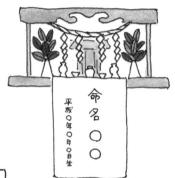

O-MIYA MAIRI

LA VISITA AL SANTUARIO. LOS PADRES VISITAN UN SANTUARIO SINTOÍSTA PARA DAR GRACIAS POR EL NACIMIENTO DEL BEBÉ Y DESEAR QUE CREZCA CON SALUD. SI ES UN NIÑO SE SUELE IR EN EL DÍA NÚMERO 32 DE SU VIDA, MIENTRAS QUE, SI ES UNA NIÑA, SE VA EL DÍA 33.

O-KUIZOME

LA PRIMERA COMIDA. EN EL DÍA 100 DE LA VIDA DEL BEBÉ SE CELEBRA UNA CEREMONIA EN LA QUE SE FINGE QUE SE LE DA COMIDA PARA DESEAR QUE NUNCA LE FALTE DE COMER. EN UN *O-ZEN* (BANDEJA CON PATAS) SE SIRVE ARROZ CON JUDÍAS ROJAS (*SEKIHAN*), UN BESUGO ENTERO CON LA COLA Y LA CABEZA, UNA PIEDRA QUE SIMBOLIZA EL FORTALECIMIENTO DE LOS DIENTES (*HAGATAME NO ISHI*), ETC.

SHICHI-GO-SAN

ES LA VISITA AL SANTUARIO QUE SE LLEVA A CABO CUANDO LOS NIÑOS TIENEN SIETE, CINCO Y TRES AÑOS, SEGÚN EL GÉNERO. LOS NIÑOS SUELEN IR CUANDO TIENEN CINCO AÑOS, MIENTRAS QUE LAS NIÑAS VISITAN EL SANTUARIO EN DOS OCASIONES: CUANDO TIENEN TRES Y SIETE AÑOS. (EXPLICACIÓN MÁS DETALLADA EN LA P. 256.)

SEIJIN-SHIKI

CEREMONIA DE LA MAYORÍA DE EDAD. CADA PUEBLO Y CIUDAD CELEBRA LA LLEGADA A LOS VEINTE AÑOS DE LOS NUEVOS MAYORES DE EDAD.

YUINŌ

CEREMONIA DE REGALOS DE ESPONSALES. CUANDO UNA PAREJA SE PROMETE, AMBAS FAMILIAS INTERCAMBIAN REGALOS EN UNA CEREMONIA PARA FORMALIZAR LA PROMESA ENTRE AMBOS ESPONSALES.

SHŪGEN

CEREMONIA DE BODA. LA BODA PUEDE LLEVARSE A CABO SEGÚN EL RITO SINTOÍSTA, EN EL QUE LA PAREJA SE CASA ANTE LOS DIOSES SINTOÍSTAS, O SEGÚN EL BUDISTA, DONDE LOS ESPONSALES ANUNCIAN SU UNIÓN A LOS ESPÍRITUS DE SUS ANCESTROS Y ANTE BUDA. EN JAPÓN HAY VARIAS MANERAS DE CASARSE.

KEKKON HIRŌEN

EL BANQUETE DE BODA. EN ESTE BANQUETE SE INVITA A FAMILIARES Y CONOCIDOS DE AMBAS PARTES PARA ANUNCIAR PÚBLICAMENTE QUE DOS PERSONAS HAN CONTRAÍDO MATRIMONIO.

YAKU-HARAI

LOS EXORCISMOS. SE DICE QUE HAY CIERTAS EDADES PROPENSAS A SUFRIR INFORTUNIOS. EN ESOS AÑOS DE MALA SUERTE, O *YAKUDOSHI*, VISITAMOS TEMPLOS O SANTUARIOS PARA LIBRARNOS DE TODO MAL.

YAKUDOSHI *EL *YAKUDOSHI*, O AÑO DE MALA SUERTE, SE CONTABILIZA SEGÚN UN SISTEMA LLAMADO *KAZOEDOSHI*. EN ESTA MANERA DE CONTAR LA EDAD, LA PERSONA NACE CON UN AÑO Y SUMA OTRO CON CADA AÑO NUEVO QUE PASA.

HOMBRES

AÑO PREVIO	AÑO DE MALA SUERTE	AÑO POSTERIOR
24 AÑOS	25 AÑOS	26 AÑOS
41 AÑOS	42 AÑOS	43 AÑOS
60 AÑOS	61 AÑOS	62 AÑOS

MUJERES

AÑO PREVIO	AÑO DE MALA SUERTE	AÑO POSTERIOR
18 AÑOS	19 AÑOS	20 AÑOS
32 AÑOS	33 AÑOS	34 AÑOS
36 AÑOS	37 AÑOS	38 AÑOS

LAS CELEBRACIONES
DE LA LONGEVIDAD

○ 60 AÑOS: 還暦 (*KANREKI*)

ES LA CELEBRACIÓN DE LOS PRIMEROS SESENTA AÑOS DE VIDA. LA FAMILIA REGA-
LA UN GORRO ROJO Y UNA ESPECIE DE CHALECO LLAMADO *CHACHANKO* AL HOME-
NAJEADO PARA FELICITARLO.

○ 70 AÑOS: 古希 (*KOKI*)

LA PALABRA *KOKI*, CUYOS *KANJI* SIGNIFICAN 'VIEJO/ANTIGUO' (古) Y 'EXTRAÑO' (希), TIENE SU ORIGEN EN UN
VERSO DEL POETA CHINO DU FU, QUE DICE: «RAROS SON LOS QUE VIVEN SETENTA AÑOS EN LA HISTORIA».
ESTO SE DEBE A QUE ANTES MUY POCAS PERSONAS LLEGABAN A ESA EDAD.

○ 77 AÑOS: 喜寿 (*KIJU*)

EL *KANJI* «喜» SE ABREVIA COMO «㐂», QUE PARECE QUE TENGA TRES SIETES (七) EN ÉL.

○ 80 AÑOS: 傘寿 (*SANJU*)

EL *KANJI* «傘» SE ABREVIA COMO «仐», QUE PARECE LA COMBINACIÓN DE «八» ('OCHO') Y «十» ('DIEZ').

○ 88 AÑOS: 米寿 (*BEIJU*)

EL *KANJI* DE «米» PARECE UNA COMBINACIÓN DE «八十八» (OCHO, DIEZ, OCHO = 88).

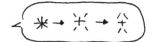

○ 90 AÑOS: 卒寿 (*SOTSUJU*)

EL *KANJI* «卒» SE ABREVIA COMO «卆», QUE PARECE UNA COMBINACIÓN DE «九» ('NUEVE') Y «十» ('DIEZ').

○ 99 AÑOS: 白寿 (*HAKUJU*)

SI LE QUITAMOS EL 1 (一) AL NÚMERO CIEN (百) NOS QUEDA EL *KANJI* «白», QUE SIMBOLIZA 100 - 1 = 99.

○ 100 AÑOS: 百賀 (*HYAKUGA O MOMOGA*)

SUS *KANJI* SIGNIFICAN: «百» ('CIEN') Y «賀» ('FELICITACIÓN').

○ 108 AÑOS: 茶寿 (*CHAJU*)

SI DESGLOSAMOS LAS PARTES DEL *KANJI* «茶», NOS QUEDA: «十», «十» Y «八十八».
(10 + 10 + 88 = 108)

○ 111 AÑOS: 星寿 (*KŌJU*)

SI DESGLOSAMOS LAS PARTES DEL *KANJI* «星», NOS QUEDA: «白» (99, EN ESTE CONTEXTO), «十二»
(99 + 12 = 111)

○ 120 AÑOS: 大還暦 (*DAIKANREKI*)

ES LA CELEBRACIÓN DEL SEGUNDO CICLO DE SESENTA AÑOS.

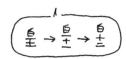

Daikan, el Gran Frío (20 de enero aprox.)

El *daikan* es el período más frío de todo el año. Dicen que el agua que se extrae durante estos días tiene tan pocos microorganismos que aguanta un año entero sin echarse a perder. Por eso se usa para preparar miso, salsa de soja, sake y otros alimentos. Es el momento de beber un vaso de agua cada mañana para absorber el poder purificante del invierno.

De pequeña, recuerdo ir pisando la escarcha de camino al colegio y comerme a hurtadillas las estalactitas de los aleros de las casas. ¡Cómo me emocionaba la nieve! Aunque cayera tan poca que terminaba embarrada, hacía un muñeco como podía y jugaba en ella. Gracias a sus cuatro estaciones bien diferenciadas, en Japón hay paisajes y cosas que solo se pueden disfrutar en épocas concretas.

La nieve y sus denominaciones

KAZAHANA

SIGNIFICA 'FLORES DEL VIENTO' Y SE LLAMA ASÍ A LOS COPOS DE NIEVE QUE SE MECEN EN EL VIENTO COMO SI FUERAN FLORES. TAMBIÉN DENOMINA EL FENÓMENO EN EL CUAL EL VIENTO LEVANTA LA NIEVE QUE SE HABÍA POSADO EN LAS MONTAÑAS.

KONAYUKI

SIGNIFICA 'NIEVE EN POLVO'. SE USA PARA DESIGNAR LA NIEVE QUE ES FINA COMO EL POLVO.

BOTANYUKI

SIGNIFICA 'NIEVE DE PEONÍAS'. DESCRIBE LOS COPOS QUE SON GRANDES COMO PÉTALOS DE PEONÍAS.

FRAS
FRAS

ZARAMEYUKI

SIGNIFICA 'NIEVE GRANULADA'. ES EL TIPO DE NIEVE TOSCA QUE SE FORMA TRAS FUNDIRSE Y CONGELARSE VARIAS VECES.

SHIZURIYUKI

GRUC
GRUC

FRAC

SIGNIFICA 'NIEVE COLGADA'. ES LA NIEVE QUE CAE DE LAS RAMAS DE LOS ÁRBOLES Y OTROS LUGARES ELEVADOS.

¡A jugar con la nieve!

YUKI GASSEN

PELEA DE BOLAS DE NIEVE. DOS BANDOS SE LANZAN BOLAS DE NIEVE UNOS CONTRA OTROS.

KAMAKURA

ORIGINARIAMENTE, ESTA ACTIVIDAD CONSISTÍA EN EXCAVAR UN AGUJERO EN UN MONTÓN DE NIEVE COMPACTADA Y PONER UN ALTAR PARA ADORAR A LOS DIOSES, PERO EN LA ACTUALIDAD ES EL JUE-GO DE ASAR *MOCHI* Y BEBER *AMAZAKE* (SAKE DULCE) DENTRO DE UN IGLÚ, QUE TAMBIÉN RECI-BE EL NOMBRE DE *KAMAKURA*.

MUÑECO DE NIEVE

① HAZ UNA BOLA DE NIEVE PEQUEÑA CON LAS MANOS Y HAZLA RODAR POR LA NIEVE PARA QUE CREZCA.

② PREPARA UNA BOLA GRANDE PARA EL CUERPO Y OTRA MÁS PEQUEÑA PARA LA CABEZA Y APÍLALAS.

③ USA UNA ZANAHORIA PARA LA NARIZ, UN CUBO DE SOMBRERO, DOS PIEDRAS PARA OJOS Y RAMAS COMO BRAZOS.

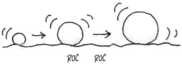

ROC   ROC

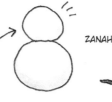

PIEDRAS

← CUBO

ZANAHORIA

RAMAS

CONEJITO DE NIEVE

① HAZ UNA BOLA DE NIEVE CON FORMA ELÍP-TICA Y MOLDEA UNO DE SUS LADOS PARA QUE SEA UN POCO PUNTIAGUDO.

② USA LOS FRUTOS DE NANDI-NA COMO OJOS Y DOS HOJAS PARA QUE SEAN LAS OREJAS.

二月 Febrero

如 月 *Kisaragi,* el segundo mes del antiguo calendario

(如: igual, similar; 月: mes)

Unos dicen que el nombre proviene de 衣更着 (*kisaragi*), cuyos *kanji* significan «衣» ('ropa'), «更» ('aún más') y «着» ('vestir'); es decir, como aún hace frío, hay que llevar más ropa encima. Otros argumentan que viene de «生更木» o sea «生» ('nacer'), «更» ('aún más') y «木» ('árbol'), porque la vegetación empieza a brotar de nuevo. También se llama *umemizuki* ('mes de contemplar los ciruelos'), *hatsuhanatsuki* ('mes de las primeras flores') o *yukikietsuki* ('mes en que desaparece la nieve').

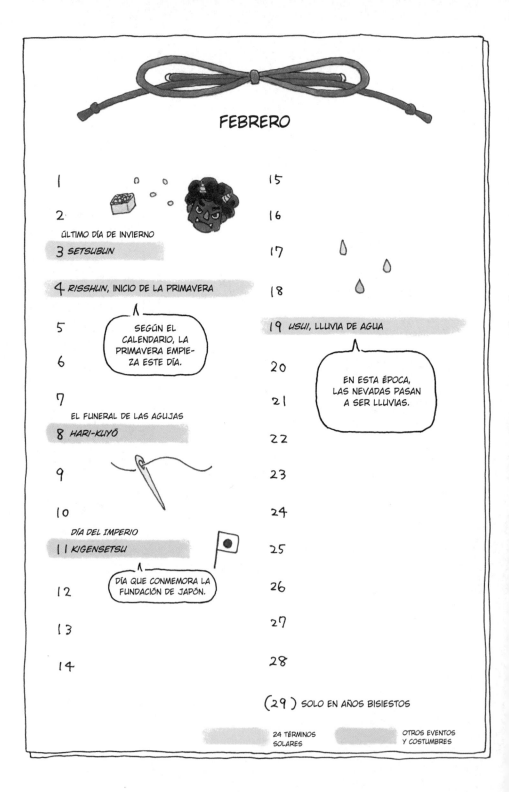

FEBRERO

1

2

ÚLTIMO DÍA DE INVIERNO
3 *SETSUBUN*

4 *RISSHUN*, INICIO DE LA PRIMAVERA

5

6

> SEGÚN EL CALENDARIO, LA PRIMAVERA EMPIEZA ESTE DÍA.

7

EL FUNERAL DE LAS AGUJAS
8 *HARI-KUYŌ*

9

10

DÍA DEL IMPERIO
11 *KIGENSETSU*

> DÍA QUE CONMEMORA LA FUNDACIÓN DE JAPÓN.

12

13

14

15

16

17

18

19 *USUI*, LLUVIA DE AGUA

> EN ESTA ÉPOCA, LAS NEVADAS PASAN A SER LLUVIAS.

20

21

22

23

24

25

26

27

28

(29) SOLO EN AÑOS BISIESTOS

24 TÉRMINOS SOLARES

OTROS EVENTOS Y COSTUMBRES

Empieza la primavera, pero aún hace tanto frío y hay tanta nieve que no lo parece. Mientras los animales resisten estoicamente las bajas temperaturas, las flores del ciruelo florecen antes que las demás.

Hay un haiku de Ransetsu Hattori, el principal discípulo de Bashō Matsuo, que describe esta época a la perfección:

«Ume ichirin, ichirin hodo no, atatakasa»
(A cada nueva flor de ciruelo el calor monta)

El poema habla de un paisaje que va volviéndose más cálido con cada flor de ciruelo que florece. Cuando esos pequeños capullos empiezan a abrirse el viento transporta su delicioso aroma. Casi es posible imaginar la alegría de las flores del ciruelo mientras nos traen poco a poco la primavera. Aquellos que son capaces de sonreír ante las dificultades son comparados con la capacidad que tiene el ciruelo de florecer en mitad de un frío glacial. Me gustaría tomar este ejemplo para no olvidarme nunca de sonreír sin importar el momento.

FLOR DE LOS NACIDOS
EN FEBRERO:

NARCISO

SIGNIFICADO EN EL
LENGUAJE DE LAS FLORES:
'NARCISISMO Y VANIDAD'

ALIMENTOS DE TEMPORADA EN FEBRERO

二月の旬

WAKASAGI

EN ESTA ÉPOCA ES TÍPICO VER A LOS PESCADORES ABRIENDO UN AGUJERO EN LA GRUESA CAPA DE HIELO QUE SE FORMA SOBRE LOS LAGOS PARA PESCAR ESTOS PECES CON SUS CAÑAS. ESTÁN DELICIOSOS REBOZADOS (TEMPURA) O EN ESCABECHE (NANBANZUKE). SUS ESPINAS SE PUEDEN COMER, POR LO QUE APORTAN MUCHO CALCIO.

KOMATSUNA

ESPINACA JAPONESA. RICA EN BETACAROTENO APORTA UNA GRAN CANTIDAD DE NUTRIENTES COMO CALCIO, HIERRO, VITAMINAS A, B1, B2, C, POTASIO, FIBRA, ETC.

SE PARECE A LA ESPINACA EN ASPECTO Y VALOR NUTRICIONAL, PERO LA VARIEDAD JAPONESA TIENE CINCO VECES MÁS CALCIO. AL NO TENER TAMPOCO UN SABOR ASTRINGENTE, NO HAY QUE HERVIRLA ANTES DE COMER, LO CUAL ES UNA VENTAJA.

SALTEADO DE ESPINACAS JAPONESAS CON AJO

① LAVA LAS ESPINACAS Y CÓRTALAS EN TROZOS DE UNOS 5 CM. CORTA LOS AJOS EN CUATRO TROZOS Y RETIRA EL GERMEN DEL INTERIOR. CORTA LA GUINDILLA A RODAJAS.

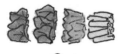

SE QUITA EL GERMEN PORQUE ES FÁCIL QUE SE QUEME.

```
INGREDIENTES

·  200 G DE ESPINACAS
   JAPONESAS

·  3 DIENTES DE AJO

·  1 CUCHARADA SOPERA DE
   ACEITE DE SÉSAMO

·  1 GUINDILLA
   (TAKANOTSUME)

·  SAL Y PIMIENTA
```

② PON EL ACEITE DE SÉSAMO EN UNA SARTÉN Y SALTEA EL AJO Y LA GUINDI-LLA A FUEGO BAJO.

③ CUANDO EL AJO SE HAYA DORADO, AÑADE LAS ESPINACAS Y PON EL FUEGO FUERTE. SALTÉA-LAS BREVEMENTE Y CONDIMÉNTALAS CON SAL Y PIMIENTA.

¡CUIDADO, QUE NO SE QUEME EL AJO!

¡NO HAY QUE SALTEAR DEMASIADO LAS ESPINACAS JA-PONESAS PARA QUE NO PIERDAN COLOR!

KINKAN

QUINOTO. DADAS LAS PROPIEDADES PARA CALMAR LA TOS Y LA INFLAMA-
CIÓN DE GARGANTA DE ESTE CÍTRICO, SE SUELE TOMAR COMO SI FUERA
UN CARAMELO BALSÁMICO. SU ALTO CONTENIDO EN VITAMINA C HACE QUE
TAMBIÉN AYUDE A PREVENIR RESFRIADOS. SE DICE QUE CUANDO ES ÉPOCA
DE RESFRIADOS, TAMBIÉN ES TIEMPO DE VENDER QUINOTOS. SE PUEDEN
COMER CON LA PIEL, ASÍ NOS ASEGURAMOS DE NO PERDER NINGUNO DE
SUS NUTRIENTES.

QUINOTOS CONFITADOS: ¡UNA MANERA DELICIOSA
DE PREVENIR RESFRIADOS!

INGREDIENTES
- 300 G DE
  QUINOTOS
- 150 G DE
  AZÚCAR

① DESPUÉS DE LAVAR Y SECAR LOS QUINO-
TOS, RETIRA LOS CÁLICES CON UNA BROCHETA
DE BAMBÚ. COLOCA EL CUCHILLO EN VERTICAL
Y HAZ CORTES EN LA PIEL EN INTERVALOS
DE 5 MM.

② PON UNA OLLA CON AGUA A FUEGO
FUERTE, HIERVE LOS QUINOTOS 3 MIN Y
CUÉLALOS.

SI APROVECHAS LOS
CORTES PARA SACAR
LAS SEMILLAS CON LA
BROCHETA SERÁN MÁS
FÁCILES DE COMER.

AL HERVIRLOS LES
QUITAMOS AMARGOR.

③ METE LOS QUINOTOS EN UNA
OLLA CON AZÚCAR Y AGUA SU-
FICIENTE PARA CUBRIRLOS Y
ENCIENDE EL FUEGO. CUANDO
HIERVA BAJA EL FUEGO. RETIRA
LA ESPUMA MIENTRAS DEJAS
QUE EL LÍQUIDO SE VAYA CON-
SUMIENDO DURANTE 15 MIN.

④ CUANDO LA PIEL DE LOS QUINOTOS SE VEA TRANSPARENTE Y
EL LÍQUIDO HAYA ESPESADO HABRÁS ACABADO. DEJA QUE SE
ENFRÍE Y GUÁRDALO EN LA NEVERA.

¡PUEDES GUARDARME
UN MES EN LA NEVERA!

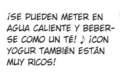

¡SE PUEDEN METER EN
AGUA CALIENTE Y BEBER-
SE COMO UN TÉ! ♪ ¡CON
YOGUR TAMBIÉN ESTÁN
MUY RICOS!

Setsubun, el último día de invierno 3 de febrero (aprox.)

節分

En mi casa, durante la noche del Setsubun, lanzábamos judías al demonio mientras decíamos: «*Fuku wa uchi, oni wa soto*» ('Dentro la suerte, fuera los demonios'). Sabía que era mi padre quien se ocultaba tras aquella horrible máscara, pero tenía tanto miedo que tiraba las judías con todas mis fuerzas. Se come la cantidad de judías equivalente a los años de vida, así que de pequeña siempre pedía más a mis padres. Ahora he llegado a una edad en la que tengo que comer tantas que no me las puedo terminar.

En realidad, en un año hay cuatro Setsubun. Esta palabra se escribe «節分» y viene de la frase «季節を分ける» ('dividir las estaciones del año'). Hace referencia al último día de cada estación, por lo que hay un Setsubun cada día previo al Risshun (inicio de primavera), Rikka (inicio del verano), Risshū (inicio del otoño) y Rittō (inicio del invierno).

En el antiguo calendario, se creía que los años empezaban con el inicio de la primavera o Rikka, al que se otorgaba especial importancia. Por eso la palabra Setsubun a secas acabó refiriéndose al Setsubun de primavera en concreto. Esta es también la razón por la que las tarjetas de Año Nuevo (*nengajō*) tienen palabras como *shoshun* ('principios de primavera') o *geijun* ('recibir la primavera').

El rito de lanzar judías que se celebra en el Setsubun era pues un acto de purificación del mal que se llevaba a cabo el último día del año (Ōmisoka).

Lanzamiento de judías

En sus inicios, era el cabeza de familia o un varón cuyo signo zodiacal chino coincidiera con el del año en curso (*toshiotoko*) quien, a grito de «dentro la suerte, fuera los demonios», esparcía judías de soja tostadas. Ahora, en la mayoría de los hogares alguien hace el papel de demonio y el resto le lanza las judías.

Se dice que si uno come el mismo número de judías que años tiene, o solo una más de dicha cantidad, vivirá una vida larga y saludable.

Ehōmaki

Los *ehōmaki* son rollos de *sushi* sin cortar que se comen enteros el día del Setsubun porque se cree que dan buena suerte. Se comen en silencio y de cara a la dirección de la suerte (*ehō*) de ese año, que es el punto cardinal auspicioso donde se encuentran los dioses. Al basarse en el sistema sexagesimal, esa dirección cambia cada año.

Se cree que esta costumbre se remonta a finales del período Edo, aunque no se extendió por todo el país hasta entrar en el siglo XXI.

Setsubun iwashi

Cabeza de sardina pinchada en una ramita de acebo que va en la entrada de casa. Se dice que los pinchos de la rama se clavan en los ojos de los demonios y el hedor de la sardina los repele. Sobre el acebo, existía la costumbre de colocarlo en dirección noreste, la puerta del demonio, donde se creía que vivían estos seres, y en la sudoeste, la puerta trasera del demonio, se plantaba una nandina o bambú sagrado para evitar que el mal se acercara. La nandina en japonés se llama 'nanten', y hay un juego de palabras con ella que dice: «nan wo tenjiru», que significa 'revertir las dificultades', por lo que se considera que da buena suerte.

 CÓMO PREPARAR UN *EHŌMAKI*

LOS INGREDIENTES DEL INTERIOR DEL ROLLO SON DE SIETE TIPOS DISTINTOS PORQUE HACEN REFERENCIA A LOS SIETE DIOSES DE LA FORTUNA, PERO NO EXISTE UNA SOLA MANERA CORRECTA DE PREPARARLO. PODEMOS USAR LOS INGREDIENTES QUE MÁS NOS GUSTEN.

① CORTA LOS INGREDIENTES DE FORMA ALARGADA PARA QUE SEA MÁS FÁCIL HACER EL ROLLO DE *SUSHI*.

INGREDIENTES
(PARA DOS PERSONAS)

- INGREDIENTES AL GUSTO: TORTILLA DULCE (*TAMAGOYAKI*), CONGRIO, PEPINO, SETAS *SHI-ITAKE*, ALGODÓN DE PESCADO ROSA (*SAKURA DENBU*), HILOS DE CALABAZA DESHIDRATADOS (*KANPYŌ*), GAMBAS, ETC.

- 340 G DE ARROZ PARA *SUSHI* HERVIDO (POR CADA 340 G DE ARROZ AÑADIMOS 30 ML DE VINAGRE DE ARROZ)

- 2 LÁMINAS DE ALGA *NORI*

② PON UNA LÁMINA DE ALGA *NORI* SOBRE LA ESTERI-LLA (EL PAPEL FILM TAMBIÉN SIRVE). EXTIENDE EL ARROZ DEJANDO LOS DOS ÚLTIMOS CENTÍMETROS DE UN LADO SIN CUBRIR Y COLOCA LOS INGREDIEN-TES DEL INTERIOR.

③ EMPIEZA A ENROLLARLO POR LA PARTE DE-LANTERA Y VE LEVANTANDO LA ESTERILLA A MEDIDA QUE AVANZAS HASTA EL OTRO EXTREMO.

¡DEJAR ESTE ESPACIO ES EL TRU-CO PARA UN BUEN ENROLLADO!

¡LISTO!

MARIONETAS DE DEMONIOS HECHAS CON PAPIROFLEXIA

DOBLA UN CUADRADO DE PAPEL POR LA MITAD CON LA PARTE DE COLOR HACIA DENTRO.

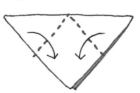

DOBLA POR LA LÍNEA DE PUNTOS.

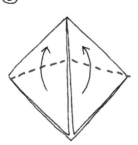

DOBLA POR LA LÍNEA DE PUNTOS.

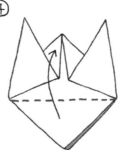

DOBLA SOLO EL TROZO DE PAPEL DE ENCIMA POR LAS LÍNEAS DE PUNTOS.

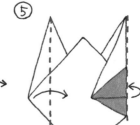

DALE LA VUELTA AL PAPEL Y DOBLA AMBOS LADOS POR LAS LÍNEAS DE PUNTOS HACIA EL CENTRO.

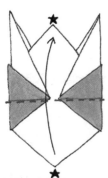

DOBLA POR LA LÍNEA DE PUNTOS PARA JUNTAR LOS EXTREMOS MARCADOS CON UNA ESTRELLA.

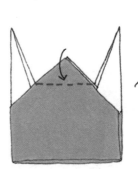

VUELVE A DOBLAR POR LA LÍNEA DE PUNTOS.

¡GIRA LA MARIONETA, PÍNTALE LA CARA Y LISTO!

Hay una razón por la que los demonios de los cuentos japoneses visten pieles de tigre.

La *kimon*, o puerta del demonio, coincide en los signos zodiacales con la unión buey-tigre. En referencia a estos dos animales, los demonios se dibujan con cuernos y ropa atigrada. Una teoría dice que, en el cuento de Momotarō, el protagonista lucha contra los demonios junto con un mono, un perro y un faisán porque son los tres signos opuestos a la puerta del demonio. Esto demuestra lo importantes que eran los puntos cardinales para nuestros antepasados.

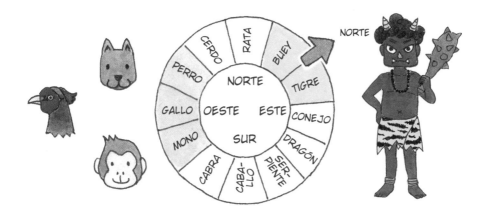

Por otro lado, el color de la piel de los demonios también tiene su significado. El rojo representa la avaricia; el azul, la ira; el negro, las quejas; el amarillo, el depender de los demás, y el verde, la arrogancia. Cuando uno sabe qué significa cada color, parece que tiene más fuerza para lanzar las judías.

Risshun, el inicio de la primavera
4 de febrero (aprox.)

Cada año me coge por sorpresa cuando anuncian la llegada de la primavera por la tele pese a que aún hace mucho frío. Nadie diría que es en esta gélida época del año cuando empieza, pero así es. Comienza débil, se va fortaleciendo y va cambiando el paisaje paulatinamente.

El Risshun es el primero de los 24 términos solares y el inicio de un nuevo año según el antiguo calendario. El día número 88 contando desde esta fecha es el Hachijūhachi-ya (Octogésima Octava Noche), el momento aproximado de la recogida del té. Los días 210 y 220 llegan los tifones. Muchos eventos toman de referencia el Risshun.

El fuerte viento del sur, conocido como *haru ichiban*, es el primero que sopla a comienzos de primavera y hasta su equinoccio. No me hace ni pizca de gracia, pero me emociona pensar que trae la primavera.

El viento y sus denominaciones

Dicen que en Japón tenemos más de dos mil nombres distintos para referirnos al viento. Al parecer, la mayoría de ellos fueron acuñados por agricultores y pescadores, que eran quienes solían sufrir sus consecuencias mientras trabajaban. ¡Me admira su ingenio a la hora de inventárselos!

HARU
ICHIBAN

SIGNIFICA 'EL PRIMERO DE PRIMAVERA'. ES UN VIENTO FUERTE PROVENIENTE DEL SUR QUE EMPIEZA A SOPLAR A INICIOS DE PRIMAVERA Y HASTA SU EQUINOCCIO.

KASHINFŪ

ESTE VIENTO, CUYO SIGNIFICADO ES 'VIENTO ESTACIONAL DE LAS FLORES', ANUNCIA LA FLORACIÓN. ES UNA BRISA SUAVE QUE SOPLA LOS DÍAS DE PRIMAVERA EN LOS QUE EL CIELO ESTÁ TOTALMENTE DESPEJADO.

KUROHAE

'VIENTO NEGRO DEL SUR'. SOPLA CUANDO EL CIELO SE OSCURECE DURANTE LA ÉPOCA DE LLUVIAS.

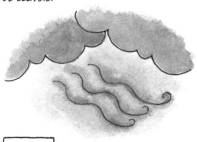

NOWAKI

'SEPARACIÓN DE LOS CAMPOS'. HACE REFERENCIA A LOS TIFONES. ESTOS VIENTOS SOPLAN ENTRE LOS DÍAS 210 Y 220 DEL AÑO. SON TAN FUERTES QUE SEPARAN Y DERRIBAN LA VEGETACIÓN DEL CAMPO.

KOGARASHI

'SECADOR DE ÁRBOLES'. SOPLA A PRINCIPIOS DE INVIERNO. ES FRÍO Y DESPOJA DE HOJAS A LOS ÁRBOLES.

KUNPŪ

'VIENTO DE AROMA'. A PRINCIPIOS DE VERANO, SOPLA ENTRE LAS HOJAS NUEVAS DE LOS ÁRBOLES Y TRANSPORTA SU AROMA.

KARAKAZE

'VIENTO VACÍO'. ES EL VIENTO FUERTE Y FRÍO DE INVIERNO QUE SOPLA SECO, SIN LLUVIA O NIEVE QUE LO ACOMPAÑE.

OROSHI

'BAJADA'. HACE REFERENCIA AL VIENTO FUERTE Y DE FRÍO INVERNAL QUE DESCIENDE DE LAS MONTAÑAS. EN JAPONÉS DECIMOS *FUJI-OROSHI* ('*OROSHI* QUE BAJA DEL MONTE FUJI') O *ROKKŌ-OROSHI* ('*OROSHI* QUE BAJA DE LOS MONTES ROKKŌ'), ETC.

Hatsune, los primeros sonidos

Los primeros cantos de los pájaros e insectos del año se conocen como *hatsune*. En esta época del año, cuando salgo a pasear, a veces puedo oír el refinado «¡*hō-hokekyo!*» de los ruiseñores incluso en la ciudad. Por mucho que busque, casi nunca los veo, pero me alegro de todas formas, porque es como si estuvieran anunciando: «¡La primavera ha llegado!». Por eso, a los ruiseñores también se los llama «春告鳥» (*harutsugedori*: 'pájaro que anuncia la primavera'). El hecho de asignar, por semejanza fonética, palabras humanas al canto de los pájaros como recurso mnemotécnico se llama *kikinashi*. Cuando comparo el *kikinashi* con el trino real del pájaro a veces pienso que se parece... y otras, en absoluto. Para mí, escuchar el canto de los pájaros mientras tratas de crear tu propio *kikinashi* también es muy entretenido.

Los *kikinashi* más populares

¡HŌ-HOKEKYO!

('¡SU... SUTRA DEL LOTO!')

RUISEÑOR

¡TEPPEN-KAKETAKA!

('¿HAS CORRIDO HASTA LA CIMA?')

¡BUPPŌSŌ!

CUCO CHICO

AUTILLO EUROPEO

('BUDA, DHARMA, SANGHA')

¡IPPITSUKEIJŌ-TSUKAMATSURI-SŌRŌ!

('TE ESCRIBO UNA BREVE NOTA')

¡BOROKITE-HŌKŌ!

ESCRIBANO
SIBERIANO

('APRENDIZAJE VESTIDO EN HARAPOS')

CÁRABO
URALENSE

Hari-kuyō, el Funeral de las Agujas
8 de febrero

針供養

En mi trabajo suelo usar agujas de coser, pero hasta que no conocí esta tradición, tirar las agujas que se rompían o doblaban era un problema.

El Hari-kuyō es una ceremonia en la cual se ofrendan las agujas viejas o rotas a un templo o santuario y se reza para mejorar en las habilidades de costura. Tiene lugar el 8 de febrero (8 de diciembre en algunas regiones).

Se trata de un funeral peculiar: las agujas que ya han cumplido su cometido se clavan en tofu y konnyaku que el templo ha preparado y luego se reza con las palmas de las manos juntas. Representa que las agujas, exhaustas de atravesar tantas telas duras, se clavan en algo blando para descansar en paz.

Antaño, las labores de costura eran algo inherente a la mujer. Esta práctica transmite su agradecimiento a estos utensilios y el valor que les daban. Hoy en día se compran baratas y se tiran enseguida, pero a mí me gustan de buena calidad, aunque salgan un poco más caras, para usarlas con cariño durante mucho tiempo.

Templos y santuarios donde celebrar el Hari-kuyō

SENSŌ-JI (ASAKUSA, TOKIO)

SHŌJU-IN (SHINJUKU, TOKIO)

EGARATEN-JINJA (CIUDAD DE KAMAKURA)

WAKAMIYA HACHIMAN-SHA (CIUDAD DE NAGOYA)

HŌRIN-JI (CIUDAD DE KIOTO)

TAIHEI-JI (CIUDAD DE OSAKA)

 TRUCOS DE AGUJAS

A VECES, LAS AGUJAS SE PIERDEN DENTRO DE LAS CAJAS DE COSTURA. PARA QUE ESO NO OCURRA SE PUEDEN GUARDAR ADHERIDAS A UN IMÁN.

CUANDO UNA AGUJA NO SE DESLIZA BIEN, CUESTA PASARLA A TRAVÉS DE UNA TELA. PARA QUE RECUPERE SU SUAVIDAD, SE PUEDE FROTAR ENCIMA DE UNA PASTILLA DE JABÓN SECA.

UN ALFILETERO BONITO Y ECOLÓGICO

¡ANTES ERA EL TAPÓN DE UNA BOTELLA DE PLÁSTICO Y AHORA ME HE TRANSFORMADO EN UN PRECIOSO ALFILETERO! ♪

(1) CORTA EL RETAL EN UN CÍRCULO DE 9 CM DE DIÁMETRO Y PESPUNTA EL BORDE.

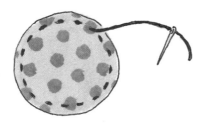

MATERIALES
(PARA UN ALFILETERO)

- 1 TAPÓN DE BOTELLA DE PLÁSTICO
- 1 RETAL DE 9 X 9 CM APROX.
- ALGODÓN
- HILO DE COSER
- 1 TIRA DE LAZO DE 10 CM DE LARGO Y DE 13 A 15 MM DE ANCHO

(2) METE EL ALGODÓN Y TIRA DEL HILO.

(3) PON BASTANTE PEGAMENTO EN EL TAPÓN Y PÉGALO A LA PARTE QUE YA ESTÁ HECHA DEL COJÍN.

USA DOS GOMAS ELÁSTICAS PARA FIJARME DURANTE UNOS 30 MINUTOS, HASTA QUE EL PEGAMENTO SE SEQUE.

(4) UNTA PEGAMENTO EN EL LATERAL DEL TAPÓN Y ADHIERE LA CINTA.

¡UNA DE ENCAJE TAMBIÉN ME QUEDA FENOMENAL!

Hatsuuma, el primer día del caballo

El Hatsuuma es el primer día del caballo del mes de febrero. Se cree que, en esta fecha, la deidad de la agricultura Ukanomitama-no-kami desciende a los santuarios Inari, donde se celebra un festival para pedir cosechas abundantes y prosperidad en los negocios.

La palabra *inari* siempre me recuerda a mi tipo de sushi favorito, el *inari-zushi*. La pasta de soja frita (*aburaage*) con la que se prepara es el alimento favorito de los zorros, que son los mensajeros de la deidad Inari. De ahí el nombre de este plato que se solía ofrendar el día del Hatsuuma. Podemos aprovechar para comerlo y dar gracias porque no nos faltan los alimentos.

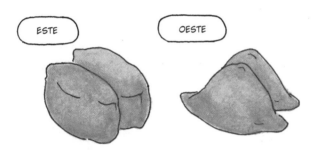

ESTE

OESTE

EN EL ESTE DE JAPÓN, ESTOS *SUSHI* PARECEN SACOS DE ARROZ, MIENTRAS QUE EN EL OESTE SE SUELEN PREPARAR CON FORMA TRIANGULAR SIMULANDO LAS OREJAS DE LOS ZORROS.

INARI-ZUSHI BÁSICO CON CANTIDADES DE INGREDIENTES FÁCILES DE RECORDAR

INGREDIENTES
(PARA OCHO UNIDADES)

- 150 G DE ARROZ
- 30 ML DE VINAGRE DE ARROZ
- 4 LÁMINAS DE SOJA FRITA (*ABURAAGE*)
- ☆ 200 ML DE AGUA
- ☆ 2 CDAS. SOPERAS DE SAKE
- ☆ 2 CDAS. SOPERAS DE SALSA *MIRIN*
- ☆ 2 CDAS. SOPERAS DE AZÚCAR
- ☆ 2 CDAS. SOPERAS DE SALSA DE SOJA

① HIERVE EL ARROZ CON POCA AGUA Y AÑÁDELE EL VINAGRE DE ARROZ. SI TIENES UNA ARROCERA QUE TENGA EL MODO *SUSHIMESHI* (ARROZ DE *SUSHI*), CUÉCELO COMO TE INDIQUE LA MÁQUINA.

¡MIENTRAS ME ABANICAS USA UNA PALETA DE SERVIR EL ARROZ (*SHAMOJI*) PARA SEPARARME Y MEZCLARME!

② HIERVE LA SOJA FRITA (*ABURAAGE*) EN AGUA DU-
RANTE 1 MINUTO Y RETIRA EL EXCESO DE ACEITE
Y HUMEDAD. CORTA LAS LÁMINAS POR LA MITAD Y
ÁBRELAS PARA QUE QUEDEN CON FORMA DE SACO.

SI TE
CUESTA ABRIRME,
PÁSAME UN PALILLO
LARGO (*SAIBASHI*)
POR ENCIMA.

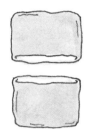

③ PON UNA OLLA AL FUEGO Y AÑADE EL AGUA, EL SAKE, LA SAL-
SA *MIRIN*, EL AZÚCAR Y LA SALSA DE SOJA. CUANDO EMPIECE A
HERVIR, EXTIENDE LA SOJA FRITA DE MODO QUE TODA ELLA ESTÉ
EN CONTACTO CON EL FONDO DE LA OLLA, TÁPALA CON UN PA-
PEL SULFURIZADO QUE QUEDE DIRECTAMENTE SOBRE LA COMIDA Y
CUÉCELO A FUEGO MEDIO-BAJO.

¡ASÍ EL SABOR PENETRA EN TODAS PARTES!

④ CUANDO SE EVAPORE CASI TODO EL CAL-
DO, APAGA EL FUEGO. CUANDO LA PASTA
DE SOJA FRITA SE ENFRÍE EXPRÍMELA UN
POCO.

⑤ DIVIDE EL ARROZ EN OCHO MONTONES, MÉTELOS
DENTRO DE LA PASTA DE SOJA FRITA Y DALES
FORMA DE SAQUITOS.

¡SI HACEMOS VARIOS TIPOS DE *SUSHI*
QUEDARÁN GENIAL CUANDO LOS
COLOQUEMOS JUNTOS! ♪

SEMILLAS DE SÉSAMO TOSTADAS,
JENGIBRE ROJO CORTADO A TIRAS,
BROTES DE BAMBÚ, GUISANTES...
¡PUEDES PROBAR A MEZCLAR EL
ARROZ CON LOS INGREDIENTES
QUE MÁS TE GUSTEN!

三月 **Marzo**

弥 生 *yayoi*, el tercer mes del antiguo calendario

(弥: 'aún más, extremadamente'; 生: 'vida, nacimiento')

Se cree que procede de «木草弥生月» (*kikusayayoizuki*), 'el mes en que la vegetación crece en abundancia'. También recibe otros nombres, como *hanamizuki* ('mes de contemplar las flores') o *sakurazuki* ('mes de los cerezos'). Dado que en el tercer mes del antiguo calendario el bambú se vuelve amarillento y pierde sus hojas, también se llama *take no aki* y *chikushū* (ambos 'otoño de bambú').

MARZO

1
2

EL FESTIVAL ESTACIONAL DE LAS NIÑAS
3 JŌSHI NO SEKKU

HINA-MATSURI,
EL FESTIVAL DE
LAS MUÑECAS

4

5

6 KEICHITSU, DESPERTAR DE LOS INSECTOS

7

LOS INSECTOS
SALEN A LA SUPERFICIE
CON LA LLEGADA DEL
CALOR.

8

9

10

11

12

13

14

15

16

17

18

EN LOS SIETE
DÍAS QUE RODEAN
EL EQUINOCCIO SE
CELEBRA EL HIGAN
DE PRIMAVERA.

19

20

21 SHUNBUN, EQUINOCCIO DE PRIMAVERA

22

23

24

25

26

27

28

29

30

31

24 TÉRMINOS
SOLARES

OTROS EVENTOS
Y COSTUMBRES

El tiempo en marzo es tan cambiante que hay días en los que pienso «¡ha llegado la primavera!» y otros en los que me hielo de frío. En esta época en la que se van repitiendo ciclos de tres días de frío seguidos de cuatro días más cálidos, las temperaturas van subiendo de forma progresiva. Esta sucesión de variaciones recibe el nombre de *sankanshion* ('tres de frío, cuatro de calor'). Por otro lado, marzo tiene muchos días en los que sopla un viento muy fuerte. Es como si los vientos de la primavera intentasen expulsar con todas sus fuerzas al Fuyu-Shōgun (término que se traduce como «General Invierno» y que se usa para describir la crudeza de esta estación).

Los gentiles rayos de luz bañan los retoños de la vegetación, como la cola de caballo que poco a poco va creciendo hasta asomar la cabecita, y los insectos empiezan a volar de aquí para allá. Para mí es una época un tanto dura, ya que tengo alergia primaveral. No obstante, cuando siento que la vida a mi alrededor se va volviendo más activa cada día, soy incapaz de quedarme en casa. Las ganas de quitarme el abrigo grueso y salir a pasear felizmente pueden conmigo.

FLOR DE LOS NACIDOS
EN MARZO:

FLOR DE
COLZA

SIGNIFICADO EN EL LENGUAJE
DE LAS FLORES: 'ALEGRÍA'

ALIMENTOS DE TEMPORADA EN MARZO

三月の旬

FUKI

PETASITES. SU CARACTERÍSTICO SABOR LIGERAMENTE AMARGO CREA ADICCIÓN. NO OBSTANTE, DESDE EL MOMENTO EN QUE LA PLANTA SE EXTRAE DE LA TIERRA, ESE SABOR SE VA VOLVIENDO CADA VEZ MÁS ALCALINO, POR LO QUE ES CONVENIENTE CONSUMIRLA LO ANTES POSIBLE. SI QUITAMOS LAS RAMITAS CUANDO LA ESTAMOS PREPARANDO, LUEGO NOS SERÁ MÁS FÁCIL PELARLA Y TENDRÁ UN COLOR VERDE MÁS VIVO. LOS BROTES DEL *FUKI*, QUE SON LOS CAPULLOS DE SU FLOR, APARECEN EN LA SUPERFICIE DE LA TIERRA A PRINCIPIOS DE PRIMAVERA.

BROTE DE *FUKI*

NANOHANA

FLOR DE COLZA. A PRINCIPIOS DE PRIMAVERA, ESTAS FLORES DE COLOR AMARILLO BRILLANTE SE VEN POR TODOS LADOS. SU LEVE AMARGURA HACE QUE SEA UNO DE LOS ALIMENTOS FAVORITOS DE AQUELLAS PERSONAS QUE TIENEN PREDILECCIÓN POR ESTE SABOR. CONTIENE MUCHOS TIPOS DE VITAMINAS Y APORTA UN TOQUE DE COLOR A LA VEGETACIÓN QUE COMEN LOS INSECTOS EN PRIMAVERA. TAMBIÉN SE DENOMINA *ABURANA*. SEGÚN LA VARIEDAD, SE USA PARA FABRICAR ACEITE, LO CUAL LA CONVIERTE EN UNA VERDURA POLIVALENTE.

ARROZ CON FLORES DE COLZA Y GAMBAS *SAKURA*: ¡LOS COLORES DE LA PRIMAVERA! ♪

¡SOY UN ARROZ TAN PRECIOSO Y COLORIDO COMO LA PRIMAVERA! ♪

INGREDIENTES
(PARA DOS PERSONAS)

- 1/2 MANOJO DE FLORES DE COLZA
- 20 G DE GAMBAS *SAKURA*
- 2 RACIONES PEQUEÑAS DE ARROZ (DOS BOLES NO MUY LLENOS)
- 1 CDTA. DE SALSA DE SOJA
- *KATSUOBUSHI* (VIRUTAS DE BONITO DESECADO)
- SEMILLAS DE SÉSAMO BLANCAS

① HIERVE LAS FLORES DE COLZA EN AGUA Y SAL, ESCÚRRELAS Y CÓRTALAS EN TROZOS DE 1 CM.

② AÑADE LAS FLORES DE COLZA, LAS GAMBAS, LA SALSA DE SOJA, LAS VIRUTAS DE BONITO Y LAS SEMILLAS DE SÉSAMO AL ARROZ Y MÉZCLALO.

ALGA
WAKAME

DICEN QUE JAPÓN ES EL PAÍS DEL MUNDO DONDE SE COMEN MÁS ALGAS, SOBRE TODO ESTA. LA AÑADIMOS A LA SOPA DE MISO, LA ENCURTIMOS EN VINAGRE... ES UN ALIMENTO QUE NO PUEDE FALTAR EN LAS MESAS DE NUESTRAS CASAS.

NO SOLO CONTIENE ÁCIDO ALGÍNICO, QUE REDUCE TANTO LA PRESIÓN ARTERIAL COMO LOS EFECTOS DE LA ARTERIOSCLEROSIS, SINO QUE ADEMÁS ES MUY RICA EN NUTRIENTES COMO YODO, CAROTENO O CALCIO.

UDO

ARALIA CORDATA. PLANTA SILVESTRE COMESTIBLE QUE RESULTA CRUJIENTE Y CUYO RASGO CARACTERÍSTICO ES SU FUERTE AROMA A TIERRA. EL ÁCIDO AS-PÁRTICO QUE CONTIENE LE APORTA SU BUEN SABOR. ADEMÁS, SE PUEDE COMER PRÁCTICAMENTE TODA LA PLANTA. AL IGUAL QUE EL FUKI O EL NANOHANA, TAM-BIÉN TIENE ESE SABOR AMARGO DE ALGUNAS PLANTAS DE PRIMAVERA, PERO TODAS ESTAS TIENEN UN EFECTO DEPURATIVO SOBRE EL ORGANISMO QUE AYUDA A ELIMINAR AQUELLOS PRODUCTOS DE DESECHO QUE HEMOS IDO ACUMULANDO DURANTE EL INVIERNO.

ENSALADA DE WAKAME Y UDO
ADEREZADA CON MISO AVINAGRADO

① PELA EL UDO, CÓRTALO EN LÁMINAS RECTANGULARES DE 4 CM Y DÉJALO EN AGUA CON VINAGRE DURANTE 5 MIN.

¡PON 2 CDTAS. DE VINAGRE EN 500 ML DE AGUA PARA QUITARLE LA AMARGURA!

INGREDIENTES
(PARA DOS PERSONAS)

- • 1 UDO
- • 1 PIZCA DE ALGAS WAKAME FRESCAS
- ☆ 1 ½ CDAS. SOPERAS DE PASTA DE MISO
- ☆ 1 CDA. SOPERA DE VINAGRE
- ☆ 1 CDA. SOPERA DE SALSA MIRIN
- ☆ 1 CDA. SOPERA DE AZÚCAR
- ☆ MOSTAZA AL GUSTO

② CORTA LAS ALGAS WAKAME EN TROZOS QUE QUEPAN EN LA BOCA Y PONLAS EN UN BOL JUNTO AL UDO YA ESCURRIDO.

③ MEZCLA LOS INGREDIENTES MARCADOS CON UNA ESTRELLA Y ÉCHALOS SOBRE LAS VERDURAS.

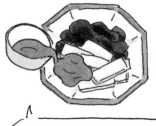

PONLO ENCIMA O MÉZCLALO CON LAS VERDURAS.

SI USAS WAKAME EN SALMUERA DÉJALA EN AGUA 5 MIN PARA DESALARLA. SI SON ALGAS DESHIDRATADAS, PONLAS EN AGUA PARA QUE SE HIDRATEN Y HIÉRVELAS UN INSTANTE.

¡QUÉ SABORCITO A PRIMAVERA TENGO! ♪

Jõshi no sekku, el Festival Estacional de las Niñas

3 de marzo

上巳の節句

El 3 de marzo se celebra el Hina-matsuri, o Festival de las Muñecas, en el que se reza para que las niñas crezcan felices y saludables. Las más pequeñas contemplan embelesadas los coloridos kimonos de doce capas de las muñecas, comen las preciosas galletas dulces de arroz, beben sake dulce sin alcohol como si ya formaran parte del mundo adulto... Es un día realmente emocionante para ellas.

Antiguamente, era muy común exponer las muñecas en un lujoso altar de siete niveles, pero en los hogares actuales este despliegue suele ser más compacto. Mis padres tenían una casa pequeña, así que mis muñecas se limitaban al emperador y a la emperatriz dentro de una urna de cristal. Junto a estos mi madre colocaba las viejas muñecas que conservaba de su niñez: tres damas de compañía y cinco músicos de la corte, que aportaban vivacidad a la escena.

Estaban medio apolilladas, les faltaban mechones de pelo... Tenían un aspecto tan lamentable que daban hasta miedo, pero gracias a eso mis padres me dejaban tocarlas y pude jugar con ellas junto a mis amigas. Ya mayor, ¡veo inconcebible jugar con unas muñecas tan caras!

El origen del Hina-matsuri

El Hina-matsuri también se llama Momo no sekku (Festival Estacional del Melocotón) porque en esta época florecen los melocotoneros. Antaño se conocía como el Jōshi no sekku (Festival Estacional de las Niñas), y es uno de los cinco festivales estacionales del año.

En la antigüedad, en el día de la serpiente, que caía dentro de los primeros diez días de marzo, se celebraba el Jōshi-setsu, un festival en el que se transfería la mala fortuna a las muñecas y luego se las exorcizaba. Esto, combinado con el típico juego de papás y mamás (*hiina-asobi*), dio lugar al Nagashibina, la costumbre de purificar el cuerpo dejando que el río se llevara muñecas de papel a las que se había transferido el infortunio. Con el tiempo, estas figuritas se cambiaron por lujosas muñecas decorativas. Así, cuando nacía una niña, se preparaba una muñeca *hina* para que recibiera las desgracias en su lugar.

Entre las regiones que conservan la tradición del Nagashi-bina destaca la del río Sendai en Tottori, conocida como el Nagashi-bina de Mochigase.

¿Cuándo se colocan las muñecas y cuándo se guardan?

GUARDÉMOSLAS JUNTAS.

Las muñecas *hina* se sacan entre principios y mediados de febrero y permanecen colocadas hasta el día del festival. Cuando este termina hay que guardarlas lo antes posible, como muy tarde a mediados de marzo.

Existe la superstición de que «si tardas en guardarlas, tardarás en casarte» (porque si alguien no es capaz de ordenar sus cosas, jamás será una buena esposa). Pero de hecho, lo mejor para conservar las muñecas es guardarlas un día que lleve tiempo sin llover y haya poca humedad.

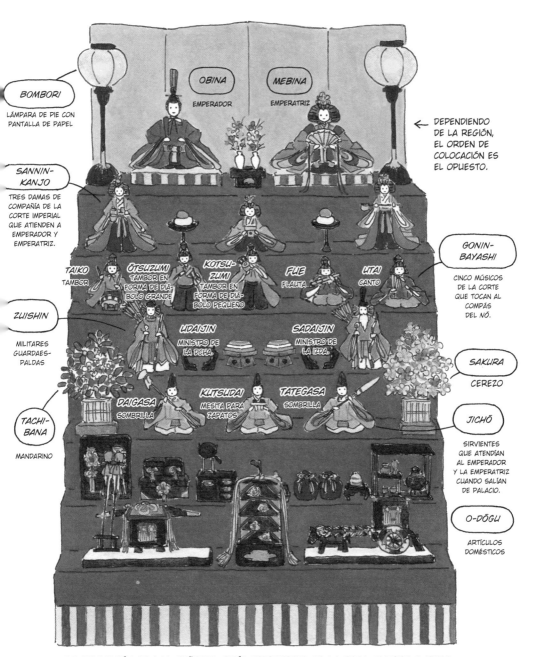

BOMBORI

LÁMPARA DE PIE CON PANTALLA DE PAPEL

OBINA

EMPERADOR

MEBINA

EMPERATRIZ

← DEPENDIENDO DE LA REGIÓN, EL ORDEN DE COLOCACIÓN ES EL OPUESTO.

SANNIN-KANJO

TRES DAMAS DE COMPAÑÍA DE LA CORTE IMPERIAL QUE ATIENDEN A EMPERADOR Y EMPERATRIZ.

GONIN-BAYASHI

CINCO MÚSICOS DE LA CORTE QUE TOCAN AL COMPÁS DEL NŌ.

TAIKO

TAMBOR

ŌTSUZUMI

TAMBOR EN FORMA DE DIÁBOLO GRANDE

KOTSU-ZUMI

TAMBOR EN FORMA DE DIÁBOLO PEQUEÑO

FUE

FLAUTA

UTAI

CANTO

ZUISHIN

MILITARES GUARDAESPALDAS

UDAIJIN

MINISTRO DE LA DCHA.

SADAIJIN

MINISTRO DE LA IZDA.

SAKURA

CEREZO

TACHI-BANA

MANDARINO

DAIGASA

SOMBRILLA

KUTSUDAI

MESITA PARA ZAPATOS

TATEGASA

SOMBRILLA

JICHŌ

SIRVIENTES QUE ATENDÍAN AL EMPERADOR Y LA EMPERATRIZ CUANDO SALÍAN DE PALACIO.

O-DŌGU

ARTÍCULOS DOMÉSTICOS

LA COLOCACIÓN DE LAS MUÑECAS VARÍA DEPENDIENDO DE LA ZONA. MADRES E HIJAS PUEDEN PASÁRSELO BIEN COLOCÁNDOLAS COMO LO HA HECHO SIEMPRE LA FAMILIA. NO OBSTANTE, NO HAY QUE PONERLAS DONDE DÉ DIRECTAMENTE EL SOL O LAS TEMPERATURAS SEAN ALTAS.

Estas muñecas *hina* de papiroflexia son tan sencillas que puedes hacerlas junto con niñas pequeñas. Además, si usáis papel decorativo con patrones coloridos (*chiyogami*), os quedarán aún más bonitas. Podéis colocarlas en algún espacio de la entrada para celebrar esta tradición.

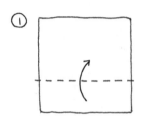

DOBLA EL PAPEL POR LA LÍNEA DE PUNTOS QUE MARCA UN TERCIO.

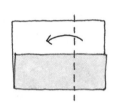

DOBLA UNO DE LOS LADOS POR LA LÍNEA QUE MARCA EL TERCIO LATERAL DEL PAPEL.

DOBLA POR LA MITAD TANTO VERTICAL COMO HORIZONTALMENTE PARA CREAR DOS PLIEGUES MARCADOS.

ESTOS SON LOS PLIEGUES DEL PUNTO 3.

GIRA EL PAPEL PARA COLOCARLO EN DIAGONAL.

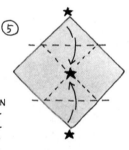

DOBLA POR AMBAS LÍNEAS DE PUNTOS PARA JUNTAR LAS PUNTAS SEÑALADAS CON ESTRELLAS HACIA LA ESTRELLA DEL MEDIO.

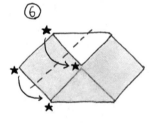

DOBLA POR LA LÍNEA DE PUNTOS PARA JUNTAR LAS ESTRELLAS TAL Y COMO SE INDICA.

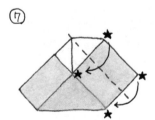

HAZ LO MISMO EN EL LADO CONTRARIO.

USA LA PARTE INFERIOR PARA QUE SE AGUANTE ERGUIDA.

LUEGO HAZ OTRA MUÑECA Y COLÓCALAS SOBRE UN PAPEL QUE SIRVA DE ALTAR.

Comida típica del Hina-matsuri

La comida típica del Hina-matsuri es colorida y llamativa, propia de una festividad dedicada a las niñas. Además de un aspecto increíble, cada plato tiene su significado.

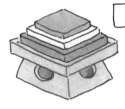

HISHI-MOCHI

PASTELITO DE ARROZ ROMBOIDE. LA LÁMINA ROSADA (COLOR MELOCOTÓN) ESTÁ HECHA DE FRUTOS DE JAZMÍN DE LA INDIA, QUE TIENEN PROPIEDADES DEPURATIVAS; LA BLANCA SE HACE CON CASTAÑA DE AGUA Y BAJA LA PRESIÓN SANGUÍNEA, MIENTRAS QUE LA VERDE ES DE ARTEMISA, UNA PLANTA QUE PROTEGE DE LA MALA SUERTE.

EL COLOR MELOCOTÓN SIMBOLIZA LA VIDA, EL BLANCO LA NIEVE Y EL VERDE EL BROTAR DE LA VEGETACIÓN.

HINA-ARARE

BOLITAS DE ARROZ. ORIGINARIAMENTE, SE PARTÍA EL *HISHI-MOCHI* EN MUCHOS TROZOS PARA HACER ESTA ESPECIE DE CARAMELOS, POR ESO ERAN DE SUS TRES COLORES: ROSA, BLANCO Y VERDE. LA FORMA Y SABOR VARÍAN SEGÚN SI SON DE LA REGIÓN DE KANTŌ O DE KANSAI.

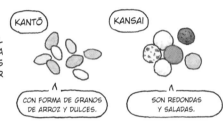

KANTŌ

KANSAI

CON FORMA DE GRANOS DE ARROZ Y DULCES.

SON REDONDAS Y SALADAS.

HAMAGURI

ALMEJA COMÚN DE ORIENTE. CADA ALMEJA TIENE DOS VALVAS CUYAS DIMENSIONES COINCIDEN A LA PERFECCIÓN Y QUE NUNCA COINCIDIRÍAN CON LAS DE OTRA, DE AHÍ QUE SE LAS CONSIDERE SÍMBOLO DE LA ARMONÍA MATRIMONIAL. SE COMEN EN SOPA PARA DESEAR QUE LAS NIÑAS ENCUENTREN UN BUEN MARIDO EN EL FUTURO.

SE COLOCA UNA ALMEJA EN CADA VALVA PARA REPRESENTAR A UN MATRIMONIO.

SHIROZAKE

SAKE BLANCO DULCE. ANTIGUAMENTE SE BEBÍA EL *TŌKASHU*, UN SAKE CON FLORES DE MELOCOTÓN REMOJADAS EN ÉL, PERO UN TIEMPO DESPUÉS SE CAMBIÓ POR EL *SHIROZAKE* Y FINALMENTE ESTE PREVALECIÓ SOBRE EL PRIMERO. EL *SHIROZAKE* TIENE ALCOHOL, POR LO QUE LAS NIÑAS BEBEN *AMAZAKE*, UN SAKE DULCE SIN GRADUACIÓN, O ZUMO.

CHIRASHI-ZUSHI

ESTE PLATO CONTIENE INGREDIENTES QUE DAN BUENA SUERTE, COMO GAMBAS Y RIZOMA DE LOTO. SUS LLAMATIVAS Y COLORIDAS TONALIDADES PROPIAS DE LA PRIMAVERA LO HAN CONVERTIDO EN EL MENÚ IDEAL PARA EL FESTIVAL ESTACIONAL DE LAS NIÑAS.

LOS PÉTALOS DE FLOR DE MELOCOTÓN FLOTANDO ME DAN UN TOQUE ELEGANTE, ¿EH?

① LAVA EL CARTÓN DE LECHE, SÉCALO Y CORTA UN TROZO DE UNOS 8 CM DE LA PARTE CENTRAL.

¡USA ESTA PARTE!

② PREPARA LA GUARNICIÓN.
BATE EL HUEVO, HAZ UNA TORTILLA FINA Y CÓRTALA EN JULIANA. QUITA LA TIRA DE LOS TIRABEQUES, HIÉRVELOS BREVEMENTE EN AGUA Y SAL Y CÓRTALOS EN TROZOS DE 5 MM. APARTE, HIERVE TAMBIÉN LAS GAMBAS PELADAS EN AGUA Y SAL.

INGREDIENTES
(PARA DOS PERSONAS)

- 340 G DE ARROZ HERVIDO
- 30 ML DE VINAGRE DE ARROZ
- 50 G DE PESCADO DULCE SECO ROSADO (*SAKURA DENBU*)
- 2 CDAS. GRANDES DE ALGA *AONORI* (AL GUSTO)
- SEMILLAS DE SÉSAMO BLANCAS
- 1 HUEVO
- TIRABEQUES AL GUSTO
- GAMBAS PELADAS AL GUSTO
- 1 CARTÓN DE LECHE

③ MEZCLA EL VINAGRE DE ARROZ CON EL ARROZ HERVIDO.

ESTE ARROZ LLEVA PESCADO DULCE SECO ROSADO.

EL BLANCO LLEVA SEMILLAS DE SÉSA-MO BLANCAS.

EL VERDE LLEVA ALGA *AONORI*.

④ DIVIDE EL ARROZ EN TRES Y MEZCLA CADA PARTE CON UN INGREDIENTE.

⑤ COLOCA EL TROZO DE CARTÓN DE LECHE SOBRE UN PLATO Y PON LOS ARROCES EN ESTE ORDEN: VERDE ABAJO, BLANCO EN MEDIO Y ROSA ENCIMA.

⑥ CUANDO HAYAS TERMI-NADO DE COLOCAR LAS CAPAS DE ARROZ, RETI-RA EL CARTÓN.

⑦ ¡COLOCA LA TORTILLA, LOS TIRABEQUES Y LAS GAMBAS PELADAS ENCIMA Y LISTO!

CADA VEZ QUE PONGAS UNA CAPA, APLÁNALA CON EL DORSO DE UNA CUCHARILLA.

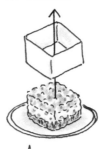

SACA EL CARTÓN POCO A POCO MIENTRAS PRESIONAS LA PARTE SUPERIOR DEL ARROZ CON DELICADEZA.

TAMBIÉN PUEDES PONER SETAS *SHIITAKE* CONFI-TADAS, RIZOMA DE LOTO AVINAGRADO, ALGA *NORI* A TIRAS, CAVIAR ROJO, ETC. ♪

SOPA DE ALMEJAS: ¡EXTREMADAMENTE DELICIOSA!

① QUITA LA ARENA DE LAS ALMEJAS.

(EL MÉTODO PARA QUITAR LA ARE-
NA SE EXPLICA EN LA PÁG. 136.)

ES MÁS CÓMODO COMPRAR
ALMEJAS YA SIN ARENA.

(EL MÉTODO PARA QUITAR LA ARENA SE EXPLICA EN LA PÁG. 136.)

INGREDIENTES
(PARA DOS PERSONAS)

- DE 4 A 6 ALMEJAS COMUNES DE ORIENTE (*HAMAGURI*)
- 2 VASOS DE AGUA
- 1 CDA. SOPERA DE SAKE
- 1 LÁMINA DE 10 CM DE ALGA *KONBU*
- SALSA DE SOJA *LIGHT*
- SAL
- PEREJIL JAPONÉS

② PON AGUA EN UNA OLLA, AÑADE EL ALGA *KONBU* Y DÉJALA EN REMOJO DURANTE UN PAR DE HORAS HASTA QUE SAQUE TODO SU JUGO. AÑADE EL SAKE Y LAS ALMEJAS BIEN LAVA-DAS Y ENCIENDE EL FUEGO.

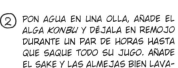

SI NO DISPONES DE TIEMPO PARA EXTRAER EL SABOR DEL ALGA *KONBU*, CUANDO TOQUE CONDIMENTAR PUEDES USAR CONCENTRADO DE PES-CADO Y ALGAS GRANULADO (*KARYŪ DASHI*).

③ RETIRA EL ALGA *KONBU* JUSTO ANTES DE QUE EMPIECE A HERVIR Y VE COLOCANDO LAS ALMEJAS QUE SE VAYAN ABRIENDO EN UN BOL.

PLAC

¡SI ME HIERVES DEMASIADO, ESTARÉ MUY DURA!

④ QUITA TODA LA ESPUMA DEL CALDO Y CONDIMÉNTALO CON SOJA *LIGHT* Y SAL. PON EL PEREJIL JAPONÉS EN EL BOL Y AÑADE EL CALDO.

¡LISTO! ♪

Keichitsu, el Despertar de los Insectos
6 de marzo (aprox.)

Es uno de los 24 términos solares. No es una palabra que usemos mucho en la vida diaria, aunque la oiremos en las noticias. El *kei* significa 'abrir', mientras que el *chitsu* significa 'insectos que están en hibernación'. En combinación, este término describe el período en el que cada vez hace más calor, la vegetación empieza a brotar de nuevo y los insectos que han estado hibernando bajo tierra salen a la superficie.

Yo también suelo pasarme el invierno bajo la mesa-brasero, hibernando como los insectos, pero cuando llega esta época del año por fin me decido a guardarlo en el armario. Humanos e insectos no somos tan distintos.

¡BUENOS DÍAS! ¡YA ESTÁ AQUÍ LA PRIMAVERA!

Flores comestibles

Cuando salgo a pasear en primavera, veo florecer un montón de plantas preciosas al borde del camino, como los dientes de león. Algunas son comestibles y, según cómo las cocinemos, pueden estar muy ricas. ¡Nos llenan del poder de la tierra primaveral!

TSUKUSHI

COLA DE CABALLO. HAY QUE ESCOGERLAS VERDES Y CON ESPORAS. SE PUEDEN HERVIR CON SALSA DE SOJA Y AZÚCAR Y COMER CON UN HUEVO ENCIMA; O ESCALDARLAS, PASARLAS POR AGUA FRÍA Y ALIÑARLAS CON SALSA DE SOJA Y MISO AVINAGRADO.

YOMOGI

ARTEMISA. SOLO SE USA LA PARTE DE LOS BROTES NUEVOS. SE PUEDEN REBOZAR EN TEMPURA O ESCALDAR, PASAR POR AGUA FRÍA Y ALIÑAR CON SALSA DE SOJA Y COPOS DE BONITO SECO EN UN PLATO CONOCIDO COMO O-HITASHI.

TAMPOPO

DIENTE DE LEÓN. SI LAVAS BIEN LAS HOJAS SE PUEDEN PONER EN LA ENSALADA. YO RECOMIENDO LAS HOJAS TIERNAS CUANDO LA PLANTA AÚN NO HA FLORECIDO, PORQUE NO SON TAN AMARGAS. LAS FLORES SE PUEDEN REBOZAR EN TEMPURA PARA QUE CRUJAN. ¡SE SALAN Y A COMER!

ŌBAKO

LLANTÉN. USAMOS LAS HOJAS JÓVENES Y TIERNAS. SE PUEDEN COCINAR EN TEMPURA, PERO CON UNA CAPA FINA DE REBOZADO. SI HACEMOS CORTES EN LAS NERVADURAS DE LAS HOJAS EVITAREMOS QUE ESTALLEN AL FREÍRLAS. EL LLANTÉN SE SUELE USAR EN DIETAS DE ADELGAZAMIENTO, PERO EN ESE CASO SOLO SE USAN LAS SEMILLAS.

KAMITSURE

MANZANILLA O CAMOMILA. LA INFUSIÓN DE ESTA PLANTA AYUDA A RELAJARSE Y A PREVENIR EL MAL ALIENTO. PARA PREPARARLA, LAVA BIEN UNAS CINCO FLORES DE MANZANILLA Y PONLAS DENTRO DE LA TETERA. AÑADE AGUA HIRVIENDO Y DÉJALA REPOSAR 5 MINUTOS ANTES DE TOMARLA. Y SI PONES MIEL, ¡AÚN ESTÁ MÁS BUENA!

DOKUDAMI

PLANTA CAMALEÓN. ESTA PLANTA SE TOMA EN FORMA DE INFUSIÓN. LAVA BIEN LAS HOJAS, JÚNTALAS EN UN RAMO Y DEJA QUE SE SEQUEN BOCABAJO EN ALGÚN LUGAR SOMBRÍO. TRAS HABERLAS DEJADO SECAR UNA SEMANA, CÓRTALAS EN TROZOS CON UN CUCHILLO.

PARA PREPARAR LA INFUSIÓN PON UNA O DOS CUCHARADAS SOPERAS DE HOJAS SECAS EN LA TETERA, AÑADE AGUA HIRVIENDO Y DÉJALA REPOSAR 5 MINUTOS ANTES DE TOMARLA. TIENE PROPIEDADES BACTERICIDAS Y DEPURATIVAS.

¡CUIDADO!

 EXISTEN PLANTAS SILVESTRES VENENOSAS QUE PUEDEN SUPONER UN PELIGRO PARA LA SALUD, ASÍ QUE CUIDADO CON LO QUE CONSUMIMOS.

Shunbun, el equinoccio de primavera
21 de marzo (aprox.)

春分

El Shunbun no hi, o Día del Equinoccio de Primavera, es una fiesta nacional en la que se homenajea la naturaleza y se trata con cariño a los animales. En esta fecha, el día y la noche duran lo mismo porque el sol sale por el este exacto y se pone por el oeste exacto.

Los siete días que rodean el equinoccio se denominan el Higan de primavera. En el día central de esa semana es costumbre visitar los cementerios y oficiar ceremonias por los antepasados.

Según el calendario antiguo, la primavera empieza con el Risshun, pero el frío no nos abandona de verdad hasta estas fechas. Como reza el dicho, «ni calor ni frío duran más allá de los Higan» (*atsusa samusa mo Higan made*).

¿Por qué se visitan las tumbas durante el Higan?

En el budismo, se denomina Higan ('aquella orilla') al Más Allá o Nirvana, y Shigan ('esta orilla') a nuestro mundo o mundo de los deseos terrenales. Se cree que el primero queda al oeste y el segundo al este, y que se puede ir de uno al otro más fácilmente durante los equinoccios de primavera y otoño. Por eso se celebran oficios en memoria de los fallecidos. En esta época empiezan a verse flores de todos los colores e incluso cerezos que florecen tempranamente en algunos lugares. También finalizan el año fiscal y el escolar, por lo que para muchas personas es un período de cambios y comienzos. Todo ello invita a visitar las tumbas de los ancestros para contarles las novedades y estrenar una nueva etapa vital con energía.

Durante el Higan se comen *botamochi* (pastelito de arroz de peonía) y *o-hagi* (aulaga), que en realidad son exactamente el mismo dulce. La teoría más aceptada dice que en el primero las judías *azuki* parecen una peonía y en el segundo, una aulaga. Otra, que el *botamochi* se hace con pasta fina de judías dulces (*koshian*) y el *o-hagi* con pasta granulada (*tsubuan*). Una tercera defiende que el *botamochi* usa arroz glutinoso y el *o-hagi*, arroz blanco.

Todo esto es bastante conocido, pero ¿sabías que en verano y en invierno el *botamochi* recibe otros nombres distintos? En verano también se llama *yofune* ('barco nocturno') y en invierno, *kitamado* ('ventana al norte'). No parece que tengan nada que ver con comida, ¿verdad? ¡Veamos de dónde provienen!

A diferencia del pastelito de arroz conocido como *mochi*, la masa de arroz del *botamochi* no se machaca con un majadero en el proceso llamado *mochi-tsuki*, sino con una mano de mortero sin hacer ruido. De ahí surgió la expresión *tsuki-shirazu* ('ignorar que ha habido golpes'). El *kanji* de «搗» (*tsuki*, 'golpeo') es homófono de «着» (*tsuki*, 'llegada'). A partir de ese cambio de significado, se evoca la llegada silenciosa de los barcos en mitad de la noche, ignorada por todos, y se acuña el término *yofune* o 'barco nocturno'.

En cuanto al nombre propio del invierno, el mismo «tsuki» es también homófono de «月» o 'luna', de modo que nos queda 'ignorar la luna'. La luna no se ve desde las ventanas que dan al norte y por eso nace la palabra *kitamado* ('ventana al norte').

Son simples juegos de palabras, pero cuando observo la forma oscura y redondeada del *botamochi* puedo visualizar un puerto en una noche de verano o el paisaje invernal a través de una ventana redonda. Me parece precioso que una misma cosa reciba nombres distintos según las estaciones del año. Es una manera de sentirlas más presentes en nuestros corazones.

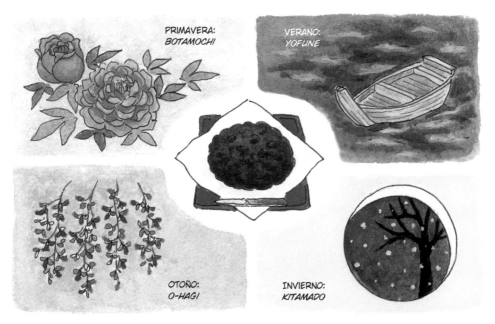

BOTAMOCHI DE CUATRO COLORES HECHOS CON LA ARROCERA

Mi familia solía ofrendar *botamochi* en las tumbas y en el altar budista de casa por el Higan. Se dice que su color rojo ahuyenta el mal y protege contra los infortunios. Te presento una receta para preparar preciosos *botamochi* de cuatro colores.

INGREDIENTES (PARA OCHO UNIDADES, DOS DE CADA COLOR)

- 140 G DE ARROZ GLUTINOSO
- 1 PIZCA DE SAL

☆ 2 CDAS. SOPERAS DE HARINA DE SOJA TOSTADA (*KINAKO*)
☆ 1 CDA. SOPERA DE AZÚCAR
☆ 1 PIZCA DE SAL

- 2 CDAS. SOPERAS DE POLVO DE SÉSAMO NEGRO (*KURO-SURIGOMA*)
- 1 CUCHARADA SOPERA DE AZÚCAR
- 1 PIZCA DE SAL

- 250 G DE PASTA GRANULADA DE JUDÍAS DULCES (*TSUBUAN*)
- ALGA *AONORI* AL GUSTO

---

① LAVA EL ARROZ GLUTINOSO Y DÉJALO EN AGUA UNA HORA. CUÉCELO EN LA ARROCERA.

② MEZCLA LOS INGREDIENTES MARCADOS CON LAS ESTRELLAS Y LOS GUIONES POR SEPARADO. LUEGO HAZ DOS BOLAS GRANDES Y SEIS PEQUEÑAS CON LA PASTA DE JUDÍAS.

AÑADE LA CANTIDAD NECESARIA PARA COCER EL ARROZ.

GRANDES

PEQUEÑAS

MÁS O MENOS, LA MITAD DE TAMAÑO QUE LAS GRANDES

③ CUANDO EL ARROZ GLUTINOSO ESTÉ LISTO, AÑADE LA SAL, MÉZCLALO Y APLÁSTALO CON LA MANO DE MORTERO MIENTRAS AÚN ESTÁ CALIENTE.

SI NO DISPONES DE UNA MANO DE MORTERO, METE EL ARROZ EN UNA BOLSA DE PLÁSTICO GRUESA Y APLÁSTALO CON LAS MANOS.

APLÁSTALO HASTA QUE SOLO QUEDE LA MITAD DE GRANOS DE ARROZ ENTEROS.

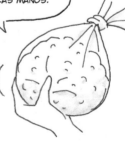

④ MÓJATE LAS MANOS EN AGUA CON SAL Y HAZ SEIS BOLAS GRANDES Y DOS PEQUEÑAS CON EL ARROZ.

GRANDES

LAS PEQUEÑAS SON 2/3 DEL TAMAÑO DE LAS GRANDES.

PEQUEÑAS

⑤ RECUBRIMIENTO DE PASTA DE JUDÍAS: EXTIENDE UNA BOLA GRANDE DE PASTA DE JUDÍAS EN UNA CAPA SOBRE PAPEL FILM Y COLOCA UNA BOLA DE ARROZ PEQUEÑA ENCIMA. CIERRA EL PAPEL FILM Y DALE FORMA REDONDEADA.

EL TRUCO ESTÁ EN NO ENVOLVER EL ARROZ POR COMPLETO, SINO CUBRIRLO POR ENCIMA.

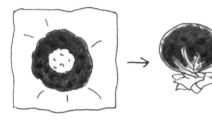

CON EL PAPEL FILM, LA PASTA DE JUDÍAS NO SE NOS PEGARÁ A LAS MANOS Y SERÁ MÁS FÁCIL DE MANIPULAR.

⑥ RECUBRIMIENTOS DE HARINA DE SOJA TOSTADA, SÉSAMO NEGRO Y ALGA *AONORI*: EXTIENDE LAS BOLAS GRANDES DE ARROZ SOBRE PAPEL FILM CORTADO Y COLOCA LAS BOLAS DE PASTA DE JUDÍAS PEQUEÑAS ENCIMA. CIERRA LOS TROZOS DE PAPEL FILM, DALES FORMA REDONDEADA Y ESPOLVOREA LA SUPERFICIE DE CADA BOLA CON LOS TRES INGREDIENTES.

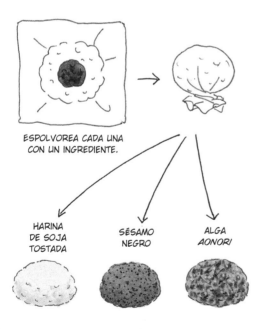

ESPOLVOREA CADA UNA CON UN INGREDIENTE.

¡DESPUÉS DE OFRECÉRSELAS A BUDA, PODEMOS COMÉRNOSLAS!

HARINA DE SOJA TOSTADA

SÉSAMO NEGRO

ALGA *AONORI*

四
月
Abril

卯 月 *Uzuki*, el cuarto mes del antiguo calendario

(卯: signo zodiacal del conejo; 月: mes)

El origen del nombre proviene del hecho que, en este mes, las deucias (*unohana*) están en plena floración. También existe la variante *unohanazuki* ('mes de las deucias'). Recibe otros nombres como *bakushū* ('otoño del trigo'), *natsuhazuki* ('primer mes del verano'), *eiwazuki* ('mes de pureza y armonía'), *konohatorizuki* ('mes de recogida de hojas') o *hananokorizuki* ('mes en el que todavía quedan flores'), entre otros.

ABRIL

1

2

3
ÉPOCA DE DÍAS BRILLANTES, PUROS Y REFRESCANTES.

4

5 SEIMEI, PURO Y CLARO

6

7
EL FESTIVAL DE LAS FLORES
8 HANA-MATSURI

9

10

11

12
LA VISITA DE LOS TRECE AÑOS
13 JŪSAN-MAIRI

14

15

16

17

18

19

20 KOKUU, LLUVIA EN GRANO

21
LAS LLUVIAS DE PRIMAVERA CAEN SOBRE LOS GRANOS DE LOS CEREALES Y LOS HIDRATAN.

22

23

24

25

26

27

28

29

30

24 TÉRMINOS SOLARES

OTROS EVENTOS Y COSTUMBRES

Abril. La floración de los cerezos avanza por las islas de Japón de sur a norte mientras va tiñendo el país de color rosado. Cuando salgo a pasear por la ciudad, rebosante de alegría primaveral, veo a estudiantes ataviados con unos uniformes que aún les quedan grandes y emocionados por empezar un nuevo año escolar. Yo también fui así una vez, ¡qué nostalgia!

Uno de mis placeres diarios es contemplar cómo van naciendo las hojas de los árboles, cuyas ramas antes estaban desnudas, que hay en las calles por las que siempre paso. Y, casi sin darme cuenta, las flores ya se han abierto por completo en sus frondosas copas. El proceso es tan rápido que tengo que permanecer vigilante. A veces pienso que quizás seré capaz de captar el instante exacto de la floración y me quedo con la mirada clavada en los árboles.

Abril, un mes en el que la naturaleza rebosa fuerza vital, es el momento ideal para un nuevo comienzo. ¿Y si aprovechamos el día de hoy para poner en marcha aquellos planes que habíamos dejado aparcados?

FLOR DE LOS NACIDOS
EN ABRIL:

TULIPÁN

SIGNIFICADO EN EL LENGUAJE
DE LAS FLORES: 'FILANTROPÍA'

ALIMENTOS DE TEMPORADA EN ABRIL

四月の旬

SHIN-TAMANEGI

CEBOLLAS NUEVAS. SON AQUELLAS CEBOLLAS BLANCAS QUE SE COSECHAN EN PRIMAVERA. SON MÁS TIERNAS Y JUGOSAS QUE LAS CEBOLLAS MARRONES QUE HAY DURANTE TODO EL AÑO. APENAS PICAN Y, SI SE CORTAN EN RODAJAS FINAS Y SE COMEN CRUDAS, APORTAN AL CUERPO TODOS SUS NUTRIENTES.

SHIN-JAGAIMO

PATATAS NUEVAS. SON AQUELLAS QUE SE COSECHAN EN PRIMAVERA. EN COMPARACIÓN CON LAS DE OTOÑO, SON MÁS TIERNAS Y SU PIEL ES MÁS FINA. TAMBIÉN CONTIENEN MUCHA VITAMINA C. SI SE COMEN CRUDAS RESULTAN MUY CRUJIENTES.

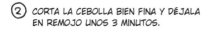

ENSALADA DE PRIMAVERA DE CEBOLLAS Y PATATAS NUEVAS

① PELA LA PATATA NUEVA Y CÓRTALA EN JULIANA EN TROZOS LO MÁS FINOS POSIBLES. LÁVALOS CON AGUA Y PONLOS EN REMOJO. CAMBIA EL AGUA DURANTE UNOS 10 MINUTOS PARA QUITARLE EL AMARGOR.

INGREDIENTES
(PARA DOS PERSONAS)

- 1 PATATA NUEVA
- ½ CEBOLLA NUEVA

☆ 1 CDA. SOPERA DE MAYONESA
☆ 1 CDA. SOPERA DE ACEITE DE OLIVA
☆ 1 CDTA. DE VINAGRE
☆ MOSTAZA EN GRANO

② CORTA LA CEBOLLA BIEN FINA Y DÉJALA EN REMOJO UNOS 3 MINUTOS.

③ USA PAPEL DE COCINA PARA QUITAR EL EXCESO DE AGUA DE LA PATATA Y LA CEBOLLA.

¡SI ME DEJAS DEMASIADO EN REMOJO PERDERÉ MIS NUTRIENTES!

④ MEZCLA TODOS LOS INGREDIENTES MARCADOS CON UNA ESTRELLA PARA EL ALIÑO, VIÉRTELO ENCIMA DE LA ENSALADA ¡Y LISTO!

TAKENOKO

BROTE DE BAMBÚ. 'TAKENOKO', EN JAPONÉS, 《竹の子》. SIGNIFICA LITERALMENTE 'HIJO DEL BAMBÚ'. CUANDO NACE ESTE BROTE, TARDA SOLO DIEZ DÍAS EN CONVERTIRSE EN UN EJEMPLAR ADULTO, POR LO QUE TAMBIÉN PUEDE ESCRIBIR-SE 《筍》 CUYA PARTE INFERIOR ES 《旬》 ('PERÍODO DE DIEZ DÍAS'). ESTOS SABROSOS BROTES FRESCOS SOLO SE PUE-DEN ADQUIRIR EN ESTA ÉPOCA DEL AÑO. LOS PREPARATIVOS ANTES DE COCINARLOS SON UN POCO ENGORROSOS, PERO SU SABOR LO MERECE.

QUITAR EL AMARGOR A LOS BROTES DE BAMBÚ

SEGÚN CÓMO SE COCINEN, PUEDE QUEDAR UN SABOR ASTRINGENTE RESIDUAL EN LOS BROTES DE BAMBÚ FRESCOS, ASÍ QUE ES MEJOR HERVIRLOS ANTES DE COCINARLOS PARA ASEGURARNOS SU BUEN SABOR. LA REGLA DE ORO ES HACER ESA COCCIÓN EL MISMO DÍA QUE LOS ADQUIRIMOS, YA QUE EL AMARGOR SE INTENSIFICA CON EL PASO DEL TIEMPO.

① DESPUÉS DE LAVARLOS BIEN, QUITA DOS O TRES HOJAS. CORTA LA PUN-TA EN DIAGONAL Y DESÉCHALA. LUE-GO CORTA EN VERTICAL CASI HASTA EL CENTRO.

② PON SUFICIENTE AGUA PARA CUBRIR LOS BRO-TES EN UNA OLLA GRANDE, AÑADE UN VASO DE SALVADO DE ARROZ Y UNA O DOS GUINDILLAS (TAKANOTSUME).

¡SI NO TIENES SALVADO DE ARROZ, USA AGUA DE LA-VAR ARROZ!

③ PON LA OLLA A FUEGO MEDIO. CUANDO HIERVA, BAJA EL FUEGO PARA QUE NO REBOSE. COLOCA UNA TAPA, SI ES POSI-BLE DE MADERA Y QUE ESTÉ EN CONTACTO DIRECTO CON LA COMIDA (OTOSHIBUTA), Y DEJA QUE HIERVA 40 MINUTOS. CUANDO LA PARTE DE LA RAÍZ ESTÉ TAN BLANDA QUE PUEDAS PINCHARLA CON UN PALILLO, APAGA EL FUEGO.

④ APARTA LA OLLA DEL FUEGO Y DEJA QUE SE ENFRÍE. CUANDO ESTÉ A UNA TEMPERATURA EN QUE PUEDAS TOCAR-LA SIN QUEMARTE, SACA LOS BROTES, LÁVALOS Y PÉLALOS. INTRODÚCELOS EN UN RECIPIENTE HERMÉTICO CON AGUA Y GUÁRDALOS EN LA NEVERA.

FST

¡OK!

SI CAMBIAS EL AGUA CADA DÍA, PUEDEN DURAR HASTA UNA SEMANA.

O-hanami, la contemplación de las flores

En esta época siempre estoy pendiente del florecimiento de los cerezos, los más especiales para mí entre todas las flores de primavera. ¡Solo con pensar en ir a verlos me emociono! Para los japoneses, el *hana* ('flor') de O-hanami ('contemplación de las flores') se refiere sin ningún género de dudas a los cerezos. Aunque están por todo el mundo, creo que solo Japón sale a contemplarlos. Tal vez seamos los únicos que vemos belleza en la efímera vida de estas flores, cuya caída acontece en apenas una semana.

La tradición del O-hanami tiene sus inicios en el período Heian, cuando las familias nobles componían poemas y jugaban al *kemari*, una especie de fútbol antiguo, mientras contemplaban los cerezos. Se dice que, tiempo después, los campesinos también empezaron a organizar banquetes bajo estos árboles para pedir abundancia en las cosechas.

Tenemos un refrán que reza: «*sakura kiru baka, ume kiranu baka*» ('el necio talla el cerezo y no el ciruelo'). Es bueno podar los ciruelos para que no se toquen entre sí, pero si se podan los cerezos, sus ramas se echan a perder por donde han sido cortadas. ¡Ojo con romper alguna rama de cerezo sin querer!

お花見

SOMEI-YOSHINO

VARIEDAD DE CEREZO MÁS CONOCIDA, LA MÁS HABITUAL EN JAPÓN. SE TOMA COMO REFERENCIA PARA PREDECIR LA FLORACIÓN DE LOS CEREZOS.

SHIDARE-ZAKURA

SUS *KANJI* LITERALMENTE SIGNIFICAN 'CEREZO DE RAMAS COLGANTES'. FIEL A SU NOMBRE, ESTA VARIEDAD PRESENTA SUS FLORES COMO SI FORMASEN UNA CASCADA.

YAE-ZAKURA

FLORECE CUANDO LA VARIEDAD *SOMEI-YOSHINO* PIERDE SUS FLORES. SUS PÉTALOS SE AMONTONAN UNOS SOBRE OTROS Y DAN A LAS FLORES UN ASPECTO DE POMPÓN.

YAMA-ZAKURA

LAS FLORES Y LAS HOJAS DE ESTA VARIEDAD SE ABREN AL MISMO TIEMPO. LAS HOJAS SON DE UN COLOR AMARRONADO.

MENÚ PARA LLEVAR AL O-HANAMI FÁCIL Y BONITO

¡PARA COMER CON LAS MANOS Y QUE ESTÉ DELICIOSO INCLUSO FRÍO! ♪

O-NIGIRI DE FLOR DE COLZA

HIERVE LA FLOR DE COLZA EN AGUA Y SAL Y CÓRTALA EN TROZOS PEQUEÑOS. MEZCLA CON EL ARROZ Y SARDINAS PEQUEÑAS SECAS Y HAZ LOS O-NIGIRI.

FLORES DE JAMÓN DULCE

DOBLA UNA LONCHA DE JAMÓN DULCE POR LA MITAD Y HAZ CORTES SEPARADOS POR 5 MM. ENRÓLLALA, DALE FORMA DE FLOR Y FÍJALA CON UN MONDADIENTES.

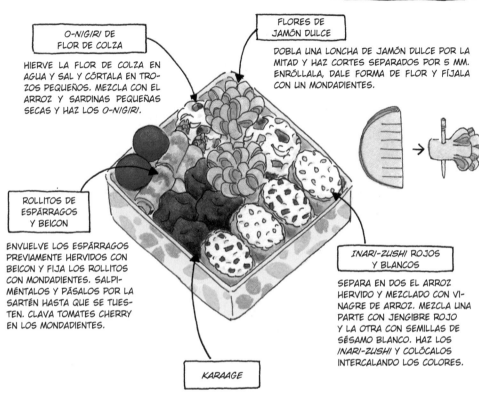

ROLLITOS DE ESPÁRRAGOS Y BEICON

ENVUELVE LOS ESPÁRRAGOS PREVIAMENTE HERVIDOS CON BEICON Y FIJA LOS ROLLITOS CON MONDADIENTES. SALPIMÉNTALOS Y PÁSALOS POR LA SARTÉN HASTA QUE SE TUESTEN. CLAVA TOMATES CHERRY EN LOS MONDADIENTES.

INARI-ZUSHI ROJOS Y BLANCOS

SEPARA EN DOS EL ARROZ HERVIDO Y MEZCLADO CON VINAGRE DE ARROZ. MEZCLA UNA PARTE CON JENGIBRE ROJO Y LA OTRA CON SEMILLAS DE SÉSAMO BLANCO. HAZ LOS INARI-ZUSHI Y COLÓCALOS INTERCALANDO LOS COLORES.

KARAAGE

INTRODUCE PORCIONES DE POLLO DEL TAMAÑO DE UN BOCADO EN UNA BOLSA DE PLÁSTICO. AÑADE UNA CUCHARADA SOPERA Y MEDIA DE SALSA DE SOJA, UNA CUCHARADA SOPERA DE SAKE, UN DIENTE DE AJO PICADO, UN TROZO DE JENGIBRE PICADO TAN GRANDE COMO EL DIENTE DE AJO (PUEDE SER JENGIBRE ENVASADO) Y TRES CUCHARADAS SOPERAS DE FÉCULA DE PATATA. PRESIONA LA BOLSA CON LAS MANOS PARA QUE SE MEZCLE TODO BIEN. DESPUÉS DE QUE MARINE 30 MINUTOS, FRÍE EL POLLO CON ACEITE.

OBJETOS QUE PUEDEN RESULTAR ÚTILES PARA EL O-HANAMI

TOALLITAS

SON ÚTILES PORQUE MUCHOS SITIOS NO DISPONEN DE LUGARES PARA LAVARSE LAS MANOS.

MANTA

VA BIEN POR SI HACE FRÍO. SI SE EXTIENDE SOBRE EL TERRENO, AMORTIGUA LAS POSIBLES IRREGULARIDADES AL SENTARNOS.

SOMBRERO Y PROTECCIÓN SOLAR

¡AUNQUE SEA ABRIL Y HAGA FRESCO, LOS RAYOS ULTRAVIOLETAS DEL SOL PEGAN FUERTE!

Los *sakura-mochi* son los dulces tradicionales de la primavera por excelencia. Al darles un bocado, el aroma de los cerezos nos invade. Hay un equilibrio magnífico entre el sabor salado de la hoja de cerezo y el dulce del *mochi*. Sin embargo, la gastronomía de Japón difiere entre el este y el oeste del país, así que hay distintas maneras de prepararlo según las regiones de Kantō (este) y Kansai (oeste).

KANTŌ

TAMBIÉN RECIBEN EL NOMBRE DE *CHŌMEIJI*. SE CREE QUE SE LLAMAN ASÍ PORQUE SE VENDIERON POR PRIMERA VEZ EN EL TEMPLO CHŌMEI-JI, AL LADO DEL RÍO SUMIDA. ES UNA CREPE DE HARINA DE TRIGO FRITA QUE ENVUELVE PASTA DE JUDÍAS COCIDAS Y AZUCARADAS *(ANKO)*.

KANSAI

TAMBIÉN RECIBEN EL NOMBRE DE *DŌMYŌJI*. SE CREE QUE SE HICIERON POR PRIMERA VEZ EN EL TEMPLO DŌMYŌ-JI DE OSAKA. DESPUÉS DE DEJAR QUE EL ARROZ GLUTINOSO SE SEQUE, SE APLASTA PARA HACER UNA HARINA DENOMINADA *DŌMYŌJI-KO*, QUE SE USA PARA ENVOLVER LA PASTA DE JUDÍAS DULCES *(ANKO)*.

¿Cuál prefieres? Últimamente las pastelerías de dulces tradicionales suelen vender los dos. ¡Puede ser entretenido probarlos y compararlos!

Las diferencias entre las gastronomías de Kantō y Kansai también pueden verse en los siguientes alimentos:

KANTŌ		KANSAI
ES MÁS CONDIMENTADO. EL CALDO SE HACE CON BONITO SECO AL QUE SE AÑADE SALSA DE SOJA OSCURA *(KOIKUCHI)*. LA SOPA DE FIDEOS *UDON* QUE LLEVA GRUMOS FRITOS DE *TEMPURA* *(TENKASU)* SE LLAMA *TANUKI-UDON*.	FIDEOS *UDON* / FIDEOS *SOBA*	PLATO MÁS LIGERO. EL CALDO SE HACE CON ALGA *KONBU* Y SE AÑADE SALSA DE SOJA LIGERA *(USUKUCHI)*. NO HAY *TANUKI-UDON*, PERO SÍ ALGO LLAMADO *TANUKI*, QUE ES LA SOPA DE FIDEOS *SOBA* CON PASTA DE SOJA FRITA *(ABU-RAAGE)* ENCIMA.
PLATO LIGERO SI SE ACOMPAÑA CON SOJA AVINAGRADA.	*TOKOROTEN* (FIDEOS DE GELATINA DE AGAR-AGAR)	SE COMEN CON SIROPE DE AZÚCAR MORENO PARA MERENDAR.
SE HIERVE EN AGUA CON SALSA DE SOJA Y *MIRIN* O AZÚCAR ANTES DE COMER.	*ANAGO* (CONGRIO)	SE COME FRITO O HECHO A LA PLANCHA.
EL ALGA *NORI* FRITA ES LO MÁS COMÚN. SE MOJA EN SALSA DE SOJA ANTES DE COMERLA.	ALGA *NORI*	EL ALGA *NORI* CONDIMENTADA ES MUY POPULAR.

FLORES DE CEREZO EN SALAZÓN

Son preciosas y su aroma nos transporta a la primavera misma. Empezando por el fragante té de cerezo, aportan un toque de color en muchas recetas. Una vez hechas, aguantan en la nevera hasta un año entero. ¡No te las pierdas!

> USA SIETE U OCHO FLORES DE LA VARIEDAD DE CEREZO *YAE-ZAKURA*.

① LAVA CON ABUNDANTE AGUA LAS FLORES DE CEREZO SIN QUITARLES EL TALLO.

> LO MEJOR ES QUE LAS FLORES QUEDEN UNIDAS DE DOS EN DOS.

┌─────────────────────────────┐
│   INGREDIENTES   │
│   │
│ • 100 G DE FLORES DE   │
│   CEREZO   │
│   │
│ • 25 G DE SAL   │
│   │
│ • 30 ML DE VINAGRE DE   │
│   CIRUELA (SI NO TIENES,   │
│   USA VINAGRE DE ARROZ)   │
│   │
│ • SAL PARA SALAZÓN   │
└─────────────────────────────┘

② SÉCALAS CON PAPEL DE COCINA Y ESPOLVOREA SAL POR ENCIMA.

③ MÉTELAS EN UNA BOLSA PARA CONSERVAS DE CREMALLERA, EXTRAE TODO EL AIRE DEL INTERIOR QUE PUEDAS Y CIERRA. COLOCA UN PESO ENCIMA EL DOBLE DE GRUESO QUE LAS FLORES Y DÉJALO REPOSAR TRES DÍAS.

> POCO A POCO VERÁS COMO VA SALIENDO EL AGUA.

REVISTAS O SIMILAR.

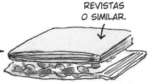

④ AÑADE EL VINAGRE DE CIRUELA Y SACUDE LA BOLSA CON SUAVIDAD PARA QUE SE REPARTA BIEN POR DENTRO.

> SACA DE NUEVO EL AIRE DE DENTRO, CIERRA LA CREMALLERA Y COLOCA UN PESO ENCIMA TRES DÍAS MÁS.

⑤ SACA LAS FLORES DE LA BOLSA, EXPRÍMELAS CON DELICADEZA Y COLOCA LOS PÉTALOS DE MANERA QUE LAS FLORES PAREZCAN CAPULLOS. PONLAS SOBRE PAPEL DE COCINA Y DÉJALAS SECAR A LA SOMBRA DOS DÍAS.

> ¡EN ALGÚN LUGAR DONDE CORRA EL AIRE!

⑥ DÉJALAS SECAR HASTA QUE SE ABLANDEN UN POCO Y VE INTRODUCIÉNDOLAS EN UN BOTE DE CONSERVAS MIENTRAS AÑADES MÁS SAL.

> ¡CON LA SAL SUFICIENTE, AGUANTO EN LA NEVERA HASTA UN AÑO ENTERO!

FORMAS DE SABOREAR LAS FLORES DE CEREZO EN SALAZÓN

CÓMO DESALARLAS

DESPUÉS DE LAVARLAS PARA QUITAR LA SAL DE LA SUPERFICIE, LAS DEJAMOS EN REMOJO 5 MINUTOS.

SAKURA-YU

TRAS DESALAR LAS FLORES AÑÁDELES AGUA HIRVIENDO.

ES PRECIOSO VER COMO LAS FLORES SE ABREN CON EL CALOR.

EL TÉ DE CEREZO SE SIRVE EN CELEBRACIONES COMO EL YUINŌ (CEREMONIA DE REGALOS DE ESPONSALES) EN VEZ DEL TÉ VERDE, PORQUE DICEN QUE ESTE ÚLTIMO SE PUEDE ENTURBIAR, UNA ANALOGÍA QUE INDICA EL DISTANCIAMIENTO ENTRE PERSONAS.

ENSALADA DE RÁBANO Y FLORES DE CEREZO

MEZCLA EL RÁBANO Y LAS FLORES DE CEREZO SIN DESALAR, DÉJALOS REPOSAR 3 HORAS Y LISTO.

SAKURA-GOHAN

TRAS DESALAR LAS FLORES, CÓRTALAS A TROZOS Y MÉZCLALAS CON EL ARROZ HERVIDO AÚN CALIENTE.

¡SI AÑADES EL TALLO DEL NABO QUEDA TODAVÍA MÁS BONITO!

¡SI AÑADES FLORES ENTERAS COMO ADORNO QUEDARÁ AÚN MEJOR!

TAMBIÉN PUEDES USAR NABO JAPONÉS, COL CHINA O REPOLLO.

BAÑO EN FLORES DE CEREZO

METE LAS FLORES SIN DESALAR EN UNA BOLSA DE MALLA O SIMILAR Y DEJA QUE FLOTE EN LA BAÑERA.

¡CÓMO ME RELAJA ESTE AROMA A PRIMAVERA!

花祭り

Hana-matsuri, el festival de las flores
8 de abril

En el Hana-matsuri, o festival de las flores, se celebra el nacimiento de Buda. Vendría a ser la versión budista de la Navidad. Independientemente de la escuela a la que pertenezcan, todos los templos de Japón lo celebran el 8 de abril.

Se reza a una estatua de Buda colocada en el *hanamidō*, un templete adornado con flores, mientras se vierte sobre él té dulce (*amacha*) de hojas de *jiaogulan*. Según la leyenda, al nacer Buda nueve dragones hicieron caer una lluvia dulce que le dio su primer baño.

Se cree que beber el té dulce de la ceremonia repele la enfermedad, razón por la cual antiguamente muchos devotos llenaban con él sus *takezutsu*, unas cantimploras hechas con cilindros de bambú. Todavía hay templos que mantienen esta práctica. Además, el camino de ida y vuelta al templo es un momento perfecto para disfrutar de la floración, empezando por los cerezos.

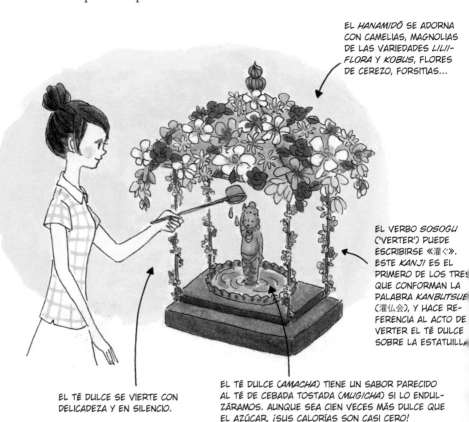

EL *HANAMIDŌ* SE ADORNA CON CAMELIAS, MAGNOLIAS DE LAS VARIEDADES *LILI-FLORA* Y *KOBUS*, FLORES DE CEREZO, FORSITIAS...

EL VERBO *SOSOGU* ('VERTER') PUEDE ESCRIBIRSE «灌ぐ». ESTE *KANJI* ES EL PRIMERO DE LOS TRES QUE CONFORMAN LA PALABRA *KANBUTSUE* (灌仏会), Y HACE REFERENCIA AL ACTO DE VERTER EL TÉ DULCE SOBRE LA ESTATUILLA

EL TÉ DULCE SE VIERTE CON DELICADEZA Y EN SILENCIO.

EL TÉ DULCE (*AMACHA*) TIENE UN SABOR PARECIDO AL TÉ DE CEBADA TOSTADA (*MUGICHA*) SI LO ENDULZÁRAMOS. AUNQUE SEA CIEN VECES MÁS DULCE QUE EL AZÚCAR, ¡SUS CALORÍAS SON CASI CERO!

Yuiga dokuson, solo yo puedo ser venerado

Se dice que, nada más nacer, Buda dio siete pasos hacia cada uno de los cuatro puntos cardinales y, señalando al cielo con la mano derecha y a la tierra con la izquierda, proclamó: *«Tenjō tenge yuiga dokuson»* ('Solo yo puedo ser venerado tanto en el Cielo como en la Tierra'). Por eso el Buda del *hanamidō* adopta esta postura. El *ga* ('yo') de la frase no hace referencia a Buda, sino a uno mismo. En otras palabras, viene a decir que cada uno de nosotros somos existencias irremplazables. A veces esta frase se usa en su significado más engreído posible, pero el sentido original no era ese.

TEN-
JŌ
TEN-
GE
YUIGA
DOKU-
SON

Hechizo para repeler a los insectos

Antaño se creía que si escribías en un papel «*Chihayaburu uzuki yōka wa kichinichi yo, kamisakemushi wo seibai zosuru*» ('el 8 de abril es un día de suerte, vamos a acabar con los gusanos') con tinta hecha con el té dulce del Festival de las flores y lo colgabas bocabajo en alguna puerta o pilar de casa, actuaba como repelente de insectos. Era como una especie de hechizo que, lamentablemente, no funciona, pero es una práctica muy original.

ESPRAY CASERO REPELENTE DE INSECTOS

ESTE SENCILLO ESPRAY USA EL AROMA PARA REPELER A LOS INSECTOS, IDEAL PARA ESTA ESTACIÓN DEL AÑO EN LA QUE ABUNDAN POR LA LLEGADA DE LAS BUENAS TEMPERATURAS. PUEDE USARSE DIRECTAMENTE SOBRE LA PIEL. TAMBIÉN EN LA DE LOS NIÑOS MAYORES DE CUATRO AÑOS, PERO ENTONCES HAY QUE REDUCIR LA CANTIDAD DE ACEITES AROMÁTICOS A LA MITAD. ES RECOMENDABLE GASTARLO ANTES DE DIEZ DÍAS.

MATERIALES

- 5 GOTAS DE ACEITE AROMÁTICO (EL GERANIO, LA CITRONELA, EL LIMONCILLO O LA MENTA TIENEN PROPIEDADES REPELENTES DE INSECTOS).

- 5 ML DE ETANOL ANHIDRO

- 50 ML DE AGUA PURIFICADA (AGUA DEL GRIFO NO)

METE TODOS LOS LÍQUIDOS DENTRO DE UN RECIPIENTE DE ESPRAY Y AGITA EL BOTE PARA MEZCLARLOS BIEN.

SU EFECTO SOLO DURA 30 MINUTOS, ¡ÚSALO CON FRECUENCIA!

Kusabana~asobi, juegos con plantas

Al lado de casa de mis padres hay una ribera por la que solía tirarme rodando con mis amigos de pequeña. En primavera nos hacíamos collares de tréboles blancos y en otoño nos lanzábamos los frutos puntiagudos de la bardana común, que se quedaban enganchados en la ropa. Las plantas que todos tenemos vistas de siempre pueden transformarse en juguetes si le echamos imaginación. Sin importar la época, la naturaleza siempre es una fuente de diversión.

ANILLO DE DIENTE DE LEÓN	MOLINO DE VIENTO DE DIENTE DE LEÓN

① DIVIDE EL TALLO EN DOS.

① HAZ VARIOS CORTES EN AMBOS LADOS DEL TALLO.

② COLÓCALO EN EL DEDO.

② MOJA LOS EXTREMOS CON AGUA Y RÍZALOS. LUEGO PASA UN TALLO MÁS FINO POR SU INTERIOR.

SI EL TALLO ES LARGO PUEDES HACER UNA PULSERA CON ÉL.

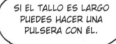

③ SOPLA PARA QUE DÉ VUELTAS.

¡FUUU!

LUCHA DE LLANTENES

ENTRELAZAD LOS LLANTENES Y TIRAD HACIA VOSOTROS.

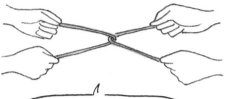

¡EL PRIMERO AL QUE SE LE ROMPA PIERDE!

LLANTÉN   TRÉBOL BLANCO

BARCO DE BAMBÚ ENANO

SI NO HAY BAMBÚ ENANO, SE PUEDE HACER CON CUALQUIER HOJA LARGA Y DELGADA.

① DOBLA AMBOS EXTREMOS Y HAZ TRES CORTES EN CADA LADO.

② UNE DOS DE LAS TRES SECCIONES INTRODU-CIENDO UNO DE LOS EXTREMOS EN EL OTRO.

③

HAZ LO MISMO EN EL OTRO LADO Y LISTO.

¡HAGAMOS UNA CARRERA EN EL RÍO, A VER QUIÉN GANA!

CORONA DE TRÉBOLES BLANCOS

①

ATA UN TRÉBOL BLANCO EN UN RAMO FORMADO POR OTROS TRES.

②

VE ENROLLANDO TRÉBOLES BLANCOS UNO A UNO DE MODO QUE LAS FLORES QUEDEN JUNTAS.

③

CUANDO ADQUIERA LA LONGITUD DESEADA, ÁTALO CON UN TALLO Y LISTO.

¡SI RESULTA CORTO SE PUEDE USAR COMO PULSERA, Y SI NOS QUEDA MÁS LARGO, PUEDE SER UN COLLAR!

En busca del trébol de cuatro hojas

Normalmente solo tienen tres hojas, pero a veces hay ejemplares que tienen más. Se cree que los tréboles que tienen cuatro hojas atraen la felicidad.

Cuesta bastante encontrar un trébol de cuatro hojas, pero cuando hallas uno suele haber más a su alrededor. Dicen que es más fácil encontrarlos en lugares transitados por mucha gente.

¡TE EN-CON-TRÉ!

 ¡SI ENCUENTRAS UNO, PUEDES SECARLO!

① COLOCA EL TRÉBOL ENTRE UN PAÑUELO DE PAPEL Y UN PAPEL DE PERIÓDICO, Y PONLE ENCIMA ALGO QUE PESE, COMO UN LIBRO.

② ESPERA 4 O 5 DÍAS HASTA QUE SE SEQUE Y LISTO.

 ¡HAZ UN MARCAPÁGINAS!

① PON EL TRÉBOL ENCIMA DE LA CARTULINA Y PEGA LA CINTA ADHESIVA TRANSPARENTE ENCIMA.

MATERIALES	
•	1 TRÉBOL SECO
•	1 CARTULINA (TAMAÑO POSTAL)
•	15 CM DE CINTA ADHESIVA TRANSPARENTE (QUE SEA DEL TAMAÑO DE LA CINTA PARA EMBALAR, PERO TRANSPARENTE)
•	15 CM DE CINTA DE 5 MM DE ANCHURA

② CORTA LOS BORDES Y ABRE UN AGUJERO CON UNA PERFORADORA.

③ ¡ATA LA CINTA Y LISTO!

¡ASÍ SIEMPRE LLEVARÁS ENCIMA LA BUENA SUERTE!

Jūsan-mairi, la visita de los trece años
13 de abril

十三参り

Es una tradición originaria del período Edo que consiste en visitar el templo o santuario al cumplir 13 años. No es tan importante como el Shichi-go-san (Siete-Cinco-Tres), en el que se celebra el desarrollo de los niños de esas edades, pero en algunas regiones se sigue llevando a cabo con mucho cariño.

El 13 de abril se celebra la llegada a los 13 años según el sistema de contabilización de la edad del Este Asiático (*kazoedoshi*). Para que los niños crezcan con felicidad y sabiduría, visitan a Bodhisattva con sus padres. Allí reciben un papel donde escriben con pincel un *kanji* de su elección, lo dan en ofrenda y a cambio reciben una oración.

Las niñas visten un *hondachi*, un kimono de gala de tamaño adulto que se ajusta plegando la parte de los hombros. En cambio, los niños visten traje o uniforme escolar.

QUÉ NERVIOS...

¡¿No puedo darme la vuelta?!

Cuando finaliza la visita, los niños no pueden darse la vuelta hasta atravesar el pórtico llamado *torii* (según el lugar, puede ser también un puente o unas puertas). Se dice que, si lo haces, tendrás que devolver la sabiduría con la que has sido bendecido. En algunas regiones tampoco está permitido hablar. ¡Resulta fácil imaginar a padres e hijos caminando en tensión hasta la salida!

五
月 Mayo

皐 月 *Satsuki*, el quinto mes del antiguo calendario

(皐: pantano, costa, orilla; 月: mes)

Satsuki es la abreviación de *sanaezuki*, formada por *sanae* ('plantón de arroz') y *zuki* ('mes'). Además recibe otros nombres, como *inanaezuki* ('mes del arroz joven') y *sainezuki* ('mes del arroz temprano'). Según el antiguo calendario, empieza la época de lluvias, de modo que también se llama *baigetsu* ('mes de época de lluvias'), *ugetsu* ('mes de lluvia'), *akugetsu* ('mes malo'), *tsukimizuzuki* ('mes en el que no se ve la luna') o *juunzuki* ('mes que trae nubes').

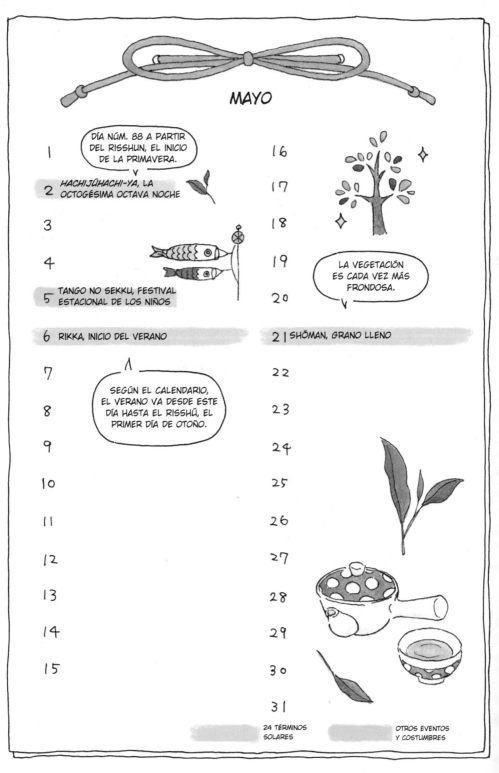

MAYO

1

DÍA NÚM. 88 A PARTIR DEL RISSHUN, EL INICIO DE LA PRIMAVERA.

2 *HACHIJŪHACHI-YA, LA OCTOGÉSIMA OCTAVA NOCHE*

3

4

5 TANGO NO SEKKU, FESTIVAL ESTACIONAL DE LOS NIÑOS

6 RIKKA, INICIO DEL VERANO

7

8 SEGÚN EL CALENDARIO, EL VERANO VA DESDE ESTE DÍA HASTA EL RISSHŪ, EL PRIMER DÍA DE OTOÑO.

9

10

11

12

13

14

15

16

17

18

19 LA VEGETACIÓN ES CADA VEZ MÁS FRONDOSA.

20

21 SHŌMAN, GRANO LLENO

22

23

24

25

26

27

28

29

30

31

24 TÉRMINOS SOLARES

OTROS EVENTOS Y COSTUMBRES

Mayo es un mes en el que se puede percibir de nuevo la fuerza y la belleza de la tierra. El contraste del verdor de la nueva vegetación que reluce con el brillo del sol y el color rosado de las azaleas que están a punto de alcanzar el pico de su floración son un placer para la vista.

Hablando de azaleas, recuerdo que de camino a casa desde la escuela de primaria solía coger las azaleas y sorber su néctar. A mi yo de ahora le duele un poco el alma al recordar cómo arrancaba una tras otra unas flores tan bonitas, pero cuando era niña me encantaba el aroma ligeramente dulce que llenaba mi boca; era un sabor muy especial que solo podía experimentar en esta época del año.

La palabra «refrescante» es ideal para definir el mes de mayo. Es la mejor época para salir a hacer pícnics y excursiones.

¿No te apetece llenarte los pulmones de aire fresco?

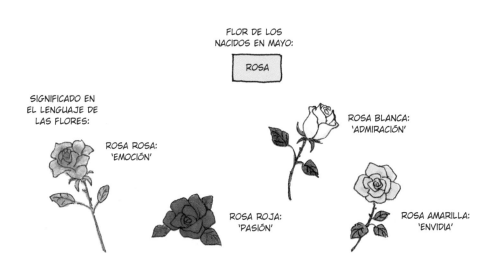

FLOR DE LOS NACIDOS EN MAYO:

ROSA

SIGNIFICADO EN EL LENGUAJE DE LAS FLORES:

ROSA ROSA: 'EMOCIÓN'

ROSA BLANCA: 'ADMIRACIÓN'

ROSA ROJA: 'PASIÓN'

ROSA AMARILLA: 'ENVIDIA'

ALIMENTOS DE TEMPORADA EN MAYO

KATSUO

五
月
の
旬

BONITO. HAY DOS TIPOS SEGÚN LA TEMPORADA EN QUE SE PESCAN: LOS *HATSU-GATSUO*, LOS DE ABRIL Y MAYO, Y LOS *MODORI-GATSUO*, DE AGOSTO Y SEPTIEMBRE. LOS PRIMEROS TIENEN UN SABOR SUAVE, POR LO QUE SON IDEALES PARA HACER *TATAKI*; MIENTRAS QUE CON LOS SEGUNDOS SE HACE *SASHIMI*, DADO QUE SU CARNE ES MÁS GRASA. AL PARECER, EN EL PERÍODO EDO, EL BONITO ERA UN ALIMENTO TAN ADORADO POR EL PUEBLO LLANO Y TENÍA TANTO VALOR QUE INCLUSO HABÍA UN DICHO DECÍA: *NYŌBŌ WO SHITSU NI IRETEMO TABETAI HATSU-GATSUO* ('TENGO TANTAS GANAS DE COMER BONITO QUE EMPEÑARÍA A MI MUJER').

TATAKI DE BONITO:
¡SOLO NECESITAS UNA SARTÉN!

① CORTA LA CEBOLLETA, EL JENGIBRE Y EL AJO EN RODAJAS FINAS Y EL *SHISO* A TIRAS TAMBIÉN FINAS.

INGREDIENTES
(PARA DOS PERSONAS)

- 300 G DE BONITO (PARA *SASHIMI*)
- 2 DIENTES DE AJO
- 3 *BANNŌ NEGI* (CEBOLLETA DE PRIMAVERA)
- 2 JENGIBRES *MYŌGA*
- 5 HOJAS DE *SHISO* VERDE (*AOJISO*)
- 2 CDTAS. DE ACEITE VEGETAL (*SARADA-YU*)

*TAMBIÉN SE PUEDE AÑADIR SALSA *PONZU*, SALSA DE SOJA CON JENGIBRE AL GUSTO...

② PON EL ACEITE VEGETAL EN LA SARTÉN Y FRÍE UNO DE LOS DIENTES DE AJO A FUEGO LENTO. CUANDO EMPIECE A DESPRENDER SU AROMA, RETÍRALO.

③ FRÍE EL BONITO POR CADA LADO A FUEGO LENTO HASTA QUE TODA SU SUPERFICIE EXTERIOR CAMBIE DE COLOR Y RETÍRALO DEL FUEGO.

④ CUANDO SE HAYA ENFRIADO UN POCO, MÉTELO EN LA NEVERA PARA QUE SIGA DISMINUYENDO SU TEMPERATURA. CÓRTALO EN TROZOS DE 1 CM DE GROSOR Y PONLE ENCIMA LOS INGREDIENTES QUE HAS PREPARADO EN EL PUNTO UNO.

¡TE RECOMIENDO QUE ME PONGAS UN MONTÓN DE CONDIMENTOS ENCIMA Y LOS MEZCLES CON SALSA *PONZU*!

SORAMAME

HABAS. SU NOMBRE SE DEBE A QUE LA VAINA CRECE EN DIRECCIÓN AL CIELO (*SORA*: 'CIELO'; *MAME*: 'LEGUMBRE'). DURA POCO EN LAS TIENDAS, ES UN PRODUCTO EFÍMERO COMO LAS ESTACIONES DEL AÑO.

HABAS HERVIDAS EN AGUA Y SAL: ¡SENCILLAS Y DELICIOSAS!

1. SACA LAS HABAS DE LAS VAINAS Y CORTA POR LA LÍNEA NEGRA HASTA LA MITAD DE CADA HABA.

2. PON AGUA EN UNA OLLA. CUANDO HIERVA, AÑADE SAL Y SAKE (2 CUCHARADAS SOPERAS DE CADA UNO POR CADA LITRO DE AGUA).

3. HIERVE LAS HABAS A FUEGO FUERTE 1 O 2 MINUTOS, CUÉLALAS Y DEJA QUE SE ENFRÍEN.

ES MEJOR NO PONERLAS EN AGUA, PORQUE SE REBLANDECERÍAN.

RIS

¡ES UNA TAPA IDEAL!

SI APRETAMOS LA PARTE INFERIOR CON LOS DEDOS, EL HABA SALDRÁ FÁCILMENTE POR EL CORTE QUE HEMOS HECHO.

SAYAENDŌ

TIRABEQUES. LOS BROTES MÁS JÓVENES SE PUEDEN COMER CON VAINA. ES UNA DE LAS LEGUMBRES MÁS RICAS EN VITAMINA C (¡TIENE SEIS VECES MÁS VITAMINA C QUE LA CEREZA!), Y SE CARACTERIZA PORQUE DIFÍCILMENTE PIERDE SUS NUTRIENTES, AUNQUE SE COCINE.

CÓMO PELAR TIRABEQUES

1. ROMPE EL EXTREMO INFERIOR Y TIRA DE ÉL PARA SEPARAR EL NERVIO DORSAL.

2. ROMPE EL CÁLIZ Y SIGUE TIRANDO DE LA HILERA VENTRAL.

八十八夜

Hachijūhachi-ya, la octogésima octava noche
2 de mayo (aprox.)

El *Hachijūhachi-ya* es el día número 88 contando desde el primer día de primavera. Es el momento de sembrar los campos, ya que para la agricultura es un día auspicioso. Eso se debe a que si unimos los *kanji* del número 88 en japonés «八十八» podemos formar la palabra «米», que significa 'arroz'. También se suelen cosechar las primeras hojas de té de la temporada. Se cree que si se bebe un té hecho con hojas recogidas ese día, se gozará de buena salud durante ese año. Beber este té no solo da buena suerte; las primeras hojas de la temporada no son muy amargas ni tienen muchos taninos, y su alto contenido en teanina les otorga un sabor especial.

La primera vez que tomé este té, su aroma llenó mis sentidos del gusto y del olfato y tuve la sensación de trasladarme a una plantación de té. Recuerdo que me ponía muy contenta cada vez que una ramita flotaba verticalmente en mi bebida, y pensaba que iba a pasar algo bueno. Pero esto solo pasa con el té de tetera, ya que el té de bolsita o el que viene embotellado no ofrece este divertimento.

Últimamente, al tener poco tiempo, la gente suele preparar té de bolsita, ya que es más cómodo, pero creo que en esta ocasión vale la pena beber uno de tetera. Tanto el tiempo que lleva prepararlo como cada uno de los movimientos que hacemos durante el proceso es un lujo que nos relaja cuerpo y mente.

¡EL VERANO SE ACERCA! HACHIJŪHACHI-YA ♪

Principales variedades de té japonés

 GYOKURO

TÉ VERDE DE LA MAYOR CALIDAD. LOS BROTES RECOGIDOS HAN CRECIDO A LA SOMBRA DE LA LUZ DEL SOL. SU INTENSO SABOR HACE QUE SEA SUAVE AL PALADAR. EL TRUCO PARA EXTRAERLO ESTÁ EN USAR AGUA ENTRE 50 Y 60 °C. ES MEJOR QUE NO ESTÉ MUY CALIENTE, COMO EN EL CASO DEL SENCHA.

 MATCHA

A DIFERENCIA DEL SENCHA, QUE DESPUÉS DE COSECHARLO SE CUECE AL VAPOR, SE MASAJEA Y SE DEJA SECAR, ESTE SE SECA DIRECTAMENTE. LUEGO LAS HOJAS SE PASAN POR UN MOLINO DE PIEDRA PARA REDUCIRLAS A UN POLVO FINO. AL IGUAL QUE EL GYOKURO, SE CULTIVA A LA SOMBRA, LO CUAL LE OTORGA UN DELICIOSO SABOR.

 SENCHA

VARIEDAD MÁS COMÚN. SU ALTA CANTIDAD DE CATEQUINAS LE DA UN SABOR AMARGO Y UN GUSTO A TANINO. EL AGUA A 80 °C REALZA ESE SABOR.

 BANCHA

SON AQUELLAS HOJAS QUE NO SIRVEN PARA ELABORAR SENCHA. LAS COSECHADAS EN VERANO RECIBEN EL NOMBRE DE NIBANCHA, SANBANCHA... NO POSEE UN SABOR INTENSO, PERO SÍ MUY NATURAL.

 HŌJICHA

ES EL TÉ RESULTANTE DE TOSTAR A FUEGO FUERTE LAS HOJAS DE SENCHA Y BANCHA. AL COCINARLAS, PIERDEN LA AMARGURA Y RESULTAN MÁS SUAVES. ACOMPAÑA BIEN MUCHOS TIPOS DE COMIDAS.

 GENMAICHA

TÉ RESULTANTE DE MEZCLAR HOJAS DE SENCHA Y BANCHA TOSTADAS CON ARROZ INTEGRAL (GENMAI) HERVIDO Y TOSTADO DESPUÉS. PARA EXTRAER SU INTENSO AROMA HAY QUE USAR AGUA AL PUNTO DE EBULLICIÓN Y PREPARARLO EN UN INTERVALO DE TIEMPO CORTO.

Preparar un té delicioso

Para extraer el delicioso sabor del té, hay que cambiar la manera de prepararlo según la variedad. Además, si usamos agua de mineralización débil, conseguiremos un sabor aún más suave.

GYOKURO Y SENCHA

①

SI LO HACES ASÍ, LA TAZA DE TÉ SE CALENTARÁ GRACIAS AL AGUA.

VIERTE AGUA HIRVIENDO EN UNA TAZA DE TÉ Y DEJA QUE SE ENFRÍE HASTA LOS 80 °C (EN EL CASO DEL GYOKURO, ENTRE 50 Y 60 °C). AÑADE 150 ML DE AGUA POR CADA TÉ QUE HAGAS.

②

INTRODUCE LAS HOJAS DE TÉ EN LA TETERA. PON ENTRE UNA CUCHARADA Y MEDIA Y DOS CUCHARADAS DE TÉ POR CADA RACIÓN.

③ CUANDO EL AGUA SE HAYA ENFRIADO A LA TEMPERATURA QUE DESEAS, INTRODÚCE-LA EN LA TETERA. ESPERA 1 MINUTO, MUE-VE LA TETERA CON SUAVIDAD Y VIERTE EL CONTENIDO EN TAZAS DE TÉ HASTA LA ÚLTIMA GOTA.

SI USAS LAS PRIMERAS HOJAS DE LA TEMPORADA, EL SABOR SE EXTRAE CON RAPIDEZ, ASÍ QUE SOLO HABRÁ QUE ESPERAR DE 30 A 40 SEGUNDOS.

BANCHA, HŌJICHA Y GENMAICHA

①

CALIENTA LA TETERA Y LA TAZA DE TÉ CON EL AGUA QUE HAS HERVIDO.

② DESECHA EL AGUA DE LA TETERA E INTRODUCE LAS HOJAS DE TÉ EN ELLA.

PON DOS CUCHARADITAS DE BANCHA O HŌJICHA (TRES DE GENMAICHA) POR PERSONA.

③

VIERTE EL AGUA HIRVIENDO EN LA TETERA.

④

ESPERA DE 30 A 40 SEGUNDOS, MUEVE LA TETERA CON SUAVIDAD Y VIERTE EL CONTENIDO EN TAZAS DE TÉ HASTA LA ÚLTIMA GOTA.

Preparar té *matcha*

Solemos evitar preparar *matcha* porque parece muy complicado, pero, aunque no conozcamos el protocolo, podemos hacerlo en casa y disfrutarlo igual. A mí, su sutil amargor y su delicioso aroma, además de aliviar todos mis males, me ayuda a relajar los músculos de la espalda y me hace sentir muy señora. ¡Es maravilloso!

¡CON DULCES TRADICIONALES! ♪

① VIERTE AGUA HIRVIENDO EN UN CUENCO E INTRODUCE EL BATIDOR DE BAMBÚ (*CHASEN*). CUANDO AMBOS SE CALIENTEN, DESECHA EL AGUA.

SI NO TIENES UN CUENCO ESPECÍFICO PARA EL *MATCHA*, PUEDES USAR UN BOL.

② PON AGUA HIRVIENDO EN UN BOL DISTINTO Y ESPERA A QUE SE ENFRÍE HASTA LOS 80 ºC.

80 ºC

③ AÑADE DOS CUCHARADAS DE TÉ *MATCHA* AL CUENCO CON UNA CUCHARILLA DE BAMBÚ (*CHASHAKU*). AÑADE 60 ML DEL AGUA A 80 ºC.

SON UNOS 2 G. SI NO TIENES *CHASHAKU*, USA UNA CUCHARADITA DE CAFÉ.

④ BATE EL TÉ Y EL AGUA PARA QUE SE MEZCLEN CON EL BATIDOR DE MODO QUE ESTE DIBUJE UNA LETRA EME.

PUEDES USAR UN BATIDOR DE VARILLAS, PERO CON EL DE BAMBÚ LA ESPUMA ES MÁS FINA.

CHAC CHAC

⑤ CUANDO ESTÉ BIEN MEZCLADO, DIBUJA UNA ESPIRAL, LEVANTA EL BATIDOR DE BAMBÚ Y LISTO.

¡CUANDO LA ESPUMA ESTÉ ESPONJOSA, EL TÉ ESTÁ LISTO!

端午の節句

Tango no sekku,
el festival estacional de los niños
5 de mayo

«¡Las banderas *koi-nobori* vuelan más alto que los tejados! ♪»

Cuando pienso en el festival estacional de los niños, me viene esta canción a la mente, pero al vivir en la ciudad apenas se ven banderas *koi-nobori* grandes.

Cuando era pequeña solíamos atar un banderín pequeño con cuatro carpas en los barrotes del balcón de casa de mis padres, puesto que ellos, mi hermano mayor y yo formábamos una familia de cuatro miembros. Recuerdo que me quedaba mirando la carpa roja de más abajo y pensaba: «¡Esa soy yo!». Me divertía observar junto a mi familia esas pequeñas banderas con forma de pez mecidas por el viento.

Actualmente, el 5 de mayo se celebra la fiesta nacional conocida como Kodomo no hi, o día del niño. Ese día los niños se visten con casco y armadura e izamos banderas *koi-nobori* para desear que crezcan con salud y tengan éxito en la vida. Comemos pastelitos de arroz envueltos en hojas de roble llamados *kashiwa-mochi*, y otros envueltos en hojas de bambú llamados *chimaki*. Cuando llega la noche nos metemos en una bañera con hojas de cálamo aromático. Es un día para disfrutar con toda la familia.

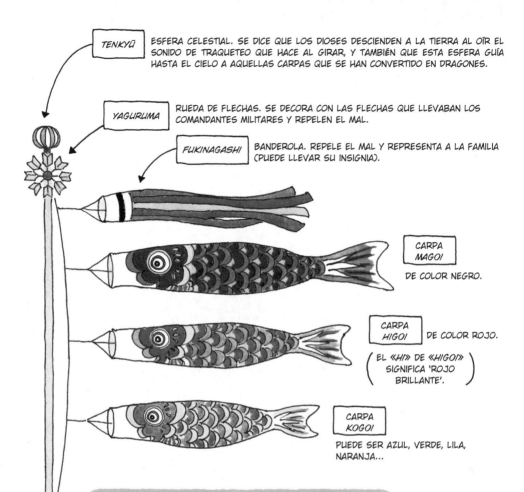

TENKYŪ — ESFERA CELESTIAL. SE DICE QUE LOS DIOSES DESCIENDEN A LA TIERRA AL OÍR EL SONIDO DE TRAQUETEO QUE HACE AL GIRAR, Y TAMBIÉN QUE ESTA ESFERA GUÍA HASTA EL CIELO A AQUELLAS CARPAS QUE SE HAN CONVERTIDO EN DRAGONES.

YAGURUMA — RUEDA DE FLECHAS. SE DECORA CON LAS FLECHAS QUE LLEVABAN LOS COMANDANTES MILITARES Y REPELEN EL MAL.

FUKINAGASHI — BANDEROLA. REPELE EL MAL Y REPRESENTA A LA FAMILIA (PUEDE LLEVAR SU INSIGNIA).

CARPA MAGOI — DE COLOR NEGRO.

CARPA HIGOI — DE COLOR ROJO.

(EL «HI» DE «HIGOI» SIGNIFICA 'ROJO BRILLANTE'.)

CARPA KOGOI — PUEDE SER AZUL, VERDE, LILA, NARANJA...

¿Por qué se ponen las banderas *koi-nobori*?

El origen de esta tradición se remonta al período Edo, cuando las familias las izaban para hacer saber a los dioses que había nacido un bebé y pedirles que lo protegieran. Al principio solo era la carpa negra, pero al entrar en el período Meiji se añadió la roja. Y en el período Shōwa se empezaron a poner tantas carpas como niños había en las familias. Hoy en día están hechas de nailon y poliéster, pero en el período Edo eran de papel japonés y en el período Taishō, de tela, por lo que antiguamente se izaban cuando no había previsión de lluvias.

La carpa es el símbolo del éxito en la vida. Los *kanji* de la palabra *tōryūmon*, que significa 'puerta al éxito', se traducen como 'puerta de ascenso al dragón', y hacen referencia a la leyenda de una carpa que logró remontar una cascada y se convirtió en dragón.

BANDERAS *KOI-NOBORI* DE PAPIROFLEXIA

TE RECOMIENDO QUE ELIJAS PAPELES DECORADOS CON PATRONES COLORIDOS.

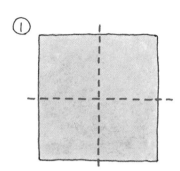

① DOBLA EL PAPEL PARA CREAR DOBLECES EN VERTICAL Y HORIZONTAL, Y DESPLIÉGALO.

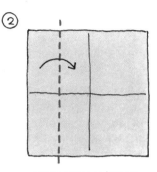

② DOBLA POR LA LÍNEA DE PUNTOS.

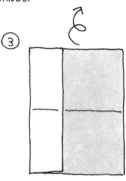

③ DALE LA VUELTA AL PAPEL.

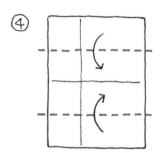

④ DOBLA POR LAS LÍNEAS DE PUNTOS PARA CREAR DOBLE-CES Y VUELVE A DESPLEGAR EL PAPEL.

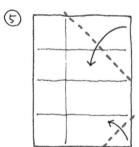

⑤ DOBLA POR LAS LÍNEAS DE PUNTOS.

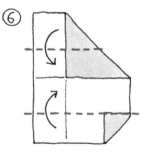

⑥ DOBLA POR LAS LÍNEAS DE PUNTOS.

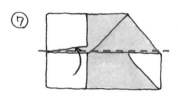

⑦ DOBLA POR LA LÍNEA DE PUNTOS Y ACOPLA LA PARTE DE ABAJO CON LA SUPERIOR.

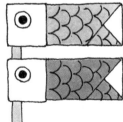

⑨ ¡PEGA CON CELO LAS CARPAS POR SU PARTE POSTERIOR EN UN PALO DE MADERA Y LISTO!

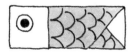

⑧ DA LA VUELTA AL PAPEL Y DIBUJA EL OJO Y LAS ESCAMAS.

El Tango no sekku también recibe el nombre de Shōbu no sekku, o festival estacional del cálamo aromático, porque dicha planta se usa de distintas maneras durante la celebración. Originariamente, se creía que su intenso olor espantaba los malos espíritus y por eso se usaba en las ceremonias de expulsión del mal. No obstante, otras dos palabras comparten la pronunciación de «shōbu», «尚武» ('espíritu guerrero') y «勝負» ('competición'). Esta asociación fue lo que llevó a asignar la celebración en honor a los niños a este día.

Confieso que de niña pensaba que el baño con hojas de cálamo olía fatal, pero ahora me hace sentir como si la fuerza brotara desde mi interior. De hecho, hay una explicación: el cálamo aromático desprende una sustancia llamada terpeno que se absorbe a través de la piel y la respiración y que tiene muchos beneficios para la salud, como aliviar el cansancio o calmar el sistema nervioso.

Cuando se acerca el 5 de mayo, el cálamo se empieza a ver en floristerías y verdulerías. ¡Pero cuidado no lo confundas con el iris japonés! Recomiendo comprar la planta con el tallo, porque en este se almacena el terpeno. Además de añadirlo al baño, sirve para muchas otras cosas.

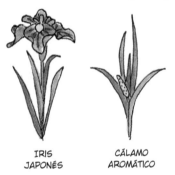

IRIS
JAPONÉS

CÁLAMO
AROMÁTICO

SHŌBU-YU

BAÑO CON CÁLAMO AROMÁTICO. CORTA EL CÁLAMO, MÉTELO EN UN RECIPIENTE TERMORRESISTENTE, VIERTE AGUA CALIENTE Y DÉJALO REPOSAR 10 MINUTOS. FILTRA EL AGUA CON UN COLADOR Y VIÉRTELA EN LA BAÑERA.

TAMBIÉN PUEDES ATAR LAS HOJAS DE CÁLAMO Y PONERLAS EN LA BAÑERA.

¡DICEN QUE SI TE LOS ATAS EN LA CABEZA TE VUELVES MÁS LISTO!

MIENTRAS ME BAÑO REZO PARA TENER BUENA SALUD.

SHŌBU-ZAKE SAKE DE CÁLAMO AROMÁTICO. SAKE EN EL QUE SE HA DEJADO LA RAÍZ RALLADA EN REMOJO DURANTE 30 MINUTOS.

RAÍZ DE CÁLAMO AROMÁTICO

ES DIFÍCIL ENCONTRAR SUS RAÍCES, PERO TAMBIÉN PODEMOS PICAR EL TALLO Y LAS HOJAS.

SHŌBU-MAKURA

ALMOHADA DE CÁLAMO AROMÁTICO. EN LA NOCHE DEL DÍA 4 LO COLOCAMOS BAJO LA ALMOHADA PARA ESPANTAR EL MAL.

NOKI-SHŌBU

CÁLAMO AROMÁTICO COLGADO. LO COLGAMOS EN LAS VENTANAS O EN LOS ALEROS DE CASA PARA ESPANTAR EL MAL.

EL AROMA ME RELAJA, DORMIRÉ COMO UN BEBÉ.

SHŌBU-KIRI

ESPADAS DE CÁLAMO AROMÁTICO. JUGAMOS A SAMURÁIS CON RAMOS COMO SI FUERAN ESPADAS. ASÍ TAMBIÉN PEDIMOS MEJORAR EN ARTES MARCIALES.

SHŌBU-UCHI (SHŌBU-TATAKI)

GOLPETEO DEL CÁLAMO AROMÁTICO. SE GOLPEA CON EL SUELO UN RAMO DE HOJAS DE CÁLAMO. ¡QUIEN HAGA EL RUIDO MÁS FUERTE GANA!

SHŌBU-URANAI

ADIVINACIÓN CON CÁLAMO AROMÁTICO. MIENTRAS LO COLGAMOS EN EL ALERO DEL TEJADO, RECITAMOS: «*OMOU KOTO NOKI NO AYAME NI KOTO TOWAN KANAWABA KAKE YO SASAGANI NO ITO*» ('PIDO UN DESEO AL IRIS DEL ALERO, SI SE CUMPLE QUE LA ARAÑA TEJA SU HILO'). SE DICE QUE, SI UNA ARAÑA TEJE SU RED EN ESA PLANTA, EL DESEO SE CUMPLIRÁ.

De niña, el papel de periódico o el de regalo eran para jugar. Los doblaba, los rasgaba, los pegaba, pintaba en ellos... Ahora, vuelvo la vista atrás y me emociona recordar lo que llegaba a jugar con un simple trozo de papel. Cuando llegaba esta época del año, hacía cascos con papiroflexia, o enrollaba papel de periódico, lo pegaba con celo e imaginaba que era una espada. Mi hermano mayor y yo nos poníamos los cascos y jugábamos a samuráis mientras blandíamos nuestras espadas de papel de un lado a otro. La cosa casi siempre acababa con las espadas hechas trizas y yo llorando. Ahora hago un casco con un papel de grandes dimensiones y solo lo uso de adorno, pero siempre me acuerdo de aquellas peleas con espadas y me entra la nostalgia.

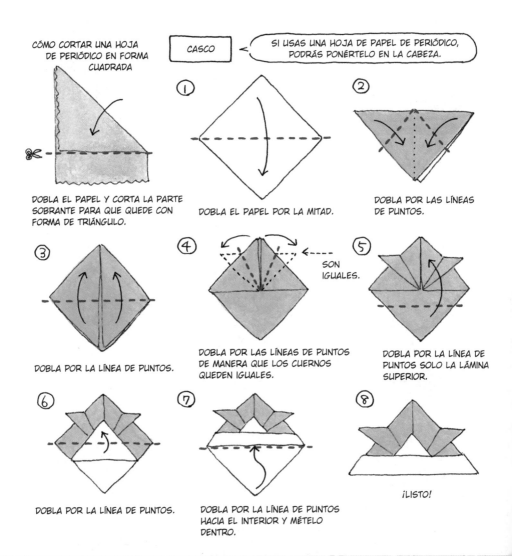

CÓMO CORTAR UNA HOJA DE PERIÓDICO EN FORMA CUADRADA

CASCO < SI USAS UNA HOJA DE PAPEL DE PERIÓDICO, PODRÁS PONÉRTELO EN LA CABEZA.

DOBLA EL PAPEL Y CORTA LA PARTE SOBRANTE PARA QUE QUEDE CON FORMA DE TRIÁNGULO.

① DOBLA EL PAPEL POR LA MITAD.

② DOBLA POR LAS LÍNEAS DE PUNTOS.

③ DOBLA POR LA LÍNEA DE PUNTOS.

④ SON IGUALES. DOBLA POR LAS LÍNEAS DE PUNTOS DE MANERA QUE LOS CUERNOS QUEDEN IGUALES.

⑤ DOBLA POR LA LÍNEA DE PUNTOS SOLO LA LÁMINA SUPERIOR.

⑥ DOBLA POR LA LÍNEA DE PUNTOS.

⑦ DOBLA POR LA LÍNEA DE PUNTOS HACIA EL INTERIOR Y MÉTELO DENTRO.

⑧ ¡LISTO!

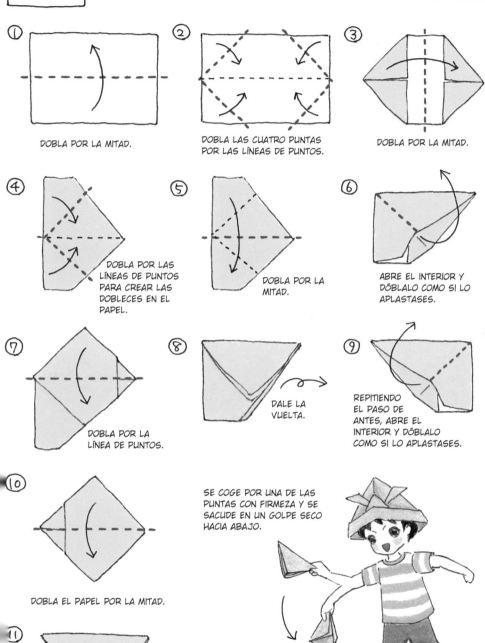

① DOBLA POR LA MITAD.

② DOBLA LAS CUATRO PUNTAS POR LAS LÍNEAS DE PUNTOS.

③ DOBLA POR LA MITAD.

④ DOBLA POR LAS LÍNEAS DE PUNTOS PARA CREAR LAS DOBLECES EN EL PAPEL.

⑤ DOBLA POR LA MITAD.

⑥ ABRE EL INTERIOR Y DÓBLALO COMO SI LO APLASTASES.

⑦ DOBLA POR LA LÍNEA DE PUNTOS.

⑧ DALE LA VUELTA.

⑨ REPITIENDO EL PASO DE ANTES, ABRE EL INTERIOR Y DÓBLALO COMO SI LO APLASTASES.

⑩ DOBLA EL PAPEL POR LA MITAD.

SE COGE POR UNA DE LAS PUNTAS CON FIRMEZA Y SE SACUDE EN UN GOLPE SECO HACIA ABAJO.

⑪ COGELO POR ESTE LADO PARA JUGAR.

¡LISTO!

¡BANG!

En el día de los niños es costumbre comer pastelitos de arroz envueltos en hojas de roble (*kashiwa-mochi*) o de bambú (*chimaki*). En el primero, el roble simboliza la «ininterrupción del linaje familiar» y la «perpetuación de la propia descendencia» porque es un árbol que no se deshace de sus viejas hojas hasta que no nacen las nuevas. Por su lado, el *chimaki* significa «evitar las dificultades».

En esta receta explico cómo preparar fácilmente unos *kashiwa-mochi*. ¡Disfruta del sabor de estos mullidos pastelitos recién hechos!

INGREDIENTES (5 UNIDADES)

- 100 G DE HARINA DE ARROZ NO GLUTINOSO (*JŌSHINKO*)
- 1 CDTA. DE FÉCULA DE PATATA
- 1 CDA. SOPERA DE AZÚCAR
- 1 PIZCA DE SAL

- 130 ML DE AGUA TIBIA
- 100 G DE PASTA DE JUDÍAS ROJAS (*ANKO*)
- 5 HOJAS DE ROBLE (CONSERVADAS EN SAL)

BUSCA LAS HOJAS DE ROBLE EN LA SECCIÓN DE INGREDIENTES PARA DULCES EN LOS SUPERMERCADOS ASIÁTICOS DE TU CIUDAD.

---

① LAVA LAS HOJAS DE ROBLE Y DÉJALAS SOBRE PAPEL DE COCINA PARA QUE ABSORBA EL AGUA. DIVIDE LA PASTA DE JUDÍAS EN CINCO PARTES Y DA FORMA ESFÉRICA A CADA UNA.

② PON LA HARINA DE ARROZ, LA FÉCULA DE PATATA, EL AZÚCAR Y LA SAL EN UN RECIPIENTE TERMORRESISTENTE, Y AÑADE EL AGUA POCO A POCO MIENTRAS MEZCLAS LOS INGREDIENTES.

¡MÉZCLAME BIEN! ¡SIN GRUMOS!

③ CUBRE EL RECIPIENTE CON PAPEL FILM Y MÉTELO EN EL MICROONDAS A 600 W DURANTE 1 MIN APROX. MEZCLA BIEN EL CONTENIDO CON UNA ESPÁTULA DE MADERA PREVIAMENTE HUMEDECIDA.

¡MEZCLA BIEN LAS PARTES DURAS CON LAS BLANDAS!

④ VUELVE A CUBRIR EL RECIPIENTE CON PAPEL FILM Y MÉTELO EN EL MICROONDAS 2 MIN MÁS. REMUEVE BIEN CON UNA MANO DE MORTERO PREVIAMENTE HUMEDECIDA.

¡CADA VEZ VOY COGIENDO MÁS CONSISTENCIA!

⑤ CUANDO SE HAYA ENFRIADO LO BASTANTE PARA QUE PUEDAS TOCAR LA MASA, MÓJATE LAS MANOS Y AMÁSALA BIEN.

¡OJO, QUE QUEMO!

⑥ DIVIDE LA MASA EN CINCO PARTES Y DALES FORMA OVALADA.

⑦ ¡ENVUELVE LA PASTA DE JUDÍAS, PON LA HOJA DE ROBLE Y LISTO!

COLOCA LA PASTA DE JUDÍAS.

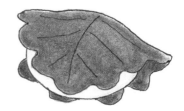

MENÚS *KOI-NOBORI* PARA ALEGRAR TU MESA

Aparte de los *kashiwa-mochi* y los *chimaki*, no hay otras comidas típicas del festival estacional de los niños. En el de las niñas hay galletas, arroz con una gran variedad de ingredientes, sopa de almejas... Tiene platos tan bellos y espléndidos que me entra un poco de pena al compararlos. Pero con una pizca de imaginación, ¡también podemos llevar las carpas a nuestras mesas!

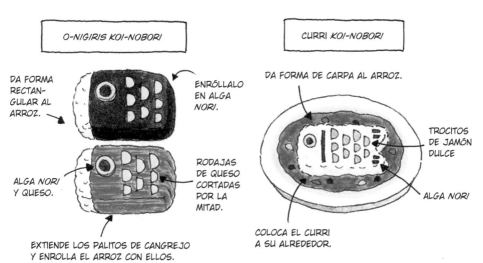

O-NIGIRIS KOI-NOBORI

DA FORMA RECTANGULAR AL ARROZ.

ENRÓLLALO EN ALGA NORI.

ALGA NORI Y QUESO.

RODAJAS DE QUESO CORTADAS POR LA MITAD.

EXTIENDE LOS PALITOS DE CANGREJO Y ENROLLA EL ARROZ CON ELLOS.

CURRI KOI-NOBORI

DA FORMA DE CARPA AL ARROZ.

TROCITOS DE JAMÓN DULCE

ALGA NORI

COLOCA EL CURRI A SU ALREDEDOR.

潮干狩り

Shiohi-gari, marisqueo en marea baja

Mayo es la temporada idónea para ir de marisqueo a recoger almejas cuando la marea está baja. Es una de las actividades recreativas más populares de esta época, además de salir por ahí con la familia durante la Golden Week o ir de excursión con la escuela.

La casa de mi abuela estaba justo al lado del mar, así que de pequeña solía ir a la playa a recoger almejas. No era solo un juego, ¡yo me lo tomaba como si fuera en busca de la cena! Recuerdo una vez que mis primos y yo nos asomamos al cubo lleno de almejas y, de pronto, estas nos escupieron agua a la cara. ¡Cómo nos reímos!

Era tan divertido como buscar un tesoro escondido, y encima podíamos comérnoslo. ¡Como matar dos pájaros de un tiro! Marisquear en marea baja es una de las actividades de principios de verano más importantes, y cautiva por igual a niños y a adultos.

¡Elige el momento perfecto para marisquear!

El mejor momento para marisquear es dos horas después de que baje la marea en un día de marea viva. Como la diferencia entre flujo y reflujo es mayor y el mar se retira más lejos, disfrutarás de marisquear en un espacio más amplio y durante más tiempo.

SOM-BRERO

RASTRILLO

TOALLA

PANTALÓN CORTO

RED

CHANCLETAS

COLADOR GRANDE

VE PONIENDO LOS MOLUSCOS QUE ENCUENTRES EN EL COLADOR Y SIGUE CAVANDO. CUANDO ESTÉ LLENO, ELIGE LOS EJEMPLARES QUE QUIERAS Y TRASLÁDALOS A LA RED.

GUANTES DE TELA O DE PLÁSTICO

TEN CUIDADO DE NO CORTARTE CON LAS CONCHAS ROTAS.

SILLA PLEGABLE

SI PASAS DEMASIADO TIEMPO CON LA ESPALDA ARQUEADA, TE DOLERÁN LAS LUMBARES. ES MUCHO MÁS CÓMODO MARISQUEAR SENTADO EN UNA SILLA PLEGABLE BAJA.

o EL LUGAR IDEAL PARA MARISQUEAR ES DONDE ROMPEN LAS OLAS.

o LAS ALMEJAS DEBEN SER DE UNOS 4 CM. LAS HAY DE MUCHOS TIPOS: CON CONCHAS RUGOSAS, CON PATRONES GEOMÉTRICOS O LINEALES... ¡NO HAY DOS IGUALES!

o INTRODUCE LAS PUNTAS DEL RASTRILLO DE 3 A 5 CM EN LA ARENA.

o LAS ALMEJAS TIENDEN A AGRUPARSE, ASÍ QUE SI ENCUENTRAS UNA BUSCA TAMBIÉN A SU ALREDEDOR.

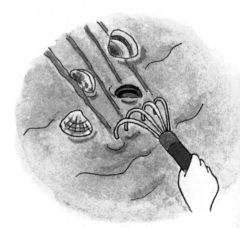

o PARA DISFRUTAR DE ESTA ACTIVIDAD CADA AÑO, DEVUELVE AL MAR LAS QUE MIDAN MENOS DE 2 CM.

Otros tipos de moluscos

BAKAGAI

MACTRA CHINENSIS. ALMEJA DE UNOS 8 CM Y DE COLOR MARRÓN AMARILLENTO. SUS CONCHAS SE ROMPEN CON FACILIDAD. CUESTA SACARLES LA ARENA DE DENTRO, POR LO QUE HAY QUE HERVIRLAS. TAMBIÉN SE LLAMAN AOYAGI Y SE USAN EN SUSHI.

KAGAMIGAI

DOSINIA JAPONICA. DE UNOS 7 CM, BLANCAS Y REDONDEADAS. A DIFERENCIA DE LAS ASARI (ALMEJAS JAPONESAS) PUEDEN ENCONTRARSE A MAR ABIERTO, A 30 CM DE PROFUNDIDAD EN LA ARENA.

BAKAGAI

MATEGAI

HAMAGURI

KAGAMIGAI

SHIOFUKIGAI

MATEGAI

NAVAJA. MOLUSCO ALARGADO DE UNOS 10 CM. SE COGEN INTRODUCIENDO SAL EN EL AGUJERO ELÍPTICO DE SU CUERPO PARA QUE SALGAN DE SU CONCHA.

HAMAGURI

ALMEJA COMÚN DE ORIENTE. DE UNOS 6 CM. A DIFERENCIA DE LAS ASARI (ALMEJAS JAPONESAS), TAMBIÉN VIVEN EN MAR ABIERTO Y SON MUY DIFÍCILES DE ENCONTRAR.

SHIOFUKIGAI

MACTRA VENERIFORMIS. DE UNOS 3 CM. LA SUPERFICIE DE LAS VALVAS ES RUGOSA. HAY QUE QUITARLES LA ARENA HIRVIÉNDOLAS, COMO A LAS BAKAGAI.

Cómo conservar las almejas hasta casa

PFFT

SI METES LAS ALMEJAS EN UNA NEVERA LLENA CON LA CANTIDAD SUFICIENTE DE AGUA DE MAR, ESTAS IRÁN ESCUPIENDO LA ARENA DURANTE TU TRAYECTO A CASA.

SI NO TIENES UNA NEVERA, LÁVALAS BIEN Y MÉTELAS EN UNA BOLSA DE PLÁSTICO CON CIERRE O SIMILAR. SÁCALES LA ARENA EN CASA.

¡SI LLENAS UNA BOTELLA CON AGUA DE MAR, PODRÁS USARLA PARA SACARLES LA ARENA EN CASA!

Cómo limpiar la arena

(1) LAVA BIEN LA SUPERFICIE DE LAS ALMEJAS FROTÁNDOLAS UNAS CON OTRAS.

(2) COLOCA LAS ALMEJAS SIN AMONTONARLAS EN UN COLADOR CUYO FONDO ESTÉ LEVANTADO.

GRUC
GRUC

EL FONDO DEBE ESTAR LEVANTADO PARA QUE LAS ALMEJAS NO VUELVAN A INGERIR LA ARENA QUE YA HAN ESCUPIDO.

(3) PREPARA EL AGUA CON SAL. SI TIENES AGUA DE MAR, ÚSALA. SI NO, DISUELVE UNA CUCHARADA SOPERA DE SAL EN MEDIO LITRO DE AGUA (DISOLUCIÓN AL 3 %). AÑADE UNA CANTIDAD DE AGUA QUE NO CUBRA DEL TODO LAS ALMEJAS.

CONTENIDO DE SAL: 3 %

(4) CUBRE EL RECIPIENTE CON PAPEL DE PERIÓDICO O SIMILAR PARA OSCURECER SU INTERIOR Y ESPERA DE 2 A 3 HORAS A QUE ACABEN DE ESCUPIR LA ARENA. LÁVALAS BIEN OTRA VEZ Y... ¡LISTAS PARA COCINAR!

SI LAS ALMEJAS ESTÁN EN UN MEDIO OSCURO, ESCUPEN MEJOR LA ARENA.

¡ESTE MÉTODO TAMBIÉN FUNCIONA CON LAS ALMEJAS DEL SÚPER!

PFFT

SI VAS A CONGELARLAS, EXTRAE LA ARENA ANTES DE INTRODUCIRLAS, AÚN EN SUS CONCHAS, EN UNA BOLSA PARA CONGELADOS. CUANDO QUIERAS COCINARLAS, PUEDES USARLAS CONGELADAS. NO OBSTANTE, ES MÁS DIFÍCIL QUE SE ABRAN SI ESTÁN CRUDAS. ¡EL TRUCO ESTÁ EN EXPONERLAS DE GOLPE A UNA TEMPERATURA MUY ELEVADA! SI ALGUNA NO SE ABRE, NO TE LA COMAS.

¡CONGÉLANOS TRAS QUITARNOS LA ARENA!

SAKAMUSHI DE ALMEJAS JAPONESAS

INGREDIENTES (PARA DOS PERSONAS)

- 200 G DE ALMEJAS JAPONESAS (*ASARI*)
- 2 CDAS. SOPERAS DE SAKE
- 1 CDTA. DE SALSA DE SOJA
- CEBOLLETA AL GUSTO
- GUINDILLAS *TAKA-NOTSUME* AL GUSTO

PON EL SAKE, LAS ALMEJAS JAPONESAS Y LA CANTIDAD DE GUINDILLA A RODAJAS QUE QUIERAS EN UNA OLLA. ENCIENDE EL FUEGO, TAPA LA OLLA Y DEJA QUE CUEZA. CUANDO LAS ALMEJAS SE ABRAN, AÑADE SALSA DE SOJA AL GUSTO Y ESPARCE LA CEBOLLETA CORTADA EN RODAJAS POR ENCIMA.

ARROZ CON ALMEJAS JAPONESAS

INGREDIENTES (PARA DOS PERSONAS)

- 200 G DE ALMEJAS JAPONESAS (*ASARI*)
- 300 G DE ARROZ
- 4 CDAS. SOPERAS DE SAKE
- 2 CDAS. SOPERAS DE SALSA DE SOJA
- 1 CDA. SOPERA Y MEDIA DE SALSA *MIRIN*
- 1 PIZCA DE SAL

LAVA EL ARROZ Y APÁRTALO EN UN COLADOR. PON EL SAKE Y LAS ALMEJAS JAPONESAS EN UNA OLLA, TÁPALA Y DEJA QUE CUEZA A FUEGO FUERTE. CUANDO LAS ALMEJAS SE ABRAN, SÁCALAS DE SUS CONCHAS Y GUARDA EL CALDO SOBRANTE. PON EL ARROZ EN UNA OLLA DE HIERRO (*KAMA*) Y AÑADE EL CALDO, LA SOJA, LA *MIRIN*, LA SAL Y 360 ML DE AGUA. CUANDO EL ARROZ ESTÉ LISTO, AÑADE LAS ALMEJAS SIN SUS CONCHAS Y MÉZCLALO BIEN TODO.

SOPA DE MISO DE ALMEJAS JAPONESAS

INGREDIENTES (PARA 2 O 3 BOLES)

- 200 G DE ALMEJAS JA-PONESAS (*ASARI*)
- 1 CDA. SOPERA SIN LLE-NAR DEL TODO DE MISO
- 1 CDA. SOPERA DE SAKE
- 300 ML DE AGUA
- CEBOLLETA AL GUSTO

PON EL AGUA, EL SAKE Y LAS ALMEJAS JAPO-NESAS EN UNA OLLA Y HIÉRVELO. CUANDO LAS ALMEJAS SE ABRAN, QUITA LA ESPUMA Y AÑADE EL MISO PARA QUE SE DISUELVA EN EL CALDO. ESPARCE LA CEBOLLETA CORTADA POR ENCIMA. SEGÚN EL TIPO DE MISO QUE USES, VARIARÁ LA CANTIDAD.

¡CUANDO UNO MISMO SALE A BUSCAR LA COMIDA, APRENDE A APRECIAR SU VALOR!

六月 Junio

水 無 月 *Minazuki*, el sexto mes del antiguo calendario

(水: 'agua'; 無: 'no haber'; 月: 'mes')

El sexto mes del antiguo calendario cae en plena temporada de calor intenso. El agua se seca, por eso se llama «el mes sin agua». También se llama *shōgetsu* ('mes que quema'), *en'yō* ('sol de verano'), *gokusho* ('calor intenso'), *narukamizuki* ('mes en que retumban los truenos'); además de *suzukurezuki* ('mes de atardeceres frescos'), *kazemachizuki* ('mes en que se espera al viento') o *matsukazezuki* ('mes del viento que sopla entre los pinos').

JUNIO

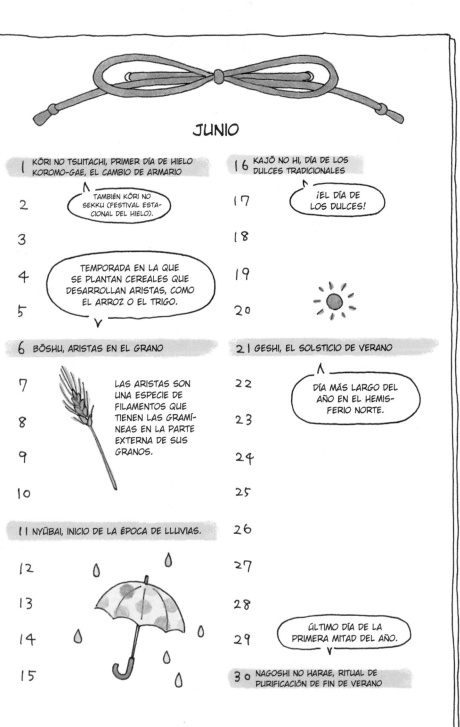

1 KŌRI NO TSUITACHI, PRIMER DÍA DE HIELO
KOROMO-GAE, EL CAMBIO DE ARMARIO

2
TAMBIÉN KŌRI NO SEKKU (FESTIVAL ESTACIONAL DEL HIELO).

3

4
5
TEMPORADA EN LA QUE SE PLANTAN CEREALES QUE DESARROLLAN ARISTAS, COMO EL ARROZ O EL TRIGO.

6 BŌSHU, ARISTAS EN EL GRANO

7
8
9
LAS ARISTAS SON UNA ESPECIE DE FILAMENTOS QUE TIENEN LAS GRAMÍNEAS EN LA PARTE EXTERNA DE SUS GRANOS.

10

11 NYŪBAI, INICIO DE LA ÉPOCA DE LLUVIAS.

12

13

14

15

16 KAJŌ NO HI, DÍA DE LOS DULCES TRADICIONALES

17
¡EL DÍA DE LOS DULCES!

18

19

20

21 GESHI, EL SOLSTICIO DE VERANO

22
23
DÍA MÁS LARGO DEL AÑO EN EL HEMISFERIO NORTE.

24

25

26

27

28

29
ÚLTIMO DÍA DE LA PRIMERA MITAD DEL AÑO.

30 NAGOSHI NO HARAE, RITUAL DE PURIFICACIÓN DE FIN DE VERANO

24 TÉRMINOS SOLARES

OTROS EVENTOS Y COSTUMBRES

Junio. Llega la época de lluvias. Me deprime que el cielo esté encapotado, pero cuando veo las brillantes hortensias emborronadas por la lluvia que parecen pintadas en acuarela a ambos lados de la calle me digo a mí misma que esta época tampoco está tan mal.

Muchas plantas utilizan el néctar de sus flores para atraer a los insectos y que estos lo diseminen a otras plantas, pero las hortensias no tienen, así que usan la belleza de sus colores para llamar la atención. En ese momento me doy cuenta de que los insectos no son los únicos: nosotros también nos detenemos a contemplarlas sin darnos cuenta.

Junio no tiene días festivos, pero está lleno de eventos y tiene un montón de alimentos de temporada riquísimos. ¡No hay que desanimarse por el mal tiempo! ¡También se puede disfrutar de la época de lluvias!

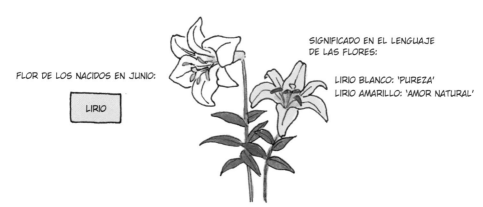

FLOR DE LOS NACIDOS EN JUNIO:

LIRIO

SIGNIFICADO EN EL LENGUAJE DE LAS FLORES:

LIRIO BLANCO: 'PUREZA'
LIRIO AMARILLO: 'AMOR NATURAL'

ALIMENTOS DE TEMPORADA EN JUNIO

八月の旬

CIRUELA JAPONESA. EL CIRUELO MADURA SUS FRUTOS EN JUNIO. LAS CIRUELAS QUE AÚN NO HAN MADURADO DEL TODO NO SE PUEDEN COMER PORQUE SON MUY AMARGAS, ASÍ QUE HAY QUE COCINARLAS.

CIRUELA INMADURA

FRUTO VERDE Y DURO QUE TODAVÍA NO HA MADURADO. SE USA PARA HACER UN LICOR LLAMADO *UMESHU*.

UME

¡LA RECETA DEL LICOR DE CIRUELAS ESTÁ EN LA PÁGINA 154!

CIRUELA MADURA

FRUTOS AMARILLENTOS O ANARANJADOS YA MADUROS. SE USAN PARA HACER LAS CIRUELAS ENCURTIDAS *UMEBOSHI*.

LAS CIRUELAS QUE HAN MADURADO HASTA CASI CAER DEL ÁRBOL POR OBRA DE LA MADRE NATURALEZA SE PUEDEN COMER TAL CUAL. TIENEN UN SABOR PARECIDO A LAS EUROPEAS.

INGEN

JUDÍAS VERDES. SON *SAYA-INGEN* AQUELLAS CUYAS SEMILLAS NO HAN MADURADO Y SE COMEN CON LA VAINA. CUANDO SÍ HAN MADURADO Y LAS SECAMOS ANTES DE COMERLAS, RECIBEN EL NOMBRE DE *INGEN-MAME*. EL *INGEN* VIENE DEL MONJE RYŪKI INGEN, PORQUE SE DICE QUE FUE ÉL QUIEN LAS IMPORTÓ A JAPÓN A PRINCIPIOS DEL PERÍODO EDO.

JUDÍAS VERDES CRUJIENTES CON ALIÑO DE SÉSAMO: ¡UN CLÁSICO!

① CORTA LOS BORDES DE AMBOS LADOS DE LAS JUDÍAS Y DIVÍDE-LAS EN TRES TROZOS.

② PON AGUA EN UNA OLLA Y CUANDO HIERVA AÑADE SAL. HIERVE LAS JUDÍAS, CUÉLA-LAS Y DÉJALAS ENFRIAR.

INGREDIENTES
(PARA DOS PERSONAS)

- 80 G DE JUDÍAS VERDES
- 1 CDA. DE SÉSAMO MOLIDO
- 1 CDTA. DE SALSA DE SOJA
- 1 CDTA. DE AZÚCAR
- SAL PARA HERVIR

EL TIEMPO DE HER-VIDO VA DE 1:30 A 2 MIN, SEGÚN SE QUIERAN MÁS O MENOS CRUJIENTES.

③ MEZCLA EL SÉSAMO MOLIDO, LA SOJA Y EL AZÚCAR. VIÉRTELO SOBRE LAS JUDÍAS, MEZCLA Y LISTO.

SHIN-SHŌGA

JENGIBRE NUEVO. SE DENOMINA ASÍ AL JENGIBRE QUE SE RECOGE A PRINCI-PIO DE VERANO, UN POCO ANTES DE QUE ESTÉ LISTO PARA SER COSECHADO. ES JUGOSO, TIERNO Y APENAS PICA. LAS BASES DE LOS TALLOS TIENEN UN BONITO COLOR ROJIZO.

JENGIBRE ENCURTIDO HECHO EN CASA DE MANERA FÁCIL ♪

① PON EL VINAGRE, EL AZÚCAR Y LA SAL EN UN RECIPIENTE TERMORRE-SISTENTE, CALIENTA 1 MINUTO EN EL MICROONDAS Y MEZCLA BIEN.

> **INGREDIENTES**
>
> - 200 G DE JENGIBRE NUEVO
> - 100 ML DE VINAGRE
> - 3 CDAS. SOPERAS DE AZÚCAR
> - ½ CDTA. DE SAL

② PELA EL JENGIBRE Y CÓRTALO EN LÁMINAS FINAS.

> ¡LA CUCHARA ES MUY ÚTIL PARA QUITAR LA PIEL!

> ¡SI ME DEJAS REPOSAR VARIOS DÍAS, ME SUAVIZARÉ Y ESTARÉ AÚN MÁS RICO!

③ HIERVE AGUA, ESCALDA LAS LÁMINAS DE JENGIBRE 1 MI-NUTO Y CUÉLALAS MUY BIEN.

④ AÑADE EL JENGIBRE A LA MEZCLA DEL PUNTO 1 Y CUANDO LA MEZCLA SE ENFRÍE A TEMPE-RATURA AMBIENTE, MÉTELA EN LA NEVERA 3 HORAS.

GINGER ALE CON UN TOQUE DE ROSA: ¡OTRO DE LA VIEJA ESCUELA!

① PON EN UNA OLLA EL JENGIBRE RALLADO CON PIEL INCLUIDA, EL AZÚCAR, EL AGUA, LA GUINDILLA, LAS RAMITAS DE CANELA Y PONLO TODO A FUEGO MEDIO.

> **INGREDIENTES**
>
> - 100 G DE JENGIBRE NUEVO
> - 100 G DE AZÚCAR
> - 100 ML DE AGUA
> - 1 CDA. SOPERA DE JUGO DE LIMÓN
>
> ⎰ 1 GUINDILLA *TAKANOTSUME*
> ⎱ 2 RAMAS DE CANELA
>
> — OPCIONALES

② REMUEVE PARA QUE EL AZÚCAR SE VAYA DESHACIENDO Y, CUAN-DO EMPIECE A HERVIR, BAJA EL FUEGO.

> ¡CUANDO AÑADAS EL LIMÓN ME VOLVERÉ ROSA EN UN PERIQUETE!

③ DEJA QUE CUEZA 10 MINUTOS, AÑADE EL JUGO DE LIMÓN Y PARA EL FUEGO.

> ¡QUÉ SABOR TAN PICANTITO! ☆

④ CUÉLALO PARA QUE NO QUEDE NADA SÓLIDO Y LISTO. GUÁRDALO EN LA NEVERA DENTRO DE UNA BOTELLA DE CONSERVAS. SI MEZCLAS UNA PARTE DEL LÍQUIDO POR CADA 4 O 5 PARTES MÁS DE AGUA CON GAS, OBTENDRÁS EL CLÁSICO GINGER ALE ♪. ¡TAMBIÉN LE QUEDA GENIAL AL TÉ CON LECHE!

Kōri no tsuitachi, el primer día del hielo
1 de junio

氷の朔日

El 1 de junio recibe el nombre de Kōri no tsuitachi porque es tradición comer hielo y pastelitos de arroz helados tras ofrendarlos a los dioses.

Esta costumbre tiene su origen en el Himuro no sechie, un acontecimiento celebrado por la antigua Corte Imperial. Durante el banquete se comían el hielo que guardaban en un *himuro* para soportar el calor que se avecinaba. Un *himuro* era una especie de cámara de hielo que guardaba el hielo formado de manera natural durante el invierno hasta el verano. En esa época no había neveras y el hielo era algo muy preciado.

Esta costumbre no es muy popular en la actualidad, pero podemos comer algo frío para desear que pasemos el verano con buena salud.

CURIOSIDADES ¿La escritora Sei Shōnagon comía helados de hielo?

El capítulo 39 de *El libro de la almohada*, de Sei Shōnagon, «Cosas elegantes», dice así: «Servido en un tazón de plata nuevo, hielo raspado  mezclado con jarabe de bejuco. Un rosario de cristal de roca. Flores de glicina; ciruelos en flor cubiertos de nieve». ¡Quién iba a decir que en el período Heian ya comían helados de hielo! Aunque era algo muy exclusivo que solo estaba al alcance de las familias nobles. Qué destreza demostró la autora comparando este tipo de helado con cristales y flores. En una época en la que no existían neveras ni congeladores, comer helado en verano debía de ser de lo más refinado... ¡y envidiado!

SORBETE DE LIMÓN DE TRES INGREDIENTES

JUGO DE UN LIMÓN ENTERO

200 ML DE AGUA

ENTRE 70 Y 100 G DE AZÚCAR (AL GUSTO DE CADA CUAL)

① PON EL AGUA Y EL AZÚCAR EN UNA OLLA Y ENCIENDE EL FUEGO. DERRITE EL AZÚCAR. APARTA DEL FUEGO Y AÑADE EL JUGO DE LIMÓN.

② COLOCA LA MEZCLA EN UNA BANDEJA POCO PROFUNDA Y, CUANDO SE HAYA ATEMPERADO, MÉTELA EN EL CONGELADOR. TRAS 2 O 3 HORAS, ROMPE EL HIELO CON UN TENEDOR, MÉZCLALO Y DÉJALO OTRA VEZ EN EL CONGELADOR. CUANDO SE CONGELE DE NUEVO YA ESTARÁ LISTO.

Koromo-gae, el cambio de armario
1 de junio

El 1 de junio es más o menos la fecha en la que cambiamos la ropa del trabajo o de la escuela por la de verano. Antiguamente, este día se guardaban los kimonos con forro y se sacaban los denominados *hitoe*, que ya no lo tenían.

En mi casa apenas tengo espacio de almacenaje, y con cada cambio de armario toca mover la ropa de toda la familia. A veces resulta bastante engorroso, pero, curiosamente, al ponerme la ropa de verano me siento más liviana y llena de energía. Las cuatro estaciones bien diferenciadas de Japón hacen que esta costumbre esté muy arraigada en nuestro país.

¡EL 1 DE OCTUBRE GUARDARÉ LA ROPA DE VERANO Y SACARÉ LA DE INVIERNO!

Consideraciones

PRIMERO
AUNQUE TE HAYAS PUESTO UNA PRENDA UNA SOLA VEZ, HAY QUE LAVARLA. ¡SI NO LO HACES, PUEDE QUEDAR MANCHADA, AMARILLEAR O ATRAER INSECTOS!

SEGUNDO
SI HAY HUMEDAD PUEDE CRECER MOHO, ASÍ QUE, SI HAS LLEVADO ROPA A LA TINTORERÍA, SÁCALA DE LA BOLSA DE PLÁSTICO ANTES DE GUARDARLA.

TERCERO
PARA EVITAR QUE LA ROPA SE ARRUGUE O QUE LOS PLIEGUES ORIGINALES SE DEFORMEN, LLENA LAS CAJAS SOLO HASTA EL 80% DE SU CAPACIDAD.

CURIOSIDADES ¿El 1 de abril también recibe el nombre de *watanuki*?

«1 de abril» en japonés se pronuncia «*shigatsu tsuitachi*», pero también puede leerse «*watanuki*». Esta curiosa lectura, que parece no tener nada que ver con los *kanji*, está relacionada con el Koromo-gae. La Corte Imperial Heian realizaba el cambio de armario los días 1 abril y 1 de octubre del antiguo calendario. El 1 de abril guardaban la ropa con forro de algodón y sacaban la que no lo tenía. Por eso ese día se llamó *watanuki*, que significa 'sin algodón'.

¡Carbón de bambú contra la humedad!

Ya que nos hemos puesto con el cambio de armario y es época de lluvias, podemos aprovechar para trazar un plan contra la humedad usando el carbón de bambú. Además de deshumidificar, este material purifica el agua y el aire, elimina los malos olores, es bactericida y emite infrarrojos de onda larga. Se puede lavar con agua del grifo, secarse al sol y volverse a usar. ¡Superecológico!

¡ES COMO UNA VARITA MÁGICA!

PARA EMPEZAR
PRIMERO SE LAVA CON AGUA, SE HIERVE DIEZ MINUTOS PARA DESINFECTARLO Y SE DEJA SECAR AL SOL.

¡CÁMBIAME POR OTRO NUEVO CADA TRES MESES!

HABITACIONES
EL CARBÓN DE BAMBÚ DESPRENDE IONES NEGATIVOS QUE PURIFICAN EL AMBIENTE. HACE QUE LOS ESPACIOS SEAN MÁS CÓMODOS Y RELAJANTES.

ENVUELVE EL CARBÓN EN UNA TELA Y DÉJALO EN EL ZAPATERO: ELIMINARÁ LA HUMEDAD Y LOS MALOS OLORES.

ZAPATERO

¡SI ME PONES EN UNA CESTITA, TAMBIÉN QUEDO MUY MONO! ☆

¡SOY MUY EFECTIVO DENTRO DE LOS ZAPATOS!

CAJONES Y ARMARIOS

ENVUÉLVELO EN UNA TELA Y MÉTELO EN CAJONES Y ARMARIOS. REPELE-RÁ A LOS INSECTOS Y ELIMINARÁ LA HUMEDAD Y EL MOHO.

¡QUEPO EN CUALQUIER RINCONCITO DEL ARMARIO!

LAVABO

PONLO EN EL SUELO O CUÉLGALO EN UNA BOLSA. ELIMINARÁ LOS MALOS OLORES.

> ¡SI ME ADORNAS UN POCO, TE ALEGRARÉ LA VISTA!

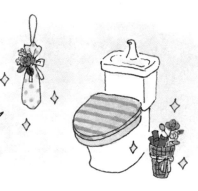

BAÑO

> SIENTO MI PIEL FINA Y RELUCIENTE

ENVUÉLVELO EN UNA BOLSA DE REDECILLA O SIMILAR Y MÉTELO EN LA BAÑERA. EL CARBÓN DESPRENDERÁ MINERALES QUE TE HARÁN SENTIR COMO EN UNOS BAÑOS TERMALES DE AGUA ALCALINA. LOS INFRARROJOS DE ONDA LARGA MEJORAN LA CIRCULACIÓN DE LA SANGRE.

NEVERA

ENVUÉLVELO EN PAPEL Y MÉTELO DENTRO. ADEMÁS DE ELIMINAR LOS MALOS OLORES, AYUDA A MANTENER EL FRESCOR DE FRUTAS Y VERDURAS.

AGUA

MÉTELO TAL CUAL EN AGUA Y DÉJALO REPOSAR UN DÍA. ELIMINA EL OLOR A CLORO Y LOS MINERALES DEL CARBÓN DE BAMBÚ SE DISUELVEN Y DAN AL AGUA UN SABOR SUAVE.

> ¡AGUA MINERAL CASERA!

RECIPIENTE DEL ARROZ

MÉTELO DIRECTAMENTE EN EL RECIPIENTE DONDE GUARDAS EL ARROZ. REPELE INSECTOS, ELIMINA LA HUMEDAD Y LOS MALOS OLORES Y HACE QUE EL ARROZ VIEJO TENGA MEJOR SABOR.

ARROCERA

PONLO ENCIMA DEL ARROZ RECIÉN HERVIDO. ¡SERÁ MÁS ESPONJOSO GRACIAS A SUS MINERALES Y SUS INFRARROJOS!

148

Nyūbai, inicio de la época de lluvias 11 de junio (aprox.)

Según el calendario, el *nyūbai* es el día en que comienza la temporada de lluvias. No obstante, debido a las diferencias que existen entre los climas de cada región, hoy en día es la Agencia Meteorológica de Japón la que se encarga de anunciar su inicio.

La palabra japonesa para «temporada de lluvias» se pronuncia *baiu*, que se escribe con los *kanji* «梅雨» (梅: *bai*, 'ciruela'; 雨: *u*, 'lluvia') y fue importada de China. Hay quien dice que su origen hace referencia a la lluvia que cae en la época que maduran las ciruelas. Otra explicación sugiere que el *kanji* original para *bai* era en realidad «黴», que significa 'moho', ya que este hongo prolifera debido a la humedad de esta temporada, y no el de «ciruela», pero que se acabó sustituyendo por este último. También se dice que en Japón la lluvia se relacionó con el término «rocío», en japonés *tsuyu*, y que los *kanji* «梅雨» acabaron por adoptar también esta lectura.

Cuando uno piensa en la temporada de lluvias, le vienen a la mente frases como «La ropa no se me secará», «Qué incomodo es ir siempre empapado», «El moho aparece con más facilidad», etc. Todo es negativo, ¿verdad? Sin embargo, estas lluvias también son un regalo del cielo importantísimo para hidratar una tierra que tiende a quedarse seca en pleno verano. Esta época está llena de divertimentos, como contemplar la belleza de las coloridas hortensias empapadas por la lluvia o preparar las comidas y bebidas con ciruelas.

La lluvia y sus denominaciones

Además de las lluvias de temporada, la lluvia recibe otras denominaciones según la estación o su modo de caer.

 HARUSAME 'LLUVIA DE PRIMAVERA'. ES LA LLUVIA SUAVE QUE CAE SIN PARAR EN LA SEGUNDA MITAD DE LA PRIMAVERA.

> LOS FIDEOS *HARUSAME* RECIBEN SU NOMBRE DE ESTE TIPO DE LLUVIA FINA, PORQUE SU ASPECTO RECUERDA A ELLA.

SHIGURE 'LLUVIA TEMPORAL'. CHAPARRÓN FRÍO Y REPENTINO QUE CAE ENTRE FINALES DE OTOÑO Y PRINCIPIOS DE INVIERNO.

> LLUEVE UN MONTÓN, PERO ENSEGUIDA SALE EL SOL.

KANDACHI 'ALZAMIENTO DE LOS DIOSES'. ORIGINARIAMENTE DENOMINABA LOS RAYOS Y LOS TRUENOS. CON EL TIEMPO, PASÓ A SER EL NOMBRE DE LOS AGUACEROS NOCTURNOS Y LAS TORMENTAS ELÉCTRICAS.

> ANTES SE CREÍA QUE LOS TRUENOS ERAN MENSAJES DE LOS DIOSES.

TENKYŪ 'LLANTO DEL CIELO'. ES LA LLUVIA QUE CAE SIN QUE HAYA NUBES. TAMBIÉN SE LLAMA *TENKIAME*, QUE SIGNIFICA 'LLUVIA DE BUEN TIEMPO', O *KITSUNE NO YOME-IRI*, CUYA TRADUCCIÓN ES 'BODA DE LOS ZORROS'.

> CUENTA LA LEYENDA QUE LOS ZORROS SE CASAN CUANDO LLUEVE MIENTRAS HACE SOL.

UNOHANA-KUTASHI 'PUTREFACCIÓN DE DELICIAS'.

CAE A PRINCIPIOS DE VERANO Y DURA TANTO QUE ACABA POR PUDRIR LAS DELICIAS

BUNRYŪU 'LLUVIA QUE PARTE UN DRAGÓN'. CAE EN VERANO Y ES TAN INTENSA QUE PODRÍA PARTIR EN DOS A UN DRAGÓN.

KIU 'LLUVIA DE LA ALEGRÍA'. ES LA LLUVIA QUE CAE EN VERANO TRAS UN TIEMPO DE SEQUÍA.

> ¡QUÉ BIEN!

HIJIKASAAME

'LLUVIA EN LA QUE EL CODO HACE DE PARAGUAS'. ES TAN REPENTINA QUE NO TE QUEDA MÁS REMEDIO QUE CUBRIRTE CON EL CODO Y CORRER A RESGUARDARTE.

(1) HAZ UNA BOLA CON UN PAÑUELO DE PAPEL Y ENVUÉLVELO CON OTRO PAÑUELO.

(2) ATA UNA GOMA ELÁSTICA PARA DELIMITAR LA CABEZA. PASA UNA CUERDECITA POR LA GOMA DEL CUELLO Y HAZ UN NUDO.

¡SI USAS UN RETAL DE TELA Y UN LACITO, TE QUEDARÁ MÁS BONITO!

(3) ¡PÍNTALE UNA CARA CON UN ROTULADOR Y LISTO!

¡OJALÁ MAÑANA HAGA BUEN TIEMPO! ♪

El misterio que rodea el color de las hortensias

Al recorrer siempre el mismo camino, me doy cuenta de que las hortensias que encuentro a mi paso van variando gradualmente sus colores. Aun siendo la misma especie de planta, pueden cambiar de color en función del lugar o la época del año, por eso también se llaman *shichihenge* ('siete transformaciones').

Debido a esta propiedad, en el lenguaje de las flores significan 'capricho' o 'infidelidad', ¡así que piénsatelo dos veces antes de regalarlas! Esta curiosa variación de color depende del grado de acidez del sustrato: si es ácido, las flores son azules; si es alcalino, rojizas. Fascinante, ¿eh? Son el papel tornasol que indica el pH de la naturaleza, aunque con los colores invertidos. La tierra de Japón suele ser ligeramente ácida, por lo que la mayoría de las hortensias son azules. Por el contrario, en Europa son más rosadas porque el suelo es más alcalino.

TIERRA ALCALINA → COLORES ROJIZOS
TIERRA ÁCIDA → COLORES AZULADOS

Paseo de las hortensias por Kamakura

El mal tiempo no invita a salir, pero es agradable contemplar las hortensias bajo la lluvia. Muchos templos budistas de la antigua ciudad de Kamakura son famosos por sus hortensias. Merece la pena verlas, aunque sea una vez en la vida. Te sugiero un par de rutas.

LA MEJOR ÉPOCA ES DE MEDIADOS DE JUNIO A MEDIADOS DE JULIO.

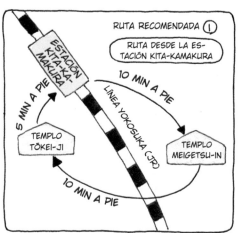

RUTA RECOMENDADA ①

RUTA DESDE LA ESTACIÓN KITA-KAMAKURA

ESTACIÓN KITA-KAMAKURA

5 MIN A PIE

LÍNEA YOKOSUKA (JR)

10 MIN A PIE

TEMPLO TŌKEI-JI

TEMPLO MEIGETSU-IN

10 MIN A PIE

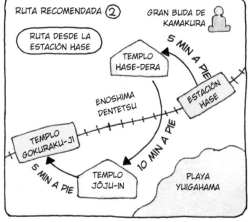

RUTA RECOMENDADA ②

RUTA DESDE LA ESTACIÓN HASE

GRAN BUDA DE KAMAKURA

TEMPLO HASE-DERA

5 MIN A PIE

ESTACIÓN HASE

ENOSHIMA DENTETSU

TEMPLO GOKURAKU-JI

5 MIN A PIE

TEMPLO JŌJU-IN

10 MIN A PIE

PLAYA YUIGAHAMA

MEIGETSU-IN

TAMBIÉN CONOCIDO COMO «EL TEMPLO DE LAS HORTENSIAS», ES EL LUGAR MÁS FAMOSO DE TODOS. SU INTERIOR ESTÁ REPLETO DE ELLAS. TIENE TAL CANTIDAD QUE PARECE QUE ESTÉS NADANDO EN UN MAR DE HORTENSIAS.

SI PAGAS UN EXTRA, PUEDES TOMARTE UN TÉ MIENTRAS CONTEMPLAS EL JARDÍN DE IRIS JAPONESES A TRAVÉS DE UNA VENTANA REDONDA QUE SE LLAMA «VENTANA DE LA LUNA LLENA».

ADEMÁS DE HORTENSIAS, TAMBIÉN TIENE EJEMPLARES DE *CONANDRON RAMONDIOIDES* (CONOCIDA COMÚNMENTE COMO 'TABACO DE ROCA'), IRIS JAPONESES Y OTRAS MUCHAS ESPECIES. SUS JARDINES OFRECEN UNAS VISTAS ALUCINANTES. ¡UN ESPECTÁCULO QUE DEJARÁ SATISFECHO A CUALQUIER AMANTE DE LAS FLORES!

CONANDRON
RAMONDIOIDES

HASE-DERA

LA LADERA DE LA MONTAÑA POR LA CUAL PUEDE RECORRERSE LA RUTA DE PASEO CON VISTAS AL MAR ESTÁ REPLETA DE HORTENSIAS. A MEDIDA QUE AVANZAS, APARECEN MÁS Y MÁS FLORES; HAY TANTA BELLEZA HACE QUE UNO PIERDA HASTA LA NOCIÓN DEL TIEMPO. A VECES, CUANDO HAY MUCHA GENTE, HAY QUE HACER COLA UN BUEN RATO PARA ACCEDER A ESE RECORRIDO, POR LO QUE ES RECOMENDABLE IR A PRIMERA HORA DE LA MAÑANA.

¡LA ÚLTIMA VEZ QUE FUI TUVE QUE ESPERAR UNA HORA Y MEDIA! ESO SÍ, LAS ENTRADAS SON NUMERADAS, LO QUE PERMITE PLANIFICAR MEJOR EL TIEMPO. DESDE ALLÍ HASTA LA PLAYA DE YUIGAHAMA O EL GRAN BUDA DE KAMAKURA APENAS HAY CINCO MINUTOS ANDANDO. ADEMÁS, DE CAMINO A ESOS LUGARES HAY UN MONTÓN DE RESTAURANTES CUYA COMIDA TIENE UNA PINTA DELICIOSA.

JŌJU-IN

EL ACCESO AL TEMPLO SE CONOCE COMO «EL CAMINO DE LAS HORTENSIAS». A AMBOS LADOS DE LAS LARGAS ESCALERAS QUE LO CONFORMAN SE ARREMOLINAN MONTONES DE ESTAS FLORES. HAY 262 ESCALONES, EL MISMO NÚMERO QUE LOS CARACTERES ESCRITOS DEL SUTRA DEL CORAZÓN. DESDE LO ALTO DE LAS ESCALERAS SE VE LA PLAYA DE YUIGAHAMA, QUE, JUNTO A LAS HORTENSIAS, FORMA UN COMBO DE ENSUEÑO. ¡NO TE LO PIERDAS!

¡TAMBIÉN ES FAMOSO PORQUE SE DICE QUE IR ALLÍ DA SUERTE PARA ENCONTRAR A TU MEDIA NARANJA!

Ume-shigoto, preparación anual de las ciruelas

Las recetas con ciruelas son una de las cosas que me ilusionan de la temporada de lluvias. Cuando veo las primeras ciruelas verdes en el supermercado, me emociono pensando en todo lo que puedo preparar. ¡Las adoro! Me crie comiendo a diario ciruelas encurtidas *umeboshi* superácidas que, según me dijeron, habían sido preparadas por la generación de mi abuela. Eran tan antiguas que el bote rezumaba cristales de sal.

Me gustaban tanto que mi madre me las acababa quitando, así que no me quedaba más remedio que comerme el interior de los huesos. Estos se llaman *tenjin-sama*, y están riquísimos. Mi abuela decía que te hacen más inteligente, pero creo que a mí no me hicieron mucho efecto... Cuando crecí me aficioné a preparar licor de ciruelas *umeshu*. Mi marido y yo competimos para ver quién lo hace mejor probando distintas combinaciones. Una vez mezclados los ingredientes, se dejan reposar unos meses. Yo recomiendo a todo el mundo que lo intente, porque hasta al más torpe le puede quedar un licor delicioso.

HUESO DE
UMEBOSHI

TENJIN-SAMA

LOS HUESOS DE LAS CIRUELAS INMADURAS SON VENENOSOS, ASÍ QUE SI TE COMES ALGUNO ASEGÚRATE DE QUE LA *UMEBOSHI* SEA DE FRUTA MADURA.

 PREPARAR LICOR *UMESHU* Y ZUMO DE CIRUELAS

PREPARACIÓN
PRELIMINAR

LA FRUTA MADURA DE COLOR AMARILLENTO ES PARA HACER *UMEBOSHI*. PARA ZUMOS Y LICOR ES MEJOR USAR CIRUELAS VERDES Y DURAS.

① LAVA BIEN LAS CIRUELAS Y DÉJALAS EN REMOJO CON BASTANTE AGUA DURANTE 3 HORAS PARA QUE PIERDAN EL SABOR ASTRINGENTE.

② SÉCALAS UNA A UNA CON PAPEL DE COCINA Y QUÍTALES LOS RABITOS CON UN MONDADIENTES.

③ LIMPIA EL INTERIOR DEL RECIPIENTE DE CONSERVAS CON PAPEL DE COCINA EMPAPADO DE LICOR BLANCO.

PREPARA UN TARRO QUE PUEDA CERRARSE HERMÉTICAMENTE.

LICOR DE CIRUELAS *UMESHU*

① TRAS ACABAR LA PRE-
PARACIÓN PRELIMINAR,
INTRODUCE EN EL RE-
CIPIENTE LAS CIRUELAS
Y EL AZÚCAR INTERCA-
LÁNDOLOS POR CAPAS.

PREPARA UN RECIPIEN-
TE QUE TENGA UNA
CAPACIDAD MÍNIMA DE 4 L.

INGREDIENTES

- 1 KG DE CIRUELAS VERDES
- 700 G DE AZÚCAR PIEDRA
- 1,8 L DE LICOR BLANCO

② INTRODUCE EL LICOR BLANCO Y CIERRA BIEN LA TAPA.
GUÁRDALO EN UN LUGAR FRESCO Y OSCURO.

LO MEJOR ES DISFRUTAR DE CÓMO VA CAMBIANDO EL SABOR.

LICOR BLANCO

CUANTO MÁS TIEMPO PASE MÁS RICO ESTARÉ, ¡ASÍ QUE PACIENCIA!

AL CABO DE MEDIO AÑO YA SE PUEDE BEBER,
PERO SI LO DEJAMOS MÁS DE UN AÑO CO-
GERÁ MÁS CUERPO Y ESTARÁ MÁS BUENO.

ZUMO DE CIRUELAS

PARA NIÑOS Y AQUELLOS QUE NO BEBEN ALCOHOL. ☆

① TRAS LA PREPARACIÓN PRELIMINAR,
INTRODUCE EN EL RECIPIENTE LAS
CIRUELAS Y EL AZÚCAR INTERCA-
LÁNDOLOS POR CAPAS Y CIERRA
FUERTE LA TAPA.

② GUARDA EL RECIPIENTE
EN UN LUGAR FRESCO
Y OSCURO.

INGREDIENTES

- 1 KG DE CIRUELAS VERDES
- 1 KG DE AZÚCAR PIEDRA

PREPARA UN RECIPIENTE QUE TENGA UNA CAPACIDAD MÍ-
NIMA DE 3 L.

LAS CIRUELAS IRÁN SOLTANDO SU EXTRACTO Y SE IRÁN ARRUGANDO.

SI NO TIENES AZÚCAR PIEDRA, USA
MIEL, AZÚCAR GLAS, AZÚCAR MORE-
NO O SIMILAR.

③ TRAS DOS O TRES SEMANAS YA SE PUEDE BEBER.
PUEDE DILUIRSE UNA PARTE DE ZUMO EN CUATRO
O CINCO PARTES DE AGUA O AGUA CON GAS.

SE PUEDE VERTER LA SOLUCIÓN NO DILUIDA SOBRE YOGUR O HIELO Y ESTÁ BUENÍSIMO. ♡

Kajō no hi, el día de los dulces tradicionales
16 de junio

嘉祥の日

Dudo que mucha gente sepa qué es el Kajō no hi o en qué consiste: la respuesta es disfrutar de los dulces típicos de Japón.

El 16 de junio del año 848, el emperador Ninmyō cambió el nombre de la era a Kajō y ofrendó dieciséis tipos de dulces para suplicar a los dioses que acabaran con una epidemia que asolaba el país. Esta desapareció en el acto.

Debido a este suceso, el día se denominó Kajō no hi, y la tradición de comer dulces para protegerse del mal y atraer la suerte se popularizó. En 1979, la Asociación Japonesa de Dulces Tradicionales estableció en esta fecha el Wagashi no hi ('día de los dulces tradicionales'). Flores de crisantemo talladas con sumo cuidado, carpas nadando en el interior de gelatinas transparentes... Cada pieza es una pequeña obra de arte. Para mí, estos dulces demuestran la sensibilidad de nuestra gente, la profundidad de nuestro conocimiento sobre la naturaleza y nuestra hospitalidad. Es una parte muy bella de nuestra cultura que me gusta cuidar.

No te diré que comas dieciséis dulces distintos, pero sí te animo a disfrutar de su hermosura y sabor. Muchas pastelerías preparan elaboraciones que solo se pueden comer en esta época del año.

Los dulces de las estaciones

1. ENERO — HANABIRA-MOCHI
2. FEBRERO — UGUISU-MOCHI
3. MARZO — O-HAGI
4. ABRIL — SAKURA-MOCHI
5. MAYO — KASHIWA-MOCHI
6. JUNIO — MIZU-YŌKAN
7. JULIO — DOYŌ-MOCHI
8. AGOSTO — WARABI-MOCHI
9. SEPTIEMBRE — TSUKIMI-DANGO
10. OCTUBRE — MAME-DAIFUKU
11. NOVIEMBRE — IMO-YŌKAN
12. DICIEMBRE — KINTSUBA

PREPARAR UN *MIZU-MANJŪ* CON FÉCULA DE PATATA

EN ESTA RECETA TE EXPLICO CÓMO PREPARAR ESTOS BOLLOS RELLENOS DE PASTA DE JUDÍAS AZUCARADAS QUE MARIDAN A LA PERFECCIÓN CON LOS DULCES FRÍOS DE ESTA TEMPORADA. ♪

¡LA TRANSPARENCIA DA SENSACIÓN DE FRESCURA!

① PON LA FÉCULA DE PATATA, EL AZÚCAR Y EL AGUA EN UNA OLLA Y CALIÉNTALA A FUEGO MEDIO MIENTRAS REMUEVES A CONCIENCIA.

> **INGREDIENTES**
> (4 UNIDADES)
>
> - 2 CDAS. SOPERAS DE FÉCULA DE PATATA
> - 2 CDAS. SOPERAS DE FÉCULA DE AZÚCAR
> - 200 ML DE AGUA
> - 80 G DE PASTA DE JUDÍAS DULCES *ANKO*

② CUANDO ADQUIERA UNA TEXTURA VISCOSA Y SE VUELVA TRANSPARENTE, APAGA EL FUEGO.

SHUUU

③ VIERTE UN POCO DEL CONTENIDO DE LA OLLA EN UN VASITO QUE HABRÁS MOJADO CON AGUA PREVIAMENTE, PON LA PASTA DE JUDÍAS ENCIMA Y AÑADE UN POCO MÁS DE MEZCLA SOBRE ESTA. REPITE ESTE PROCESO EN OTROS TRES VASITOS MÁS.

LOS VASOS PEQUEÑOS SON LOS QUE VAN MEJOR.

④ CUANDO SE HAYA ENFRIADO A TEMPERATURA AMBIENTE, MÉTELO EN LA NEVERA DE UNA A DOS HORAS PARA QUE COMPACTE Y LISTO.

¡SEPÁRAME DE LOS LATERALES CON UN MONDADIENTES PARA SACARME MÁS FÁCILMENTE!

SI LOS DEJAS DEMASIADO TIEMPO EN LA NEVERA, LA TEXTURA Y EL SABOR SE VERÁN ALTERADOS, ASÍ QUE NO TARDES EN COMERLOS. TAMBIÉN PUEDES ESPOLVOREAR HARINA DE SOJA *KINAKO* POR ENCIMA.

Geshi, el solsticio de verano
21 de junio (aprox.)

夏至

En el hemisferio norte, el solsticio de verano es el día con más horas de sol y con la noche más corta del año. En comparación con el solsticio de invierno, hay una diferencia de más de cuatro horas de luz. Durante el verano, cuando llega la hora de la cena, el cielo todavía clarea. El hecho de que el día parezca más largo me da la sensación de que permite disponer de más de tiempo. Según el calendario, el verano empieza este día, pero la realidad es que cae en plena temporada de lluvias y el pico de calor aún tardará un mes en llegar. Cuando llevo tantos días sin poder tender la colada en el exterior por el mal tiempo es cuando más aprecio la luz del sol. El solsticio de verano es un día para dar gracias a nuestra estrella. No hay ningún evento especial como en el solsticio de invierno, pero últimamente se ha extendido la costumbre de pasar la noche más corta del año a la luz de unas velas, que se conoce como Candle Night o Noche de Velas.

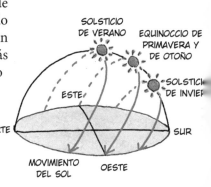

EN OKINAWA

EL VIENTO ESTACIONAL QUE SOPLA EN EL SOLSTICIO DE VERANO SE LLAMA *KÂCHÎBÊ* ('VIENTO DEL SUR DEL SOLSTICIO DE VERANO'). CUANDO SE ALZA EN LA REGIÓN DE OKINAWA, DESPEJA EL CIELO Y LLEGA EL CALOR DEL VERANO.

¡SE ACABÓ LA ÉPOCA DE LLUVIAS!

FESTIVAL DEL SOLSTICIO DE VERANO EN EL FUTAMI OKITAMA-JINJA

EN LA LOCALIDAD DE FUTAMIURA, SITUADA EN LA CIUDAD DE ISE, HAY DOS FARALLONES CONOCIDOS COMO *MEOTOIWA* ('PAREJA DE ROCAS'). EL SOL AMANECE ENTRE ELLOS SOLO DURANTE EL SOLSTICIO DE VERANO.

EN ESA FECHA, CUANDO LA FUERZA DEL SOL ES MAYOR, LA GENTE SE REÚNE FRENTE A ESAS FORMACIONES ROCOSAS PARA CONTEMPLAR EL AMANECER Y PEDIR SALUD MIENTRAS LLEVA A CABO ABLUCIONES SINTOÍSTAS.

Nagoshi no harae, ritual de purificación de fin de verano
30 de junio

El 30 de junio marca un punto de inflexión. Siempre que llega este día me sorprendo de lo rápido que pasa el tiempo. Muchas personas deciden hacer nuevos propósitos de cara a los siguientes seis meses.

En los santuarios sintoístas se lleva a cabo el Nagoshi no harae, un ritual que elimina las impurezas que cuerpo y mente han ido acumulando durante la primera mitad del año, y en el que se pide salud para los meses que quedan. El *nagoshi*, que significa 'paso del verano', equivaldría al *ōmisoka* de invierno, es decir, el 31 de diciembre.

Purificamos el cuerpo pasando por un círculo de chamizo y luego soplamos sobre un muñeco de papel para transferirle las impurezas y pecados que hemos acumulado, que finalmente se lanzan a mares y ríos (últimamente se queman por razones medioambientales).

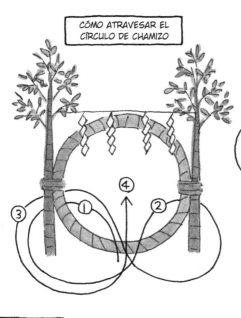

CÓMO ATRAVESAR EL CÍRCULO DE CHAMIZO

DESDE 1 VAMOS A LA IZQUIERDA, VAMOS HACIA 2 A LA DERECHA, VOLVEMOS A LA IZQUIERDA PARA PASAR POR 3 Y, FINALMENTE, CRUZAMOS HACIA 4, AVANZAMOS HACIA EL TEMPLO Y RENDIMOS CULTO.

AL PARECER, EL RECORRIDO POR EL CÍRCULO DE CHAMIZO FORMA EL SÍMBOLO DEL INFINITO; ES EL MISMO MOVIMIENTO QUE HACE EL SACERDOTE DURANTE EL RITO.

DULCE *MINAZUKI*

EN KIOTO TIENEN LA COSTUMBRE DE COMER UN DULCE TRADICIONAL LLAMADO *MINAZUKI* DESPUÉS DEL NAGOSHI NO HARAE.
LA CAPA DE JUDÍAS *AZUKI* SOBRE LA GELATINA DULCE DE ARROZ BLANCA SIMBOLIZA LA PURIFICACIÓN DEL MAL, MIENTRAS QUE LA FORMA TRIANGULAR REPRESENTA EL HIELO PARA COMBATIR EL CALOR.

El espectáculo de las luciérnagas

La tenue luz de las luciérnagas que vuelan por todas partes en las noches de verano... ¡parece un poema típico de esta estación! Durante las últimas décadas, las luciérnagas han ido perdiendo su hábitat natural y ya no se dejan ver en las ciudades.

Cuando era niña, me emocioné muchísimo al verlas por primera vez revoloteando sobre el lecho seco de un río.

Eran unas lucecillas efímeras; delicados brillos parpadeantes flotando suavemente en la oscuridad. No me cansaba de contemplarlas.

Es muy difícil encontrarlas en los espacios naturales de las ciudades, pero cada vez hay más lugares poblados artificialmente con estos insectos. Tras el solsticio de verano viene su época de mayor actividad, ¡así que aprovecha tus paseos para buscarlas!

Para observar las luciérnagas

Las típicas luciérnagas que se ven en Japón son dos: las *genji-botaru*, grandes y con una luz más intensa, y las *heike-botaru*, más pequeñas. Hay quien compara el vuelo de ambas con el conflicto histórico entre los clanes Minamoto y Taira.

- Las noches húmedas y calurosas en las que apenas brilla la luna son ideales.
- Prohibido usar objetos que emitan luz (linternas, flashes de cámaras, etc.)
- No alces la voz, obsérvalas en silencio.

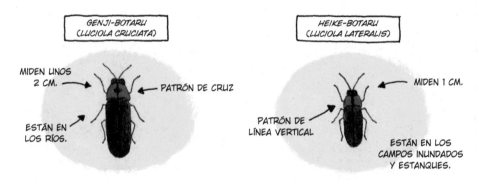

LA FRECUENCIA DEL CENTELLEO DE LAS *GENJI-BOTARU* VARÍA SEGÚN LA ZONA. EN LA REGIÓN DE KANTŌ EMITEN UN DESTELLO CADA CUATRO SEGUNDOS, MIENTRAS QUE EN KANSAI ES UNO CADA DOS SEGUNDOS. AL PARECER, AÚN SE DESCONOCE EL MOTIVO POR EL QUE ESTO ES ASÍ.

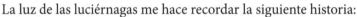

CURIOSIDADES *Keisetsu no kō* (lit., 'éxito por luciérnagas y nieve')

La luz de las luciérnagas me hace recordar la siguiente historia:

En la China de la Dinastía Jin había dos jóvenes llamados Che Yin y Sun Kang. Eran tan pobres que no podían ni comprar queroseno para lámparas. Una noche de verano, Che Yin llenó una bolsa de luciérnagas y se puso a estudiar con su luz. Una noche de invierno, Sun Kang puso nieve en el marco de su ventana y se puso a leer con el brillo de la luna que esta reflejaba. Como resultado de su esfuerzo, ambos acabaron teniendo éxito en la vida.

De esta historia nació la expresión *keisetsu no kō*, que se traduce literalmente como 'éxito por luciérnagas y nieve' y significa 'el fruto del esfuerzo por perseverar en los estudios'. La primera vez que oí esta historia me pareció muy bonito estudiar a la luz de las luciérnagas, pero, bien pensado, creo que supondría un suplicio leer con tan poca luz. Realmente tuvieron que esforzarse mucho.

Por otro lado, la típica canción *Hotaru no hikari* ('la luz de las luciérnagas') que ponen en las ceremonias de graduación o cuando es la hora de cerrar las tiendas, tiene una parte que dice: «Hotaru no hikari, mado no yuki» ('la luz de las luciérnagas, la nieve en la ventana') que hace referencia a esta historia.

CURIOSIDADES El *rokuyō*, ¿qué suerte habrá hoy?

En junio suele haber muchas bodas por influencia de la diosa romana Juno: se cree que es la deidad de este mes y que protege a las novias. Aunque estas creencias occidentales nos llamen la atención, los japoneses preferimos los *taian* o 'días de más suerte'. En los calendarios japoneses aparece tanto esta palabra como la de *butsumetsu*, que significa 'día de peor suerte'.

Estos dos términos pertenecen al *rokuyō* ('seis días de la semana'), un sistema que divide la suerte en seis categorías y las asigna a los días, de forma que cada uno tiene un tipo u otro. Obviamente, es una superstición igual que la astrología, pero solemos escoger los días de suerte *taian* para casarnos o comprometernos y evitamos al máximo los *butsumetsu*.

《先勝》 SENSHŌ O SENKACHI --- ESTOS DÍAS ES MEJOR HACER LAS COSAS QUE TENGAMOS PENDIENTES CUANTO ANTES. BUENA SUERTE POR LA MAÑANA, MALA SUERTE POR LA TARDE.

《友引》 TOMOBIKI --- EVITAMOS CELEBRAR FUNERALES, PORQUE LO QUE HAGAMOS ESTOS DÍAS AFECTARÁ A NUESTROS AMIGOS. BUENA SUERTE POR LA MAÑANA Y LA NOCHE, MALA SUERTE DURANTE EL MEDIODÍA.

《先負》 SENBU, SENMAKE O SAKIMAKE --- SI HACES ALGO PRONTO EN ESTOS DÍAS, SALDRÁ MAL. MALA SUERTE POR LA MAÑANA, BUENA SUERTE POR LA TARDE.

《仏滅》 BUTSUMETSU --- TAMBIÉN SIGNIFICA 'MUERTE DE BUDA'. SE TRATA DE DÍAS EN LOS QUE HAY MUY MALA SUERTE Y HAY QUE EVITAR LAS CELEBRACIONES.

《大安》 TAIAN --- DÍAS MÁS SEGUROS. TENDREMOS BUENA SUERTE EN TODO. SON LOS MEJORES DÍAS PARA CELEBRAR BODAS O EVENTOS SIMILARES.

《赤口》 SHAKKŌ O SHAKKU --- BUENA SUERTE SOLO AL MEDIODÍA, EL RESTO DEL DÍA MALA SUERTE. ESTOS DÍAS DEBEMOS TENER CUIDADO CON LAS COSAS RELACIONADAS CON EL ROJO, COMO LOS INCENDIOS O LOS OBJETOS CORTANTES QUE PUEDAN HACERNOS SANGRE.

Por otro lado, los días de la semana que usamos los japoneses se conocen como *shichiyō* (lit. 'siete días de la semana').

Antiguamente, se creía que los astros y planetas que se distinguían bien a simple vista eran las deidades guardianas de los días de la semana: domingo (día del sol), lunes (día de la luna), martes (día de Marte), miércoles (día de Mercurio), jueves (día de Júpiter), viernes (día de Venus) y sábado (día de Saturno).

SOL   LUNA   MARTE   MERCURIO   JÚPITER   VENUS   SATURNO

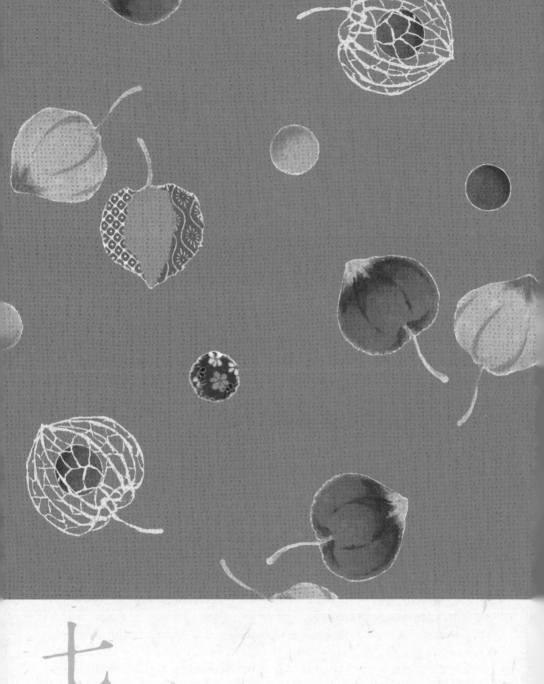

七
月
Julio

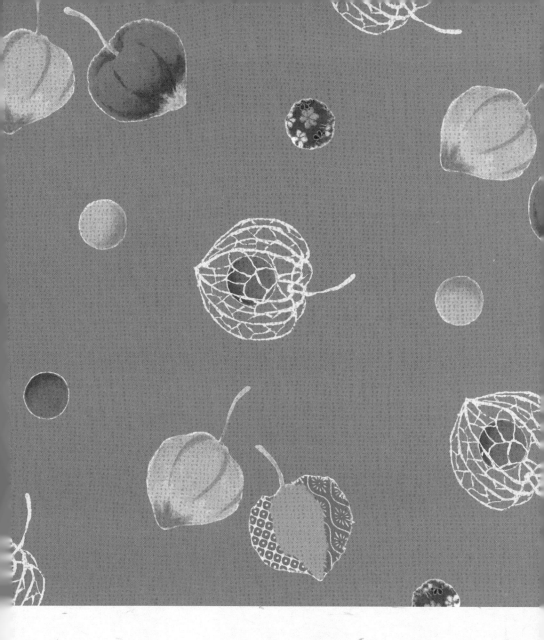

文 月 *Fumizuki, el séptimo mes del antiguo calendario*

文: 'frase, texto, artes literarias'; 月: 'mes')

El nombre de este mes hace referencia a las actividades literarias que tienen lugar en él, como la escritura de poemas en las tiras de papel *tanzaku* de la festividad del Tanabata. Otra teoría dice que la parte *'fumi'* del nombre de este mes viene de la palabra *fukumi*, que significa 'contenido', porque durante este mes las espigas del arroz se inflan. También se llama *tanabatazuki* ('mes del Tanabata'), *nanayozuki* ('mes de las siete noches') u *omi-aeshizuki* ('mes del nardo sirio').

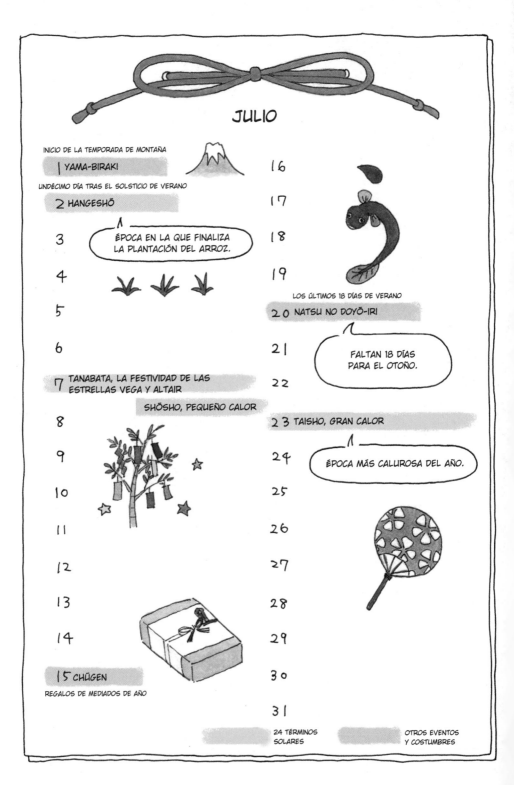

JULIO

INICIO DE LA TEMPORADA DE MONTAÑA

1 YAMA-BIRAKI

UNDÉCIMO DÍA TRAS EL SOLSTICIO DE VERANO

2 HANGESHŌ

3 ÉPOCA EN LA QUE FINALIZA LA PLANTACIÓN DEL ARROZ.

4

5

6

7 TANABATA, LA FESTIVIDAD DE LAS ESTRELLAS VEGA Y ALTAIR

SHŌSHO, PEQUEÑO CALOR

8

9

10

11

12

13

14

15 CHŪGEN

REGALOS DE MEDIADOS DE AÑO

16

17

18

19

LOS ÚLTIMOS 18 DÍAS DE VERANO

20 NATSU NO DOYŌ-IRI

21 FALTAN 18 DÍAS PARA EL OTOÑO.

22

23 TAISHO, GRAN CALOR

24 ÉPOCA MÁS CALUROSA DEL AÑO.

25

26

27

28

29

30

31

24 TÉRMINOS SOLARES

OTROS EVENTOS Y COSTUMBRES

166

Poco a poco van cesando las lluvias de sur a norte y el cielo de Japón se va tiñendo de un azul intenso. ¡Por fin empieza el verano de verdad!

Cuando pienso en julio, lo primero que me viene a la mente es el festival del Tanabata. Me encantaría poder contemplar el cielo estrellado y recordar la relación de amor a distancia entre Orihime (Vega) y Hikoboshi (Altair), separados por la Vía Láctea, pero el día 7 el frente del temporal de lluvias todavía se encuentra estancado en la isla de Honshū. La probabilidad de buen tiempo en Tokio para ese día apenas es del 26 %, y aunque el cielo esté despejado, a veces la luz de la luna no permite ver la Vía Láctea. Aun así, tengo la sensación de que, si pudiera ver nuestra preciosa galaxia, el deseo que escribiera para este festival se cumpliría.

Cuando acaba la época de lluvias, salir a pasear durante el día puede resultar agotador debido al calor, pero las noches de verano tienen algo místico que me genera bienestar. No sé por qué, pero cuando oigo los tambores taiko y los fuegos artificiales, mi corazón late con más fuerza. ¿Nos ponemos nuestros kimonos de verano yukata y salimos a pasear?

FLOR DE LOS NACIDOS
EN JULIO:

IRIS
JAPONÉS

SIGNIFICADO EN EL
LENGUAJE DE LAS
FLORES: 'CONFÍO
EN TI'

ALIMENTOS DE TEMPORADA EN JULIO

七
月
の
旬

TŌGAN

CALABAZA BLANCA. TAMBIÉN SE LLAMA 'MELÓN DE INVIERNO' PORQUE, AUNQUE SU ÉPOCA DE COSECHA ES EN VERANO, SE PUEDE CONSERVAR HASTA INVIERNO. SUS PROPIEDADES AYUDAN A REDUCIR LA HINCHAZÓN Y LA TEMPERATURA CORPORAL.

 CALABAZA BLANCA EN SALSA: FRESCA Y DELICIOSA

① PELA LA PIEL A CORTES GENEROSOS, QUITA LA PARTE BLANDA CON LAS SEMILLAS DEL INTERIOR Y CORTA EN TROZOS QUE QUEPAN EN LA BOCA.

¡SERÁ MÁS SEGURO SI ME CORTAS EN VERTICAL!

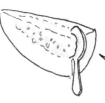

TE SERÁ MÁS FÁCIL CON UNA CUCHARA.

INGREDIENTES
(PARA DOS PERSONAS)

- ½ CALABAZA BLANCA
- 100 G DE CARNE PICADA DE POLLO
- 500 ML DE AGUA
- ☆ 1 CDTA. DE *DASHI* EN GRANOS (*KARYŪ-DASHI*)
- ☆ 1 CDA. SOPERA DE SALSA DE SOJA
- ☆ 1 CDA. SOPERA DE SALSA *MIRIN*
- ☆ 1 CDA. SOPERA DE SAKE
- JENGIBRE RALLADO (O DE TUBO)
- FÉCULA DE PATATA DISUELTA EN AGUA

---

② PON AGUA EN UNA OLLA, AÑADE LA CALABAZA Y PONLA AL FUEGO. CUANDO HIERVA, BÁJALO A FUEGO MEDIO Y DEJA QUE CUEZA 5 MIN.

③ AÑADE LA CARNE PICADA Y SEPÁRALA PARA COCERLA. QUITA LA ESPUMA Y AÑADE LOS INGREDIENTES MARCADOS CON UNA ESTRELLA. BAJA EL FUEGO ENTRE UNA INTENSIDAD MÍNIMA Y MEDIA Y DÉJALO 15 MINUTOS.

④ CUANDO LA CALABAZA SE VUELVA TRANSPARENTE, AÑADE EL JENGIBRE RALLADO Y LA FÉCULA DE PATATA DISUELTA EN AGUA PARA ESPESAR LA MEZCLA.

¡FRÍO TAMBIÉN ESTOY DELICIOSO! ♪

TOMATES

AGRIDULCES Y MUY JUGOSOS. AUNQUE EN VERANO NO SOLEMOS TENER MUCHA HAMBRE DEBIDO AL CALOR, ESTOS TOMATES SON EL BOCADO PERFECTO SI SE CONSERVAN BIEN FRÍOS. CUANTO MÁS ROJOS SON, MAYOR ES SU CONCENTRACIÓN DE NUTRIENTES. EN JAPÓN DECIMOS: «CUÁNTO MÁS ROJO EL TOMATE, MÁS PÁLIDO EL MÉDICO». ESTO VIENE A SIGNIFICAR QUE LAS PROPIEDADES ANTIOXIDANTES DEL LICOPENO, QUE ES LA SUSTANCIA QUE LE DA SU COLOR ROJIZO, PREVIENEN EL CÁNCER Y OTRAS ENFERMEDADES LIGADAS AL ESTILO DE VIDA, POR LO QUE LOS MÉDICOS SE QUEDAN SIN TRABAJO.

EDAMAME

SOJA VERDE EN RAMA. ME APETECEN ESPECIALMENTE EN VERANO, ¡Y ACOMPAÑADAS DE UNA CERVECITA, INCLUSO MÁS! NO MUCHA GENTE LO SABE, PERO LAS *EDAMAME* SON LAS JUDÍAS DE SOJA *(DAIZU)* COSECHADAS ANTES DE SU MADURACIÓN.

 COCER LAS *EDAMAME* PARA QUE QUEDEN DELICIOSAS

° **INGREDIENTES** °
- 1 PUÑADO DE *EDAMAME*
- 1 CDA. SOPERA DE SAL
- 500 ML DE AGUA

① LAVA LAS *EDAMAME* Y CÓRTALES LOS EXTREMOS CON UNAS TIJERAS.

ES PARA QUE LA SAL PENETRE.

② ESPOLVORÉALES LA MITAD DE LA SAL ENCIMA Y MÉZCLALAS.

③ PON AGUA A HERVIR EN UNA OLLA, AÑADE LA OTRA MITAD DE SAL Y LAS *EDAMAME*. HIÉRVELAS DE 3 MIN Y MEDIO A 4 MIN.

REMUÉVEME DE VEZ EN CUANDO CON LOS PALILLOS DE COCINAR.

NO NOS DEJES EN REMOJO, NOS ABLANDARÍAMOS.

④ CUANDO ADQUIERAN LA TEXTURA MÁS O MENOS DURA QUE DESEES, CUÉLALAS Y DÉJALAS ENFRIAR. SI QUIERES QUE SE ENFRÍEN MÁS RÁPIDO, ABANÍCALAS.

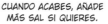
CUANDO ACABES, AÑADE MÁS SAL SI QUIERES.

Yama-biraki, el inicio de la temporada de montaña (1 de julio)

El 1 de julio comienza la temporada de ascenso al monte Fuji. Hoy en día es un lugar para disfrutar y practicar deporte, pero antaño era un lugar sagrado que la gente común no podía pisar. Además de su belleza y misticismo, las erupciones del Fuji se cobraban una gran cantidad de vidas, por lo que el pueblo lo respetaba y lo veneraba como a un dios. Al principio, solo los monjes y similares subían a las cimas de estas montañas para adorar a los *go-shintai*, los objetos físicos donde se cree que residen los espíritus de las deidades. Tiempo después se permitió que los ciudadanos de a pie subieran también, aunque solo durante un período determinado del verano; este es el origen del Yama-biraki. Tal vez la limpieza de espíritu que sentimos cada vez que subimos una montaña sea obra de los dioses.

El monte Fuji es una de las tres montañas más famosas de Japón junto al monte Haku y el monte Tate. Se mencionan en el *Man'yōshū*, la antología de poesía japonesa más antigua que existe, y en algún momento de nuestra historia se convirtieron en las tres más emblemáticas del país.

Hangeshō, undécimo día tras el solsticio de verano (2 de julio aprox.)

El Hangeshō es el último tercio del período que comprende el solsticio de verano, es decir, los cinco días que van del 2 al 7 de julio.

Se dice que el término hace referencia a una planta venenosa propia de esta época llamada *karasubishaku* (*Pinella ternata*), y cuyo otro nombre es *hange*. Por lo tanto, Hangeshō vendría a significar 'crecimiento de la Pinella ternata'.

Según una leyenda un tanto oscura, durante el Hangeshō cae veneno del cielo y surgen plantas venenosas de la tierra. Por eso los agricultores tenían la costumbre de acabar de plantar el arroz antes de estas fechas, además de abstenerse de cosechar verduras o plantas silvestres y de tapar los pozos.

Hoy en día ya no existen tales prácticas, pero en una parte de Kansai el 2 de julio se reza por una buena cosecha comiendo pulpo, con el deseo de que los plantones de arroz se agarren tan firmemente a la tierra como si tuvieran los tentáculos de estos cefalópodos. El pulpo es alto en taurina, un componente orgánico que suelen contener las bebidas energéticas, por eso tal vez sea un alimento perfecto para esta época de calor húmedo.

Además del pulpo, todavía se mantiene la costumbre de comer fideos *udon* en la región de Sanuki, caballa en parte de la prefectura de Fukui o *mochi* de trigo en los alrededores de la Cuenca de Nara.

 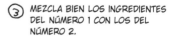

MARINADO COLORIDO DE PULPO: ¡IDEAL PARA EL CALOR SOFOCANTE!

INGREDIENTES (PARA 4 PERSONAS)

- 100 G DE PULPO HERVIDO
- 1 PEPINO
- 1 PIMIENTO AMARILLO
- 100 G DE QUESO MOZZARELLA

☆ 3 CDAS. SOPERAS DE ACEITE DE OLIVA
☆ 1 CDTA. Y MEDIA DE SAL
☆ CDA. SOPERA DE JUGO DE LIMÓN
☆ PEREJIL PICADO

1) PON LOS INGREDIENTES MARCADOS CON ESTRELLAS EN UN BOL Y ASEGÚRATE DE QUE LA SAL QUEDE BIEN DISUELTA.

2) CORTA EL PULPO Y EL PEPINO A TROZOS, EL PIMIENTO EN CUADRADITOS Y LA *MOZZARELLA* EN CUBOS DE 1 CM.

3) MEZCLA BIEN LOS INGREDIENTES DEL NÚMERO 1 CON LOS DEL NÚMERO 2.

¡TAMBIÉN ES PERFECTO PARA SERVIR A LOS INVITADOS!

暑中見舞い

Shochū~mimai, las postales del verano

Cuando termina la época de lluvias, empieza el verano de verdad. El período que va desde el Shōsho o Pequeño calor (7 de julio aprox.) hasta el Risshū o Inicio de otoño (8 de agosto aprox.) se llama *shochū*. El Shochū-mimai es la costumbre de enviar postales y regalos a los demás para preguntarles cómo están.

A todos nos hace felices recibir postales con dibujos refrescantes en mitad de un calor sofocante. Anímate a escribir unas líneas a aquellas personas que te han ayudado.

Escribamos una postal del verano

Saludos veraniegos:

El calor de estos últimos días es muy intenso, ¿cómo te encuentras? Yo, por mi parte, sigo bien, llena de energía y luchando contra el calor. Quería agradecerte lo que hiciste por mí en mayo, muchísimas gracias. La próxima vez, me gustaría que vinieras a mi ciudad, lo pasaríamos bien. Mi marido y mis hijos tienen ganas de verte. Son días duros para el cuerpo, cuídate mucho. Espero con ilusión el día en que volvamos a vernos.

Verano del año XX

SI YA HA LLEGADO EL OTOÑO, PODEMOS PO-NER «SALUDOS TAR-DÍOS DE VERANO».

AQUÍ PREGUNTAMOS POR EL ESTADO DEL DESTINATARIO Y LE EXPLICAMOS CÓMO ESTAMOS NOSOTROS.

TAMBIÉN SE PUEDE PONER «MES XX AÑO XX».

¡SI LO ESCRIBES CON EL CORAZÓN, TE SALDRÁ UN TEXTO PRECIOSO!

ALEGRAR EL VERANO CON UNA TARJETA TROQUELADA

DONDIEGO DE DÍA

FLOR DE
DONDIEGO DE DÍA

HOJA DE
DONDIEGO DE DÍA

(1) DOBLA LOS PAPELES
POR LA MITAD Y ESBOZA
LA FLOR Y LA HOJA.

(2) CORTA CON LAS TIJERAS POR LAS LÍNEAS QUE HAS DIBUJADO.

SALUDOS
VERANIEGOS

(3) PEGA DE FORMA
EQUILIBRADA LOS
RECORTES EN LA
POSTAL.

FUEGOS
ARTIFICIALES

(1) DOBLA EL PAPEL DOS VECES
SOBRE SÍ MISMO Y CÓRTA-
LO EN FORMA DE ARCO, DE
MANERA QUE CUANDO LO
ABRAS QUEDE UN CÍRCULO.

(2) REALIZA CORTES
Y DESECHA EL
PAPEL SOBRANTE.

PEGA UN PAPEL DE PAPIROFLEXIA OSCURO DE FONDO.

(3) DESPLIEGA
EL PAPEL.

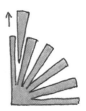

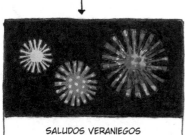

SALUDOS VERANIEGOS

PODEMOS USAR PAPELES
CON DISTINTOS PATRONES DE
COLORES. HAY QUE PEGAR-
LOS DE FORMA ARMONIOSA.

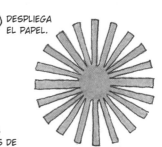

七夕

Tanabata, la festividad de las estrellas Vega y Altair
7 de julio

Cuando el festival del Tanabata se acerca, las tiendas y los centros comerciales colocan preciosos bambús enanos de grandes dimensiones para que la gente cuelgue los *tanzaku*, unos papeles largos y estrechos que tienen deseos escritos. Cuando veo estos coloridos papeles mecerse suavemente con el viento junto a las hojas de bambú, siento que por fin ha llegado el verano.

Jóvenes y viejos, hombres y mujeres; todo el mundo sonríe cuando alza la vista hacia estas plantas. Cada vez que se celebra el Tanabata deseo con todo mi corazón que esta tradición perdure para siempre.

La historia de Orihime (Vega) y Hikoboshi (Altair)

La leyenda del Tanabata tiene su origen en China. Orihime, la hija del dios supremo Tentei, era una tejedora muy diligente, así que su padre la casó con Hikoboshi, un ganadero igual de trabajador. Sin embargo, disfrutaban tanto de su vida en matrimonio que dejaron de trabajar y eso encolerizó a Tentei, quien los separó poniendo la Vía Láctea entre ambos. Solo les permite verse una vez al año, el 7 de julio.

En las noches de verano sus dos estrellas titilan a cada lado de la Vía Láctea: Vega es la de Orihime, la más brillante de la constelación de Lyra, y Altair la de Hikoboshi, la más brillante de la constelación de Aquila.

¿Por qué colgamos papeles *tanzaku* en bambús enanos?

Si echamos un ojo a los papelitos colgados en lugares públicos veremos que están llenos de todo tipo de deseos, como «Que toda mi familia tenga salud» o «¡Quiero aprobar los exámenes del instituto!», etc. Las peticiones de los niños son de lo más alocadas, pero a mí me encanta que escriban cosas que los adultos ni siquiera nos plantearíamos.

¿Cuál es el origen de esta costumbre? Lo encontramos en el festival chino Kikkōden, en el que se pedía a la diestra princesa tejedora Orihime ayuda para mejorar la habilidad manual. Esta tradición se importó a Japón con el nombre de Shichiseki no sekku.

Al principio se preparaba tinta con el rocío de las hojas de colocasia, que simbolizaba las lágrimas de la Vía Láctea, y se usaba para escribir poemas *tanka* sobre hojas de morera de papel en los que se pedía mejorar en caligrafía u otras habilidades. Poco a poco se pasó de escribir poesía a tener libertad para manifestar cualquier deseo y luego colgarlo en el bambú.

La segunda estrofa de la canción popular «*Tanabata-sama*» empieza así: «*go-shiki no tanzaku*» ('tiras de papel de cinco colores'). ¿Sabes a qué colores se refiere? La respuesta es: azul (verde), bermellón, amarillo, blanco y negro (violeta). Esto viene de la Teoría de los Cinco Elementos de China, que dice que todas las cosas de este mundo están formadas por cinco elementos: madera = azul (verde), fuego = bermellón, tierra = amarillo, metal = blanco y agua = negro (violeta).

Por cierto, las banderas de *koi-nobori* del festival de los niños también son de estos cinco colores.

¿Por qué la lectura de los *kanji* «七夕» es *tanabata*?

Antaño, en las zonas rurales de Japón, las sacerdotisas *miko* tejían kimonos que colocaban en estantes como ofrenda a los dioses para pedir que el otoño bendijera a la gente con abundantes cosechas. El telar que usaban para tejer se llamaba *tanabata*, y las sacerdotisas *miko* eran conocidas como *tanabata-tsume*.

TANABATA

Se dice que cuando Japón importó el Shichiseki no sekku de China, estas dos tradiciones se mezclaron y *shichiseki* pasó a leerse como *tanabata*.

CURIOSIDADES **De camino a su cita en un barco de luna**

La luna va cambiando de fases a medida que se desplaza de oeste a este. En la noche del 7 de julio del antiguo calendario, la luna se encuentra en fase de cuarto creciente y su posición cruza la Vía Láctea. Su forma recuerda a la de una barca y parece como si se moviera desde la orilla oeste, donde está la estrella de Orihime (Vega), hacia el lado este, donde se encuentra Hikoboshi (Altair). Se desconoce por qué se eligió esta fecha como el día en que ambos se encuentran, pero tal vez nuestros antepasados imaginaron que Orihime se subía a la luna para cruzar el río de estrellas y llegar hasta su amado.

BANDEROLA

① DOBLA UN TROCITO DE LA PARTE SUPERIOR DEL PAPEL Y HAZ CORTES SEPARADOS POR 1 CM DE DISTANCIA.

② UNE LOS BORDES CON PEGAMENTO DE MODO QUE FORME UN CILINDRO.

③ ¡LISTO!

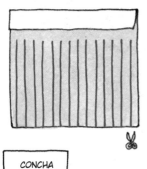

CONCHA

① DOBLA EL PAPEL EN DOS Y HAZ LOS SIGUIENTES CORTES.

② DESPLIEGA EL PAPEL Y ÚNELO POR LOS PUNTOS MARCADOS CON ESTRELLAS.

③ ¡LISTO!

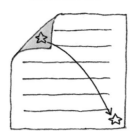

RED

① DOBLA POR LA MITAD EN VERTICAL DOS VECES.

② HAZ CORTES SEPARADOS POR 5 MM INTERCALANDO EL LADO DEL PAPEL.

③ DESPLIEGA EL PAPEL, ENSÁNCHALO VERTICALMENTE Y ¡LISTO!

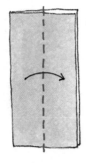

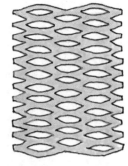

CASTAÑA DE AGUA

① DOBLA EL PAPEL EN DIAGONAL.

② HAZ CORTES INTERCALADOS COMO MUESTRA LA IMAGEN.

¡PRUEBA CON FORMAS CIRCULARES O RECTANGULARES!

③ DESPLIEGA EL PAPEL Y VE SEPARÁNDOLO DESDE LOS CORTES EXTERIORES HACIA LOS INTERIORES.

¡LISTO!

CUANDO EL TANABATA SE ACERCA, PUEDES COMPRAR BAMBÚ ENANO EN LAS FLORISTERÍAS, PERO TAMBIÉN PUEDES COLOCAR LAS DECORACIONES EN UN HILO QUE CUELGUE DE UNA PARED O UNA VENTANA. ♪

¡DESEO SER MEJOR COCINERA!

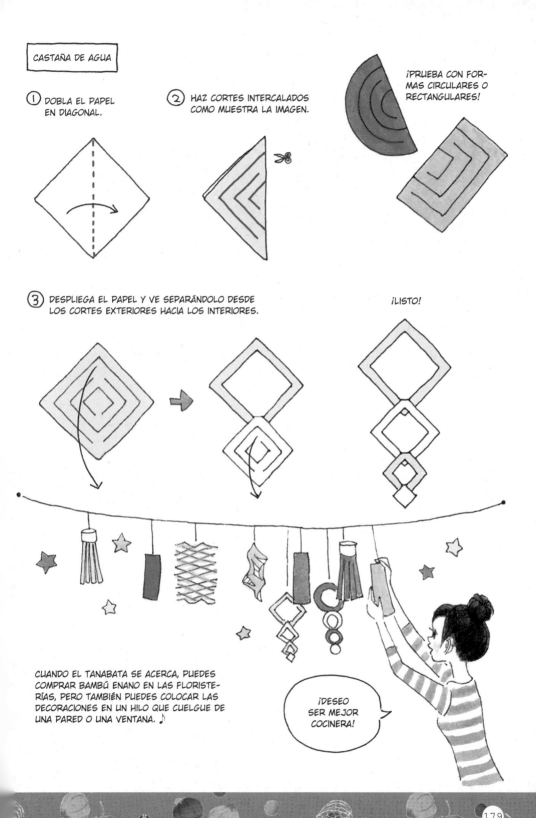

縁日

Ennichi, el día sagrado de templos y santuarios

Cuando oigo la palabra *ennichi*, me vienen a la mente esas animadas noches de verano entre puestos de comida y tenderetes de juegos. De niña, una vez la cara se me quedó toda pegajosa porque me llené la boca tanto como pude de algodón de azúcar. También recuerdo aquel pececillo que pesqué en un tenderete y que cuidé durante siete años. Me vienen a la memoria tantos momentos...

La gente suele pensar que el Ennichi equivale a ir de festivales, pero en realidad es un día en el que se visitan templos y santuarios para celebrar el nacimiento o fallecimiento de deidades sintoístas o la iluminación de Buda. Dicen que, si visitas un templo o santuario ese día, recibirás una bendición mucho mayor que otro día cualquiera. ¡No te olvides de pasar por el templo o santuario antes de irte a disfrutar de los puestecitos del festival!

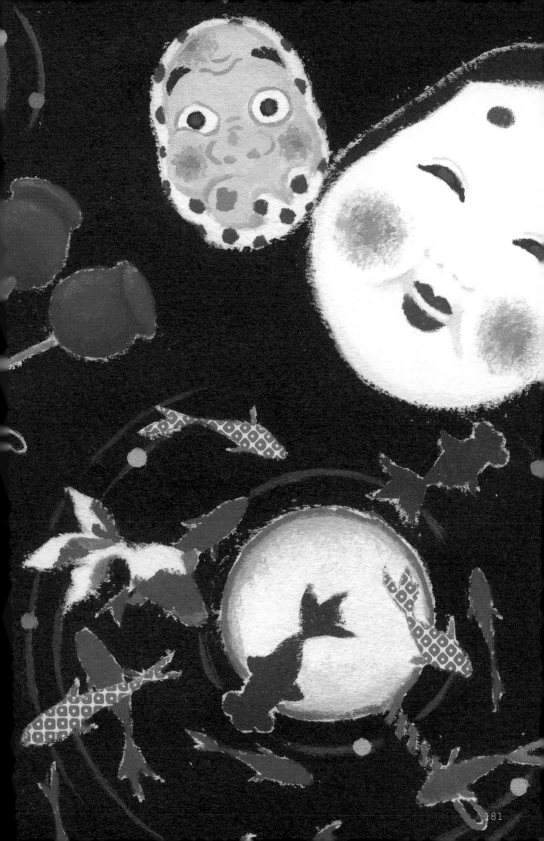

Mercadillo de alquequenjes

Los días 9 y 10 de julio, en el templo Sensō-ji de Asakusa, en Tokio, se celebra un Ennichi conocido como Shimanrokusen-nichi ('cuarentaiséis mil días'). Dicen que, si visitas el templo esos días, obtendrás las mismas bendiciones que si hubieras ido 46.000 días. Y eso equivale a... ¡126 años! En otras palabras, acudir al Ennichi del Sensō-ji es suficiente para toda la vida. Alucinante, ¿verdad?

Dentro del recinto se encuentra el mercadillo de alquequenjes, en el que los puestos que venden estos frutos se extienden por todo el lugar, concurrido por un alud de visitantes. Originariamente, los alquequenjes se vendían como plantas medicinales en el Ennichi de un santuario llamado Atago, que está en la zona de Minato, en el mismo Tokio. Y al parecer, esta costumbre se extendió también al Sensō-ji.

Los bonitos frutos rojos de esta planta parecen las típicas linternas de papel; cuando los observo me invaden la calidez y la ternura. Aunque celebrar aquí el Ennichi te valga para toda la vida, yo volvería todos los años.

ESTE TALISMÁN CONTRA LOS RAYOS SOLO SE PUEDE COMPRAR DURANTE ESTE DÍA. ANTAÑO SE VENDÍA MAÍZ ROJO COMO AMULETO, PERO HUBO UN AÑO DE MALAS COSECHAS Y SE CAMBIÓ POR ESTE TALISMÁN.

PREPARAR ALQUEQUENJES EN RED

En verano se adorna la casa con alquequenjes. ¿Te animas a preparar alquequenjes en red antes de tirarlos? Son distintos a los rojos; la belleza de la delicada red que los envuelve te robará el corazón. Toma su tiempo, pero es muy fácil de preparar, solo hay que dejarlo apartado y esperar.

① METE LOS ALQUEQUENJES DENTRO DEL RECIPIENTE, LLÉNALO DE AGUA Y TÁPALO.

② DÉJALO EN REMOJO UN MES.

ASEGÚRATE DE QUE EL AGUA CUBRA LOS ALQUEQUENJES.

¿TODAVÍA NO ESTOY LISTO?

INGREDIENTES

- 2 O 3 ALQUEQUEN-JES

- 1 RECIPIENTE DE CRISTAL VACÍO CON TAPA (UN BOTE DE MERMELADA, ETC.)

③ SACA LOS ALQUEQUENJES DEL RECIPIENTE, LÁ-VALOS CON AGUA CON CUIDADO DE QUE NO SE ROMPAN LAS FIBRAS Y QUÍTALES TODA LA PIEL. SI NO SE DESPRENDE FÁCILMENTE, VUELVE A METER EL FRUTO EN AGUA Y DESPUÉS DE UNA SEMANA INTÉNTALO DE NUEVO.

¡HUELO UN POCO MAL, PERO NO TE DESANIMES!

④ ¡TRAS QUITAR TODA LA PIEL, DÉJALO SECAR Y LISTO! SI QUIERES QUE LAS FIBRAS QUE FOR-MAN LA RED SE VEAN MÁS BLANCAS, DÉJALAS EN REMOJO EN LEJÍA PARA COCINA DURANTE MEDIO DÍA.

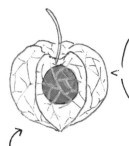

¡EL CON-TRASTE DEL ROJO DEL FRUTO Y EL BLANCO DE LA RED ES PRECIOSO!

¡AUNQUE USEMOS LEJÍA PARA BLANQUEARLO, EL FRUTO NO PERDERÁ SU COLOR ROJO!

SI EMPEZAMOS LA PREPARACIÓN EN VERANO, PODREMOS COLGARLOS EN LA ENTRADA DE CASA PARA OTOÑO.

Chūgen, regalos de mediados de año
15 de julio

Esta costumbre tiene su origen en la China antigua. Allí tenían una tradición llamada Sangen que a su vez se dividía en tres: Jōgen (15 de enero), Chūgen (15 de julio) y Kagen (15 de octubre). A Japón solo llegó la Chūgen, del 15 de julio, que se enlazó con la festividad del O-bon y dio lugar a la tradición de regalar ofrendas a Buda, a familiares y compañeros de trabajo y negocios.

Es una buena ocasión para dar las gracias a las personas que nos han ayudado a la vez que les deseamos que hayan pasado una buena primera mitad de año.

VOY A MANDARLOS CON TIEMPO.

CUÁNDO ENVIAR LOS REGALOS

HAY QUE MANDARLOS LA PRIMERA QUINCENA DE JULIO. (EN LAS REGIONES QUE CELEBREN EL O-BON EN LAS FECHAS DEL ANTIGUO CALENDARIO, HAY QUE MANDARLOS EN LA PRIMERA QUINCENA DE AGOSTO.)

SI NOS PASAMOS DEL DÍA 15, Y TAMPOCO HEMOS ENVIADO LAS POSTALES DE VERANO PARA EL EQUINOCCIO DE OTOÑO (7 DE AGOSTO, APROX.), PODEMOS APROVECHAR PARA ENVIARLOS CON UNA POSTAL TARDÍA DE FIN DE VERANO.

DEBEMOS CUIDAR EL TONO CON EL QUE NOS DIRIGIMOS A LAS PERSONAS QUE ESTÁN POR ENCIMA DE NOSOTROS.

PRESUPUESTO APROXIMADO

- PARA FAMILIARES, CONOCIDOS Y JEFES DEL TRABAJO: ENTRE 3.000 Y 5.000 YENES.

- PARA QUIENES NOS HAN AYUDADO DE MANERA ESPECIAL: ENTRE 5.000 Y 10.000 YENES.

POSIBLES REGALOS

CERVEZAS, ZUMOS, GELATINAS, FRUTA DE TEMPORADA, VALES DE REGALO, ETC.

SI HAS ENVIADO ALGO A ALGUIEN, AUNQUE SEA SOLO UNA VEZ, ES DE BUENA EDUCACIÓN SEGUIR HACIÉNDOLO CADA AÑO. HAY QUE PENSAR BIEN A QUIÉN LE VAMOS A ENVIAR REGALOS.

土用の丑の日

Doyō no ushi no hi, el día del buey de los últimos 18 días de verano (15 de julio)

En esta época pierdo el apetito debido a las altas temperaturas, pero espero este día con ilusión. Aunque el precio de la anguila se dispare cada año por estas fechas, ¡me doy el capricho! Este pescado rico en nutrientes hace desaparecer el típico abatimiento que siento en verano. Pero ¿qué significa *doyō*? Y, ¿por qué, si es el Ushi no hi o día del buey, se come anguila? Es algo que cualquiera se preguntaría.

El *ushi* hace referencia al signo del buey del zodíaco chino. Es poco sabido que, además de a los años, los animales también se asignan a los días. Por lo tanto, cada doce días hay un día del buey. El *doyō* es el período de dieciocho días que precede a cada cambio de estación, así que en el Doyō no ushi no hi se celebra el día del buey de los últimos dieciocho días de verano. Cuando coincide que en este período hay dos días del buey, se llaman Ichi no ushi ('buey uno') y Ni no ushi ('buey dos') respectivamente.

En realidad, hay un Doyō no ushi no hi en cada una de las cuatro estaciones del año, pero en verano es más fácil enfermar a causa del intenso calor. El consumo de anguila se popularizó en estas fechas por su efectividad contra el cansancio veraniego.

DICEN QUE ES BUENO COMER ALIMENTOS QUE EMPIECEN CON U, COMO UNAGI ('ANGUILA'), FIDEOS UDON, CIRUELAS UMEBOSHI, URI ('MELÓN'), ETC.

CURIOSIDADES Una mente creativa del período Edo

La gente asocia la anguila al verano, pero en realidad está más rica en invierno. ¿De dónde viene la costumbre de comerla en el día del buey?

En el período Edo apenas se vendía anguila en verano. Los restaurantes especializados estaban preocupados y consultaron a Gennai Hiraga, un científico muy sabio y famoso de la época. Gennai sugirió que comer alimentos cuyo nombre empezara por u en el Ushi no hi, como la anguila (*unagi*), servía para aliviar el abatimiento. Entonces los restaurantes lanzaron una campaña para promover su consumo como remedio contra los efectos del calor y ¡fue un éxito total!

A partir de entonces, dicha costumbre se extendió por todo el país. Gennai es conocido por construir un generador electrostático al que llamó Elekiter, ¡pero también tenía madera de publicista!

八
月
Agosto

葉 月 *Hazuki*, el octavo mes del antiguo calendario

El octavo mes del antiguo calendario corresponde más o menos a nuestro septiembre u octubre. Se cree que el nombre viene de la abreviación de *haochizuki* ('mes en el que caen las hojas'). Otra teoría dice que proviene de *hoharizuki* ('mes en que salen las espigas'). Tiene otros nombres como *chūshū* ('mitad de otoño'), *tsukimizuki* ('mes de contemplar la luna'), *tsubamesarizuki* ('mes en el que se van las golondrinas'), *karikizuki* ('mes en el que vienen los gansos'), etc.

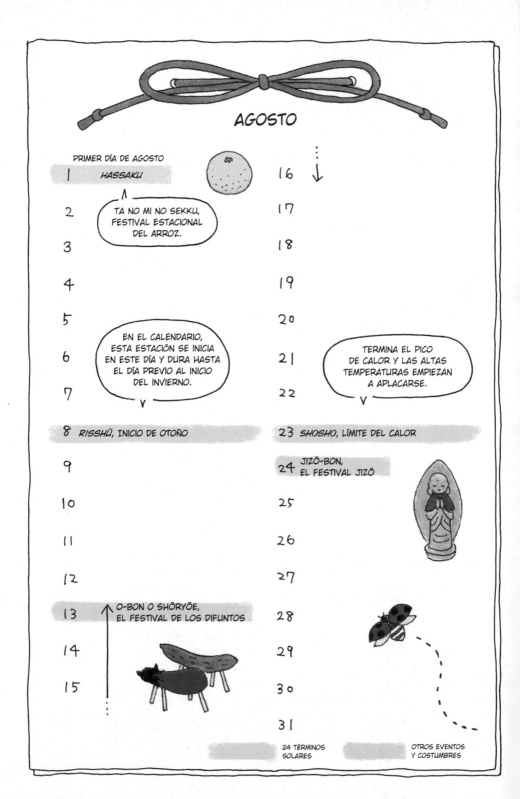

AGOSTO

PRIMER DÍA DE AGOSTO

1   *HASSAKU*

> TA NO MI NO SEKKU, FESTIVAL ESTACIONAL DEL ARROZ.

2

3

4

5

6

> EN EL CALENDARIO, ESTA ESTACIÓN SE INICIA EN ESTE DÍA Y DURA HASTA EL DÍA PREVIO AL INICIO DEL INVIERNO.

7

8   *RISSHŪ*, INICIO DE OTOÑO

9

10

11

12

13   O-BON O SHŌRYŌE, EL FESTIVAL DE LOS DIFUNTOS

14

15

16

17

18

19

20

21   TERMINA EL PICO DE CALOR Y LAS ALTAS TEMPERATURAS EMPIEZAN A APLACARSE.

22

23   *SHOSHO*, LÍMITE DEL CALOR

24   JIZŌ-BON, EL FESTIVAL JIZŌ

25

26

27

28

29

30

31

24 TÉRMINOS SOLARES

OTROS EVENTOS Y COSTUMBRES

Agosto: ¡las cigarras unen sus voces en un canto al unísono bajo los brillantes rayos de sol! Estamos en pleno verano. Los adultos aprovechamos todas las zonas de sombra que vamos encontrando, mientras que los niños se lo pasan en grande bajo el sol. Cuando era niña, mi mes favorito del año también era agosto.

Cada año pasaba un mes entero de vacaciones de verano en casa de mis abuelos maternos, que se encontraba junto al mar en la ciudad de Seto. Cada día me subía al bote de mi abuelo, navegábamos hasta islas apartadas, nadábamos, pescábamos cangrejos, atrapábamos cigarras... Jugaba hasta que caía la noche. Podía notar el cambio de estación en la piel, y sentía como el verano estaba llegado a su fin cuando el mar se llenaba de medusas tras el festival del O-bon o cambiaba el tono del canto de las cigarras.

Tal vez sea porque es la época del año en la que hace más calor... Quizá fueron los rayos de sol los que grabaron a fuego todos estos recuerdos en mi memoria.

FLOR DE LOS NACIDOS EN AGOSTO:

DONDIEGO
DE DÍA

SIGNIFICADO EN EL LENGUAJE
DE LAS FLORES: 'AMOR EFÍMERO'

ALIMENTOS DE TEMPORADA EN AGOSTO

八月の旬

SANDÍA

LA SANDÍA SIEMPRE APORTA UNA SENSACIÓN REFRESCANTE, Y ES QUE, EN REALIDAD, ESTA FRUTA ES CAPAZ DE ENFRIAR LA TEMPERATURA CORPORAL. TAMBIÉN ALIVIA EL CANSANCIO Y ES DIURÉTICA. ¡NO HAY OTRO ALIMENTO MÁS PERFECTO PARA EL VERANO!

MAÍZ

FRITO O HERVIDO, ES EL TENTEMPIÉ DEL VERANO POR EXCELENCIA. ES UNO DE LOS CEREALES MÁS EQUILIBRADOS EN SU APORTE DE NUTRIENTES, Y EL ÁCIDO LINOLEICO QUE CONTIENE EL GERMEN DEL MAÍZ BAJA LA TENSIÓN ARTERIAL Y EL COLESTEROL Y PREVIENE LA ARTERIOESCLEROSIS.

HERVIR EL MAÍZ PARA QUE QUEDE DELICIOSO

① PELA EL MAÍZ Y QUÍTALE LAS BARBAS.

② MÉTELO EN UNA OLLA CON AGUA QUE LO CUBRA Y ENCIENDE EL FUEGO.

③ CUANDO HIERVA, DESTÁPALO Y MENÉALO DE VEZ EN CUANDO DURANTE 3 MIN.

AL MICROONDAS

PELA EL MAÍZ, QUÍTALE LAS BARBAS Y PÁSALO POR AGUA. ENVUELVE CADA MAZORCA EN PAPEL FILM Y PONLAS POR SEPARADO EN EL MICROONDAS 4 MIN A 500 W.

AÑADE SAL AL GUSTO. ♪

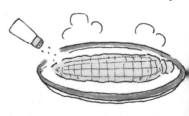

BALSAMINA

TIENE UNA AMARGURA CARACTERÍSTICA QUE AMAS U ODIAS, RAZÓN POR LA CUAL UNO DE SUS NOMBRES EN JAPONÉS ES *NIGAURI*, QUE SIGNIFICA 'MELÓN AMARGO'. SIN EMBARGO, LA SUSTANCIA QUE LE DA ESE SABOR ES BENEFICIOSA PARA LA SALUD, YA QUE BAJA EL AZÚCAR EN SANGRE, CONTROLA LA TENSIÓN ARTERIAL, ETC.

CHAMPURÚ DE BALSAMINA: ¡Y LÍBRATE DEL CALOR DEL VERANO!

① CORTA LA BALSAMINA EN VERTICAL, QUITA LAS SEMILLAS CON UNA CUCHARA Y CÓRTALA EN LÁMINAS DE 3 MM DE GROSOR.

② PONLAS EN UN BOL, AÑADE UN POCO DE SAL Y MÉZCLALAS CON LAS MANOS. PÁSALAS UN MOMENTO POR AGUA Y ESCÚRRELAS.

> SI TE GUSTA SU SABOR AMARGO, NO AÑADAS SAL.

INGREDIENTES
(PARA DOS PERSONAS)
• ½ BALSAMINA
• 100 G DE LONCHAS FINAS DE CERDO
• ½ TOFU DURO (*MOMEN-DŌFU*)
• 1 HUEVO
• 1 CDA. SOPERA DE ACEITE DE SÉSAMO
• 1 CDA. SOPERA DE SALSA DE SOJA
• 1 CDA. SOPERA DE *MIRIN*
• SAL Y PIMIENTA
• VIRUTAS DE BONITO DESECADO

③ QUITA EL AGUA DEL TOFU Y RÓMPELO EN TROZOS QUE QUEPAN EN LA BOCA. CORTA LA CARNE DE CERDO DEL MISMO TAMAÑO Y SALPIMIÉNTALA.

④ PON EL ACEITE DE SÉSAMO EN UNA SARTÉN, AÑADE EL HUEVO YA BATIDO, REMUÉVELO CON UNA ESPÁTULA DE MADERA O SIMILAR Y CUANDO ESTÉ MEDIO HECHO PONLO EN UN PLATO.

> SI ROMPES EL TOFU EN VEZ DE CORTARLO, AUMENTAS LA SUPERFICIE DE CONTACTO Y EL SABOR PENETRA MEJOR EN ÉL.

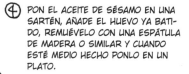

⑤ EN LA MISMA SARTÉN AÑADE EL CERDO, LA BALSAMINA Y EL TOFU EN ESTE ORDEN. CUANDO ESTÉN HECHOS VUELVE A AÑADIR EL HUEVO Y ADERÉZALO TODO CON LA SOJA Y EL *MIRIN*.

¡EMPLÁTALO, ESPARCE LAS VIRUTAS DE BONITO POR ENCIMA Y LISTO!

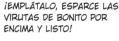

八朔

Hassaku, primer día de agosto (1 de agosto)

Hassaku literalmente significa '1 del 8', que a su vez es la abreviatura de 'primer día de agosto' (primer día del octavo mes del antiguo calendario). En esta época, las plantas de arroz más precoces ya producen las primeras espigas, con las que los agricultores obsequian a quienes los han ayudado en los campos. Por eso también se conoce como Ta no mi no sekku, Festival Estacional del Arroz.

Cuando juntamos *ta no mi*, que significa 'fruto del campo', se compone la palabra *tanomi* ('petición'). Debido a esta asociación, con el paso del tiempo las clases nobles y guerreras también empezaron a ofrecer regalos a quienes habían pedido favores. Aún hoy se mantiene viva la costumbre entre *geisha* y aprendices de las artes de obsequiar a sus maestros.

Por otro lado, hay una fruta llamada naranja *hassaku*. La descubrió el residente de un templo de Innoshima, situado en Hiroshima, que la denominó así porque pensó que sus frutos madurarían sobre el 1 de agosto.

En realidad se recogen en invierno, así que en esta época todavía es demasiado pronto para comerlas, ¡pero su refrescante sabor ácido apetece mucho en verano!

MIIIN

MIIIN

El canto de las cigarras

El verano va ligado al canto de las cigarras, tal vez el sonido que más asocio a la llegada del calor.

El enorme coro que crean se llama *semi shigure* en japonés. *Semi* significa 'cigarra' y *shigure* hace referencia a las lluvias frías y repentinas de finales de otoño que acaban tan pronto como empiezan. Su canto parece acentuar el bochorno y a veces deseo que se callen, pero si trato de imaginarlo como el sonido de la lluvia se transforma en una fresca melodía.

El canto de las cigarras se oye sin cesar durante varios meses, pero si escuchamos con atención veremos que varía según la época y la hora del día. A través de sus voces podemos sentir cómo transcurre el verano hasta dar paso al otoño.

JULIO

CHIII... GIII...

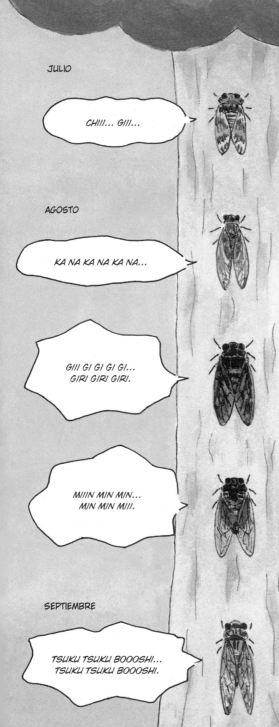

PLATYPLEURA KAEMPFERI. SU CANTO
ANUNCIA LA LLEGADA DEL VERANO.

AGOSTO

KA NA KA NA KA NA...

HIGURASHI

TANNA JAPONENSIS. SU BELLO Y
SOLITARIO CANTO SE OYE PRONTO
POR LA MAÑANA O AL ANOCHECER,
DE AHÍ SU NOMBRE ('PUESTA DE
SOL').

GIII GI GI GI GI...
GIRI GIRI GIRI.

ABURA-ZEMI

GRAPTOPSALTRIA NIGROFUSCATA. ES-
PECIE REPRESENTATIVA DE CIGARRA QUE
SE ENCUENTRA EN TODOS LOS RINCONES
DE JAPÓN. EL NOMBRE ABURA ('ACEI-
TE') PROVIENE DE QUE SU CANTO SUENA
COMO CUANDO FRÍES ALGO EN ACEITE
HIRVIENDO.

MIIN MIN MIN...
MIN MIN MIII.

MINMIN-ZEMI

ONCOTYMPANA MACULATICOLLIS.
EL SÍMBOLO DEL VERANO EN TODO
SU ESPLENDOR. CANTA DURANTE
EL PERÍODO DE MÁS CALOR JUNTO
A LA ABURA-ZEMI.

SEPTIEMBRE

TSUKU TSUKU BOOOSHI...
TSUKU TSUKU BOOOSHI.

TSUKUTSUKU-BŌSHI

MEIMUNA OPALIFERA. EMPIEZA A
CANTAR A FINALES DE VERANO.
ANUNCIA QUE EL OTOÑO ESTÁ
CERCA.

O~bon, el Festival de los Difuntos
Del 13 al 16 de agosto

お盆

El nombre formal en japonés de este festival es Urabon'e o Shōryōe. El día 13 de agosto (o de julio, según la región) las familias dan la bienvenida a los espíritus de sus antepasados, se reúnen para pasar juntos los días que dura el festival y celebran oficios por el descanso de esas almas. Cuando llega el 16, les dicen adiós.

Cerca de la casa de mis abuelos maternos, había un templo elevado desde el cual se podía ver el mar al que subíamos cada año por una cuesta larguísima para visitar las tumbas de nuestros familiares. Una vez mi abuela me dijo: «nuestros antepasados se te han subido a la espalda. Llevémoslos a casa, ¿de acuerdo?». Realmente recuerdo notar un peso en la espalda fuera de lo normal e incluso cierta calidez. Mientras bajábamos por la cuesta, yo le contesté, nerviosa: «¡De acuerdo, yo me encargo de llevarlos a casa!».

El O-bon, además de ser una ocasión para pasar tiempo con nuestros ancestros, es una buena oportunidad para disfrutar de unos días de vacaciones en compañía de familia y amigos.

Actividades durante el O-bon

AGOSTO (O JULIO, SEGÚN LA REGIÓN)

DÍA 7 — NANUKA-BON — SE LIMPIAN LAS TUMBAS Y ALTARES BUDISTAS.

DÍA 12 — BON'ICHI

SEGÚN LA REGIÓN PUEDE LLAMARSE *KUSA NO ICHI*, *BON-KUSAICHI O HANA-ICHI*. LOS ARTÍCULOS NECESARIOS PARA EL FESTIVAL, COMO FLORES, OBJETOS PARA OFRENDAR, VELAS Y DEMÁS SE COMPRAN EN ESTOS MERCADILLOS AL AIRE LIBRE.

TALLOS DE CÁÑAMO

FAROLILLO

DÍA 13 — MUKAE-BON

POR LA MAÑANA SE PREPARA UN ESTANTE LLAMADO *SHŌRYŌDANA* PARA RECIBIR A LOS ESPÍRITUS. POR LA TARDE O LA NOCHE SE VISITAN LAS TUMBAS Y SE ENCIENDE UN FUEGO DE BIENVENIDA EN LA ENTRADA DE CASA PARA LAS ALMAS LLAMADO *MUKAEBI*, CUYAS LLAMAS SIRVEN DE GUÍA PARA QUE NO SE PIERDAN Y LLEGUEN A SU HOGAR. EN ESTA PEQUEÑA HOGUERA SE QUEMAN LOS TALLOS DE CÁÑAMO Y EN LOS ALEROS DE LAS CASAS SE CUELGAN LOS FAROLILLOS.

SI NO NOS ES POSIBLE HACER UN ESTANTE *SHŌRYŌDANA*, SE PUEDE USAR EL ALTAR BUDISTA.

DÍAS 14 Y 15

DÍAS QUE LOS ESPÍRITUS DE LOS ANCESTROS PASAN EN CASA. SE LES HACEN OFRENDAS Y SE CELEBRAN OFICIOS EN SU MEMORIA. TAMBIÉN SE VISITAN LOS ESTANTES *SHŌRYŌDANA* DE OTROS FAMILIARES.

DÍA 16 — OKURI-BON

SE ENCIENDE UN FUEGO DE DESPEDIDA LLAMADO *OKURIBI* PARA QUE LAS ALMAS DE LOS DIFUNTOS VUELVAN SANAS Y SALVAS AL MÁS ALLÁ.

EL BAILE TÍPICO DE ESTE FESTIVAL (EL *BON-ODORI*), EL EVENTO GOZAN NO OKURIBI, EN EL QUE SE ENCIENDEN VARIOS FUEGOS DE DIVERSAS FORMAS EN LAS MONTAÑAS DE KIOTO, O LAS PROCESIONES DE FAROLILLOS Y OFRENDAS EN RÍOS O MARES CONOCIDAS COMO *SHŌRYŌ-NAGASHI* O *TŌRŌ-NAGASHI*, SON FORMAS DE DESPEDIR A LAS ALMAS.

Objetos básicos para visitar una tumba

No hay un protocolo único que haya que cumplir al visitar una tumba. Lo más importante es el sentimiento de agradecimiento que se tiene hacia la persona fallecida.

OBJETOS NECESARIOS

ROSARIO BUDISTA

VELA

CUBO Y CAZO

INCIENSO

CERILLAS

UTENSILIOS DE LIMPIEZA

FLORES FRESCAS

OFRENDAS (PUEDE SER COMIDA QUE LE GUSTARA AL FALLECIDO). PAPEL JAPONÉS DE CALIGRAFÍA PARA PONER LAS OFRENDAS ENCIMA.

SI NO HAY EN EL CEMENTERIO.

① PON AGUA EN EL CUBO Y DIRÍGETE HACIA LA TUMBA. RETIRA LA SUCIEDAD O HIERBAJOS. VIERTE AGUA SOBRE LA LÁPIDA Y DEMÁS SUPERFICIES Y FRÓTALAS CON ALGÚN UTENSILIO PARA LIMPIAR, COMO UN CEPILLO O SIMILAR.

② VIERTE AGUA SOBRE LA LÁPIDA, LLENA EL FLORERO Y COLOCA LAS FLORES. PON LA OFRENDA SOBRE EL PAPEL JAPONÉS, DÉJALA Y ENCIENDE EL INCIENSO.

③ COGE EL ROSARIO, JUNTA LAS MANOS Y REZA POR LA FELICIDAD DE TU ANCESTRO EN EL MÁS ALLÁ.

MUESTRA TU AGRADECIMIENTO Y EXPLÍCALE A TU ANCESTRO MENTALMENTE AQUELLO QUE QUIERAS CONTARLE.

NO APAGUES EL INCIENSO SOPLANDO, AVIÉNTALO CON LA MANO.

Origen del Urabon'e

La palabra Urabon'e proviene de la asignación de *kanji* al vocablo sánscrito *uraban'na*, que significa 'colgar bocabajo'. Esto no parece tener un sentido muy pacífico, pero tiene su motivo: Maudgalyayana, uno de los discípulos de Buda, buscó consejo en su maestro cuando se enteró de que su madre sufría al estar castigada a colgar bocabajo en el infierno. Buda le dijo que si celebraba un oficio en su memoria el día 15 de julio la salvaría. El discípulo siguió su consejo y su madre pudo ir a la Tierra Pura de Amitabha. De ahí que el 15 de julio del calendario antiguo, que varias regiones han trasladado a agosto al pasar al calendario moderno, se celebren oficios en memoria de los ancestros.

15 DE JULIO

 CÓMO HACER LOS *SHŌRYŌUMA*

Los *shōryōuma* son los medios de transporte que usan las almas de nuestros ancestros para viajar entre nuestro mundo y el Más Allá. El pepino representa un caballo y la berenjena, una vaca. Los espíritus montan a caballo para venir cuanto antes, porque estos animales son rápidos. En cambio, como no tenemos prisa para que se vayan, montan en la vaca, que es más lenta.

```
o        MATERIALES        o

  •  1 PEPINO

  •  1 BERENJENA

  •  2 SETS DE PALI-
     LLOS DE MADERA
```

① CORTA LOS PALILLOS POR LA MITAD PARA QUE TE QUEDEN 8 TROZOS.

SI COLOCAS UNAS TIJERAS EN EL CENTRO DEL PALILLO Y LO VAS GIRANDO, PODRÁS ROMPERLO FÁCILMENTE.

② COLOCA CUATRO PATAS A CADA VEGETAL VIGILANDO QUE QUEDE BIEN NIVELADO.

CUANDO HAYAS ACABADO DE USARLOS, PUEDES QUEMARLOS EN EL FUEGO DE DESPEDIDA O LLEVARLOS AL TEMPLO PARA QUE LO HAGAN POR TI. SI NO TE ES POSIBLE, ÉCHALES SAL POR ENCIMA EN CASA PARA PURIFICARLOS Y LUEGO TÍRALOS.

FAROLILLOS DE PAPIROFLEXIA CASEROS

Durante el O-bon se encienden los farolillos y un fuego de bienvenida para recibir a los espíritus de los ancestros en las casas. En este caso no podrás usar fuego ni electricidad, pero aquí te explico cómo hacer un farolillo con papiroflexia. También puede servir como elemento decorativo para el Tanabata.

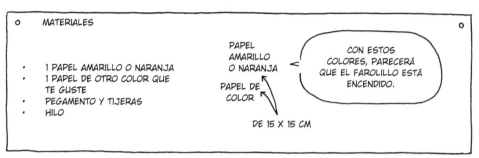

o   MATERIALES   o

- 1 PAPEL AMARILLO O NARANJA
- 1 PAPEL DE OTRO COLOR QUE TE GUSTE
- PEGAMENTO Y TIJERAS
- HILO

PAPEL AMARILLO O NARANJA

PAPEL DE COLOR

DE 15 X 15 CM

CON ESTOS COLORES, PARECERÁ QUE EL FAROLILLO ESTÁ ENCENDIDO.

① CORTA LOS 3 CM SUPERIORES DEL PAPEL AMARILLO O NARANJA.

② PON PEGAMENTO EN 2 CM DE UNO DE LOS LATERALES, JUNTA AMBOS FORMANDO UN CILINDRO Y PÉGALOS.

③ DOBLA 1 CM DE LAS PARTES SUPERIOR E INFERIOR DEL OTRO PAPEL.

④ DÓBLALO POR LA MITAD Y REALIZA UNOS CORTES.

⑤ COLOCA EL PAPEL CON CORTES SOBRE EL CILINDRO.

⑥ ABRE DOS AGUJEROS EN LA PARTE SUPERIOR, PASA EL HILO Y LISTO.

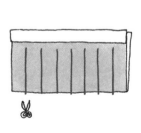

Vencer el calor de verano

Se conocen como *shoki-barai*, o 'combatir el calor', los diferentes métodos utilizados para sobrellevar las altas temperaturas. En algunas regiones hay días que se superan los 35 ºC. ¿Qué haces tú normalmente para soportar el calor del verano?

En casa de mis padres solo usábamos el ventilador, nunca poníamos el aire acondicionado por más calor que hiciera. En las noches más tórridas, sin darnos cuenta salíamos de la cama en busca de un lugar más fresco y acabábamos durmiendo en el pasillo de la entrada. ¡Imagina qué sorpresa al despertar! Nos pasaba cada dos por tres.

Aun así, creo que esa casa era bastante más fresca que el piso en el que vivo ahora. Si hago memoria, me acuerdo de que allí teníamos persianas de bambú en las ventanas, una cortina de balsaminas y dondiegos de día en el balcón, campanillas *fūrin* en los aleros, recipientes de cristal llenos de canicas y agua en la entrada... Mi madre llenaba la casa con cosas que transmitían frescor.

Hay muchas maneras de combatir el calor que se han ido transmitiendo de generación en generación. Una forma de vivir que no dependa solo del aire acondicionado es mejor tanto para el bolsillo como para el planeta.

CURIOSIDADES — El junco es el aire acondicionado natural

Me gusta tanto el tatami que, cuando me he tenido que mudar, la condición indispensable para mi nuevo hogar ha sido que tuviera una habitación tradicional japonesa. Tiene un tacto suave y seco, un olor que me calma, ¡pero lo que más adoro es poderme tumbar en él!

La planta que se usa para hacer el tatami es el junco. Es el mejor aliado contra los húmedos veranos de Japón.

Rodar sobre el tatami cuando hace calor me encanta, porque está fresquito. En cambio, cuando es invierno puedes andar descalzo sobre él porque está caliente. El junco no tiene demasiada capacidad para transmitir el calor. Por eso, está frío aunque fuera haga calor, y en invierno está caliente. ¡Funciona como un aire acondicionado natural! Además, absorbe la humedad y la desprende regulando el nivel de esta en el ambiente, purificándolo.

En las estancias entarimadas o enmoquetadas siempre se puede extender una alfombra. No obstante, ¡podemos superar los veranos de Japón con el poder de los juncos!

FŪRIN — CAMPANILLA QUE REPICA CON EL VIENTO Y CUYO SONIDO DE POR SÍ ES REFRESCANTE.

PERSIANAS DE BAMBÚ — DEJAN PASAR EL VIENTO, PERO BLOQUEAN EL SOL Y NO PERMITEN VER EL INTERIOR DESDE FUERA.

ALIMENTOS REFRESCANTES — SANDÍA, PEPINO, BERENJENA, HELADOS DE HIELO, FIDEOS SŌMEN, CERVEZA, ETC.

ALMOHADA DE BAMBÚ — DEJA PASAR MUY BIEN EL AIRE Y RESULTA MUY FRESCA AL TACTO.

UCHIWA — ABANICO PARA AVENTARSE.

REGAR EL JARDÍN — EN LAS HORAS DEL DÍA QUE MÁS REFRESCA, COMO LA MAÑANA O LA NOCHE, SE MOJAN LA CALLE Y EL JARDÍN PARA REDUCIR SU TEMPERATURA. SE USA AGUA RECOGIDA DE LA LLUVIA O LA SOBRANTE DE LA BAÑERA.

CORTINAS DE PLANTAS

LAS PLANTAS DE ESPECIES TREPADORAS QUE SE VAN ENREDANDO EN UNA MALLA PUEDEN BLOQUEAR LOS RAYOS DE SOL. LA TRANSPIRACIÓN DE SUS HOJAS BAJA LA TEMPERATURA AMBIENTE.

ESTROPAJO — SUS HOJAS SE SUPERPONEN UNAS SOBRE OTRAS. IDEAL PARA BLOQUEAR POR COMPLETO LOS RAYOS DE SOL.

BALSAMINA — SUS HOJAS VERDE CLARO NO OSCURECEN MUCHO EL INTERIOR Y BLOQUEAN PARTE DE LOS RAYOS DE SOL.

PEPINO — SU CAPACIDAD PARA BLOQUEAR EL SOL ESTÁ ENTRE LA DEL ESTROPAJO Y LA DE LA BALSAMINA. ADEMÁS, DA FRUTOS.

DONDIEGO DE DÍA — TIENE HOJAS PEQUEÑAS QUE NO BLOQUEAN MUCHO EL SOL, PERO SE PUEDE DISFRUTAR DE SUS BONITAS Y REFRESCANTES FLORES.

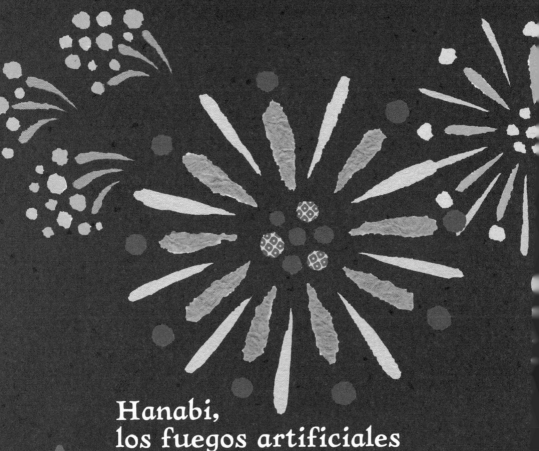

Hanabi,
los fuegos artificiales

花火

Cada verano espero con ilusión ir a la exhibición de fuegos artificiales que hacen en una ribera cercana a mi casa. Es un evento pequeño, ¡pero puedes acercarte tanto que la ceniza de los fuegos incluso te cae encima! ¡Las explosiones te retumban en el pecho! Estas brillantes flores de fuego son tan grandes que apenas caben en tu campo visual. Mientras suena la música, miles de círculos estallan en el cielo seguidos de cascadas de coloridos destellos. La exhibición acaba con múltiples explosiones que estallan en forma de sauces llorones que impregnan el cielo nocturno durante unos segundos y dejan un rastro de emoción en nosotros mientras desaparecen.

Los fuegos artificiales se disfrutan en todo el mundo, pero muchas veces su uso se reduce a festividades concretas y es poco común que se organicen eventos para ver exclusivamente exhibiciones de pirotecnia como en Japón. Se dice que los fuegos artificiales japoneses son de primera clase, ¡y eso me llena de orgullo!

Tipos de fuegos artificiales

FORMA CIRCULAR COHETES DE FUEGOS ARTIFICIALES LANZADOS AL AIRE REPRESENTATIVOS DE JAPÓN QUE EXPLOTAN FORMANDO UNA GRAN ESFERA.

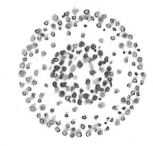

CRISAN-TEMO COHETE QUE FORMA UNA FLOR DE CRISANTEMO CUANDO SUS DESTELLOS SE EXTIENDEN.

PEONÍA EL PISTILO DE LA PEONÍA QUEDA EN EL CENTRO Y LOS DESTELLOS DE ALREDEDOR NO SE DESPLAZAN.

FORMA NO CIRCULAR ESFERAS QUE DE REPENTE SE PARTEN EN DOS Y DE CUYO INTERIOR SALEN DELICADAS FILIGRANAS.

CORONA TAMBIÉN LLAMADA «CORONA DE CRISANTE-MOS» O «CORONA DE SAUCE». EXPLOSIONA EN FORMA DE SAUCE LLORÓN. SUS DESTE-LLOS SE EXTIENDEN A LO LARGO Y PERDURAN UN TIEMPO EN EL CIELO NOCTURNO.

MIL CÍRCULOS EL COHETE CONTIENE MULTITUD DE FUEGOS QUE EXPLOSIONAN A LA VEZ EN EL CIELO CON UNA GRAN CANTIDAD DE PEQUEÑAS FORMAS FLORALES.

FORMA DEFINIDA FUEGOS ARTIFICIALES CUYA EXPLOSIÓN TIENE FORMA DE COSAS MUY CONCRETAS.

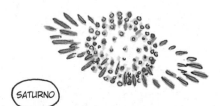

SATURNO

MARIPOSA

UN MECANISMO AUTOMATIZADO DISPARA MULTITUD DE FUEGOS ARTIFICIALES.

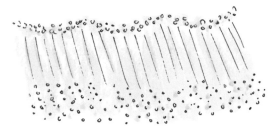

MINA DE
ESTRELLAS

SE LANZA UNA SERIE DE FUEGOS QUE EXPLOTAN SEGUIDOS EN MULTITUD DE FORMAS FLORALES.

CATARATAS
DEL NIÁGARA

LARGAS FILAS DE CHISPAS CAEN EN EL CIELO Y SU FORMA RECUERDA A ESTAS FAMOSAS CATARATAS.

FUEGOS DE USO
DOMÉSTICO

FUEGOS ARTIFICIALES QUE UNO PUEDE USAR FÁCILMENTE EN SU CASA.

HIERBA EULALIA

BENGALA QUE AL ENCENDERSE SE PARECE A ESTA GRAMÍNEA. ARDE CON INTENSIDAD, Y MUCHAS CAMBIAN DE COLOR A MEDIDA QUE SE CONSUMEN.

BASTÓN
DE INCIENSO

LA EFÍMERA DURACIÓN DE LOS FUEGOS ARTIFICIALES TRANSMITE LA FUGACIDAD DEL VERANO. SE SUELE COMPETIR PARA VER QUIÉN CONSIGUE EVITAR DURANTE MÁS TIEMPO QUE LA BOLITA DE FUEGO DE LA PUNTA CAIGA AL SUELO.

¿Por qué los japoneses decimos *taa... mayaa...* al ver fuegos artificiales?

Los japoneses, cuando contemplamos los fuegos artificiales, a veces decimos: «*taa... mayaa...*» o «*kaa... giyaa...*». Son los nombres de dos tiendas de pirotecnia del período Edo: Tama-ya y Kagi-ya. Al parecer, todo empezó con una competición entre ambas: una se situaba río arriba del río Sumida y la otra, río abajo. En ella, los espectadores gritaban el nombre del fabricante cuyos fuegos artificiales les parecían mejores. Tama-ya cerró durante el período Edo a causa de un incendio accidental, mientras que Kagi-ya sigue funcionando a día de hoy, regentada por su decimoquinta generación.

九
月 Septiembre

長 月 *Nagatsuki*, el noveno mes del antiguo calendario

(長: largo/a, líder, superior; 月: mes)

Se dice que el nombre viene de la abreviación de *yonagatsuki* ('mes de noches largas') porque con cada día que pasa, las noches se alargan, y también de *nagametsuki* ('mes de lluvias largas') porque las lluvias duran mucho. Al ser época de cosechas, también se llama *inekarizuki* ('mes de segar el arroz') o *ineagarizuki* ('mes en que el arroz madura'), y también *kikuzuki* ('mes de los crisantemos'), *momijizuki* ('mes de las hojas otoñales'), *boshū* ('fin de otoño'), etc.

SEPTIEMBRE

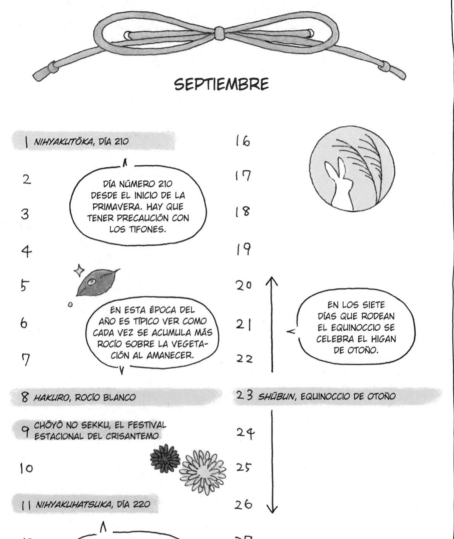

1 *NIHYAKUTŌKA, DÍA 210*	16
2	17
3	18
4	19
5	20
6	21
7	22

DÍA NÚMERO 210 DESDE EL INICIO DE LA PRIMAVERA. HAY QUE TENER PRECAUCIÓN CON LOS TIFONES.

EN ESTA ÉPOCA DEL AÑO ES TÍPICO VER COMO CADA VEZ SE ACUMULA MÁS ROCÍO SOBRE LA VEGETACIÓN AL AMANECER.

EN LOS SIETE DÍAS QUE RODEAN EL EQUINOCCIO SE CELEBRA EL HIGAN DE OTOÑO.

8 *HAKURO*, ROCÍO BLANCO

9 CHŌYŌ NO SEKKU, EL FESTIVAL ESTACIONAL DEL CRISANTEMO

10

11 *NIHYAKUHATSUKA, DÍA 220*

DÍA NÚMERO 220 DESDE EL INICIO DE LA PRIMAVERA. HAY QUE TENER PRECAUCIÓN CON LOS TIFONES.

12	23 *SHŪBUN*, EQUINOCCIO DE OTOÑO
13	24
14	25
15	26
	27
	28
	29
	30

24 TÉRMINOS SOLARES

OTROS EVENTOS Y COSTUMBRES

Aunque el tenaz calor persista durante las horas de sol, la atmósfera de la noche y la mañana ya tiene un aire otoñal. El animado coro de las cigarras *abura-zemi* cesa y las *tsukutsuku-bōshi* toman el relevo. Cada año, cuando oigo su canto, me embarga la melancolía al saber que el verano llega a su fin.

El calor que no me permitía dormir a gusto por las noches da paso a un ambiente más fresco y agradable, mientras desde algún lugar que desconozco oigo el ¡*riiin, riiin!* de un grillo *suzumushi*. Al parecer, no producen ese bello sonido parecido a un cascabel con la boca, sino al frotar las alas. ¡Me parece increíble que de esa manera puedan emitir un sonido tan nítido! Tienen la destreza de un experto violinista. En septiembre se empieza a oír el cantar de los insectos y es el momento de saborear platos deliciosos. Me gusta percibir los cambios de estación con los cinco sentidos.

FLOR DE LOS NACIDOS EN SEPTIEMBRE:

GENCIANA

SIGNIFICADO EN EL LENGUAJE DE LAS FLORES: 'TE ACOMPAÑO EN TU TRISTEZA'

ALIMENTOS DE TEMPORADA EN SEPTIEMBRE

九
月
の
旬

SANMA

PAPARDA DEL PACÍFICO. AL SER TÍPICO DE OTOÑO Y PARECIDO A UNA ESPADA, SUS *KANJI* SON «秋刀魚» (OTOÑO; ESPADA; PEZ). ES RICO EN VITAMINAS A Y D, CALCIO Y HIERRO. EN JAPÓN DECIMOS: «CUANDO APARECE LA PAPARDA, EL MASAJISTA SE RETIRA» (*SANMA GA DERU TO ANMA GA HIKKOMU*), QUE SIGNIFICA QUE ESTE PEZ TIENE TANTOS NUTRIENTES QUE LOS PROFESIONALES DE LA SALUD PIERDEN CLIENTES.

SETAS
MATSUTAKE

LA REINA DE LAS SETAS. LA MAYORÍA DE LAS SETAS, AL CULTIVARSE ARTIFICIALMENTE, SE PUEDEN COMER TODO EL AÑO. EN CAMBIO, NO SUCEDE LO MISMO CON LAS *MATSUTAKE* Y, AL NO ABUNDAR EN LA NATURALEZA, SU OTOÑAL SABOR ES MUY PRECIADO.

SETAS *MATSUTAKE* AL PAPILLOTE: ¡HUELE A OTOÑO!

INGREDIENTES
(PARA DOS PERSONAS)

- 2 SETAS *MATSUTAKE*
- 1 CÍTRICO *SUDACHI* (SI NO TIENES, PUEDES USAR UN *YUZU* O SALSA *PONZU*)
- 1 CDA. SOPERA DE SAKE
- SALSA DE SOJA

① LIMPIA LA SUCIEDAD DE LAS SETAS CON UN PAPEL DE COCINA MOJADO Y RECORTA LA BASE CON UN CUCHILLO.

RECORTA 1 CM DE LA BASE COMO SI SACARAS PUNTA A UN LÁPIZ.

NO ME LAVES, ¡EL AGUA SE LLEVARÍA MI AROMA!

② CÓRTALAS DEL TAMAÑO QUE QUIERAS, PONLAS SOBRE PAPEL DE ALUMINIO, VIERTE EL SAKE POR ENCIMA Y CIERRA BIEN LOS BORDES.

SELLA EL PAPEL DE ALUMINIO DE MANERA QUE EN EL INTERIOR HAYA ESPACIO.

③ METE EN EL HORNO DE 7 A 10 MIN Y LISTO. AÑADE EL CÍTRICO Y LA SALSA AL GUSTO.

¡EL AROMA QUE DESPRENDO AL ABRIR EL PAPEL DE ALUMINIO ES LO MEJOR! ♪

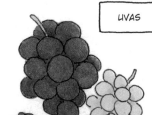

UVAS

CONTIENEN TANTOS NUTRIENTES QUE EN ALGUNOS LUGARES DE EUROPA LAS LLAMAN «LECHE DEL CAMPO». SU ALTO CONTENIDO EN POLIFENOLES RETRASA EL ENVEJECIMIENTO Y PROTEGE CONTRA EL CÁNCER. POR CIERTO, SE VE QUE LA PARTE SUPERIOR DEL RACIMO ES MÁS DULCE, POR LO QUE ES MEJOR EMPEZAR POR LAS UVAS DE ABAJO.

CASTAÑAS

SU TERNURA Y DULZOR NATURAL LAS CONVIERTEN EN UN IMPRESCINDIBLE DEL OTOÑO. SI TE PINCHAS CON LA CÁSCARA EXTERIOR DUELE BASTANTE, ASÍ QUE PROCURA PROTEGERTE LAS MANOS PARA TOCARLAS. ESTA SE ABRE CUANDO MADURAN, DEJANDO CAER EL FRUTO DE SU INTERIOR.

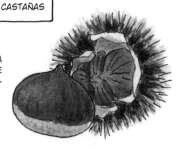

 ARROZ CON CASTAÑAS

① PARA QUE TE SEA FÁCIL PELARLAS, HIERVE LAS CASTAÑAS 2 MINUTOS, DETÉN EL FUEGO Y DEJA QUE SE ENFRÍEN.

② CUANDO ESTÉN FRÍAS, CLAVA EL CUCHILLO EN LA PARTE INFERIOR Y DESLÍZALO HACIA ARRIBA PARA QUITAR LA PIEL. SI QUEDAN TROZOS SIN PELAR, CÓRTALOS CON EL CUCHILLO Y LUEGO LAVA LAS CASTAÑAS.

○ **INGREDIENTES** ○
(PARA DOS PERSONAS)

- 200 G DE CASTAÑAS
- 150 G DE ARROZ BLANCO
- 140 G DE ARROZ GLUTINOSO

☆ 1 CDA. SOPERA DE SAKE
☆ 1 CDA. SOPERA DE MIRIN
☆ 1 CDTA. DE SAL

③ MEZCLA AMBOS TIPOS DE ARROZ, LÁVALOS Y CUÉLALOS. DÉJALOS EN EL COLADOR 30 MIN.

④ MÉTELOS EN EL CAZO DE LA ARROCERA, AÑADE LOS INGREDIENTES MARCADOS CON UNA ESTRELLA Y AGUA PARA UNOS 300 G DE ARROZ. AGREGA LAS CASTAÑAS, MÉZCLALO TODO UN POCO Y PONLO A HERVIR.

CORTA LAS CASTAÑAS DEL TAMAÑO AL QUE TE GUSTE COMERLAS.

LISTO.

Chõyõ no sekku, el Festival Estacional del Crisantemo

9 de septiembre

¿Habías reparado en que en las fechas cuyo día y mes coinciden en el mismo número impar hay un evento importante? El 1 de enero es Año Nuevo, el 3 de marzo es el Festival de las Muñecas, el 5 de mayo es el Día del Niño, el 7 de julio es el festival del Tanabata y el 9 de septiembre es... ¡veamos de qué festividad se trata!

Hoy en día es cada vez menos conocido, pero es un Festival Estacional tan oficial como los demás. En China, los números impares se consideraban «números bajo el influjo de la fuerza Yang» y eran un símbolo de buena suerte. Japón adoptó su costumbre de celebrar festivales estacionales en aquellas fechas cuyos números impares coincidían. El sogunato del período Edo estableció estas cinco fechas como los Cinco Festivales Estacionales o Go-sekku. Sin embargo, decidió cambiar el día del primero de ellos por el 7 de enero, que corresponde al Festival Estacional del Ser Humano.

重陽の節句

Los Cinco Festivales Estacionales son los siguientes:

7 de enero: Festival Estacional del Ser Humano ⟶ Festival Estacional de las Siete Hierbas (Pedimos tener salud.)

3 de marzo: Festival Estacional de las Niñas ⟶ Festival Estacional del Melocotón (Pedimos que las niñas crezcan sanas.)

5 de mayo: Festival Estacional de los Niños ⟶ Festival Estacional del Cálamo Aromático (Pedimos que los niños crezcan sanos.)

7 de julio: Festival Estacional de la Séptima Noche ⟶ Tanabata (Pedimos mejorar nuestras habilidades.)

9 de septiembre: Festival Estacional del Doble Yang ⟶ Festival Estacional del Crisantemo (Pedimos juventud duradera y longevidad.)

El 9 era el número Yang de una sola cifra más alto y, por lo tanto, el mejor. Al juntarse dos de ellos el día 9 del noveno mes, se acuñó el término que da nombre al Festival, «重陽» chōyō o «doble Yang». Al coincidir con la época de floración de los crisantemos del antiguo calendario, también se denominó Kiku no sekku o Festival Estacional del Crisantemo, y por eso se bebía licor de estas flores o se usaban como decoración para pedir una vida longeva. Además, el pueblo llano usaba el término Kuri no sekku, o Festival Estacional de las Castañas, y preparaba arroz con este fruto para celebrar la cosecha otoñal.

Incorpora el poder del crisantemo a tu cuerpo

Aunque el crisantemo se considera una planta ornamental, en realidad se consume y se usa en la medicina tradicional china desde la antigüedad. Es rico en nutrientes con propiedades antioxidantes, como el β-caroteno y la vitamina C. En Japón las dos variedades más famosas son la roja liliácea (*enmeiraku*) y la amarilla (*abōkyū*). Ambas se caracterizan por sus tonos coloridos, y son crujientes y ligeramente amargas.

LICOR DE CRISANTEMO

INGREDIENTES

- 60 G DE CRISANTEMOS COMESTIBLES
- 1 L DE LICOR BLANCO
- 1 BOTE DE CRISTAL PARA CONSERVAS

① LAVA LOS CRISANTEMOS CON AGUA Y CUÉLALOS ASEGURÁNDOTE DE ESCURRIRLOS BIEN.

② ESTERILIZA EL INTERIOR DEL BOTE CON PAPEL DE COCINA EMPAPADO EN LICOR BLANCO.

③ INTRODUCE LOS CRISANTEMOS EN EL BOTE, AÑADE EL LICOR Y TÁPALO. GUÁRDALO EN UN LUGAR SECO Y OSCURO.

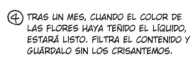

④ TRAS UN MES, CUANDO EL COLOR DE LAS FLORES HAYA TEÑIDO EL LÍQUIDO, ESTARÁ LISTO. FILTRA EL CONTENIDO Y GUÁRDALO SIN LOS CRISANTEMOS.

PON ALGÚN PÉTALO PARA QUE FLOTE MIENTRAS LO BEBES Y LISTO.

O-HITASHI DE CRISANTEMO

1. SEPARA LOS PÉTALOS, LÁVALOS Y CUÉLALOS.

2. PON AGUA ABUNDANTE AL FUEGO EN UNA OLLA. CUANDO HIERVA, AÑADE EL VINAGRE Y ESCALDA LOS PÉTALOS 20 O 30 SEGUNDOS.

AÑADIENDO UN POCO DE VINAGRE AVIVAS EL COLOR DE LOS PÉTALOS.

3. CUELA LOS PÉTALOS, PÁSALES AGUA FRÍA Y ASEGÚRATE DE ESCURRIRLOS BIEN. AÑADE SALSA DE SOJA O *PONZU* AL GUSTO.

EL AROMA DEL CRISANTEMO COMBINADO CON SU SABOR CRU-JIENTE ES LO MÁS. ♪

¡LISTO!

CURIOSIDADES ## Cálamo aromático el día 6 y crisantemo el 10

En el Festival Estacional de los Niños se usa el cálamo aromático y en el del Crisantemo se adornan las casas con crisantemos. El proverbio «Cálamo aromático el día 6 y crisantemo el 10» hace referencia a algo que ya no sirve porque el momento de usarlo ya ha pasado, tal y como ocurriría con estas plantas en el día posterior a sendos festivales.

El japonés tiene muchas expresiones protagonizadas por flores. Por ejemplo, hay una que dice: «Iris sanguinea o iris laevigata», dos especies tan bellas y parecidas que ilustran la dificultad para decidirse entre opciones igualmente excelentes. Otra dice: «mejor deja la arveja lechera china en el campo»; esta planta no florece en el interior de las casas como en su hábitat natural, así que significa que cada persona y objeto tiene su lugar. Una más: «Erguida, peonía china, sentada, peonía mudan, al andar, lirio» se usa para describir la belleza de una persona.

Jūgo~ya,
la decimoquinta noche

Cuando anochece, puedo sentir el viento fresco de otoño. Miro al cielo y veo la luna bella y redonda... Es la Jūgo-ya.

La gente suele pensar erróneamente que este evento se refiere al día 15, pero en realidad así es como se denomina a la luna casi llena que se contemplaba el 15 de agosto del antiguo calendario. Antaño, los meses se calculaban en ciclos lunares, por lo que el día 15 casi siempre había luna llena. No obstante, debido al desfase con el calendario actual, este evento ha pasado a ser el día de luna llena que caiga entre el 7 de septiembre y el 8 de octubre. También recibe el nombre de Chūshū no meigetsu, que significa 'luna de cosecha de mitad de otoño'. Se debe a que, en el antiguo calendario, agosto caía justo en mitad de otoño: primavera (enero, febrero y marzo), verano (abril, mayo, junio), otoño (julio, agosto, septiembre) e invierno (octubre, noviembre y diciembre).

En la Jūgo-ya hay que poner una mesa en algún lugar desde el cual podamos ver la luna y ofrendamos pastelitos *tsukimi-dango*, ya que se parecen a la luna, hierba Eulalia para espantar el mal, y colocasias o demás alimentos de temporada para pedir abundancia en las cosechas. Luego simplemente contemplamos la luna mientras bebemos algo.

La luna llena es la fase en la cual esta ejerce más gravedad sobre la Tierra. No es que yo sea una mujer loba, pero a veces siento una fuerza misteriosa en mí cuando me bañan los rayos de la luna llena.

Las denominaciones de la luna

La luna cambia su aspecto a diario, y cada vez que la vemos tiene una forma distinta. Según esta, se la llama de un modo u otro. Al ver los nombres para designarla, me doy cuenta de que la humanidad siempre ha disfrutado contemplándola.

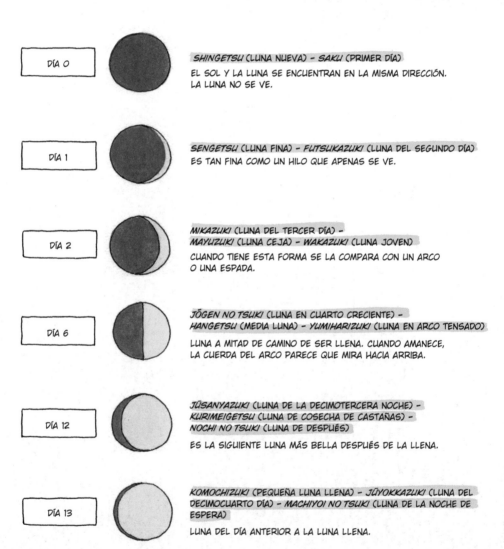

DÍA 0

SHINGETSU (LUNA NUEVA) – *SAKU* (PRIMER DÍA)
EL SOL Y LA LUNA SE ENCUENTRAN EN LA MISMA DIRECCIÓN. LA LUNA NO SE VE.

DÍA 1

SENGETSU (LUNA FINA) – *FUTSUKAZUKI* (LUNA DEL SEGUNDO DÍA)
ES TAN FINA COMO UN HILO QUE APENAS SE VE.

DÍA 2

MIKAZUKI (LUNA DEL TERCER DÍA) – *MAYUZUKI* (LUNA CEJA) – *WAKAZUKI* (LUNA JOVEN)
CUANDO TIENE ESTA FORMA SE LA COMPARA CON UN ARCO O UNA ESPADA.

DÍA 6

JŌGEN NO TSUKI (LUNA EN CUARTO CRECIENTE) – *HANGETSU* (MEDIA LUNA) – *YUMIHARIZUKI* (LUNA EN ARCO TENSADO)
LUNA A MITAD DE CAMINO DE SER LLENA. CUANDO AMANECE, LA CUERDA DEL ARCO PARECE QUE MIRA HACIA ARRIBA.

DÍA 12

JŪSANYAZUKI (LUNA DE LA DECIMOTERCERA NOCHE) – *KURIMEIGETSU* (LUNA DE COSECHA DE CASTAÑAS) – *NOCHI NO TSUKI* (LUNA DE DESPUÉS)
ES LA SIGUIENTE LUNA MÁS BELLA DESPUÉS DE LA LLENA.

DÍA 13

KOMOCHIZUKI (PEQUEÑA LUNA LLENA) – *JŪYOKKAZUKI* (LUNA DEL DECIMOCUARTO DÍA) – *MACHIYOI NO TSUKI* (LUNA DE LA NOCHE DE ESPERA)
LUNA DEL DÍA ANTERIOR A LA LUNA LLENA.

DÍA 14	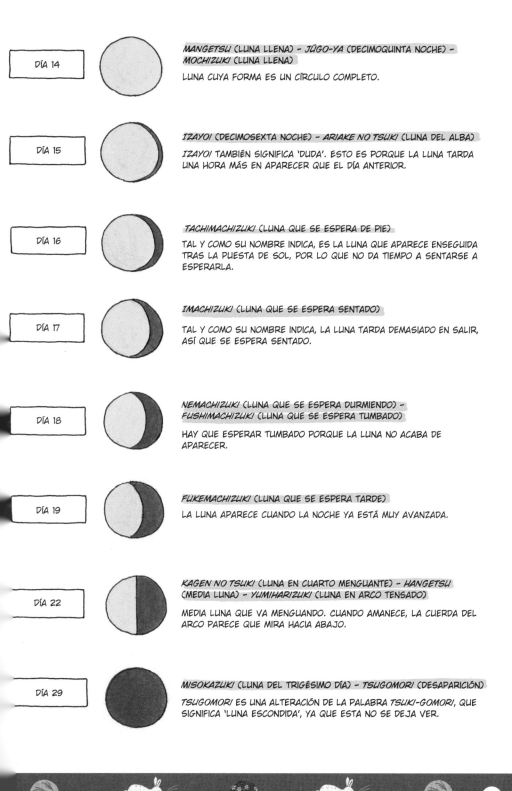	**MANGETSU (LUNA LLENA) – JŪGO-YA (DECIMOQUINTA NOCHE) – MOCHIZUKI (LUNA LLENA)** LUNA CUYA FORMA ES UN CÍRCULO COMPLETO.
DÍA 15		**IZAYOI (DECIMOSEXTA NOCHE) – ARIAKE NO TSUKI (LUNA DEL ALBA)** IZAYOI TAMBIÉN SIGNIFICA 'DUDA'. ESTO ES PORQUE LA LUNA TARDA UNA HORA MÁS EN APARECER QUE EL DÍA ANTERIOR.
DÍA 16		**TACHIMACHIZUKI (LUNA QUE SE ESPERA DE PIE)** TAL Y COMO SU NOMBRE INDICA, ES LA LUNA QUE APARECE ENSEGUIDA TRAS LA PUESTA DE SOL, POR LO QUE NO DA TIEMPO A SENTARSE A ESPERARLA.
DÍA 17		**IMACHIZUKI (LUNA QUE SE ESPERA SENTADO)** TAL Y COMO SU NOMBRE INDICA, LA LUNA TARDA DEMASIADO EN SALIR, ASÍ QUE SE ESPERA SENTADO.
DÍA 18		**NEMACHIZUKI (LUNA QUE SE ESPERA DURMIENDO) – FUSHIMACHIZUKI (LUNA QUE SE ESPERA TUMBADO)** HAY QUE ESPERAR TUMBADO PORQUE LA LUNA NO ACABA DE APARECER.
DÍA 19		**FUKEMACHIZUKI (LUNA QUE SE ESPERA TARDE)** LA LUNA APARECE CUANDO LA NOCHE YA ESTÁ MUY AVANZADA.
DÍA 22		**KAGEN NO TSUKI (LUNA EN CUARTO MENGUANTE) – HANGETSU (MEDIA LUNA) – YUMIHARIZUKI (LUNA EN ARCO TENSADO)** MEDIA LUNA QUE VA MENGUANDO. CUANDO AMANECE, LA CUERDA DEL ARCO PARECE QUE MIRA HACIA ABAJO.
DÍA 29		**MISOKAZUKI (LUNA DEL TRIGÉSIMO DÍA) – TSUGOMORI (DESAPARICIÓN)** TSUGOMORI ES UNA ALTERACIÓN DE LA PALABRA TSUKI-GOMORI, QUE SIGNIFICA 'LUNA ESCONDIDA', YA QUE ESTA NO SE DEJA VER.

Se suelen ofrendar doce pastelitos *tsukimi-dango*, ya que el año tiene doce lunas llenas (o trece si es bisiesto), o quince, por lo de la decimoquinta noche. Aunque en mi casa solemos comer pastelitos *dango* de postre, también me gusta preparar *o-nigiri* pequeños apilados al estilo de esta típica ofrenda.

① PREPARA LOS TRES INGREDIENTES QUE QUIERAS PARA ACOMPAÑAR Y MÉZCLALOS CON CADA UNO DE LOS TRES BOLES DE ARROZ.

INGREDIENTES
(PARA QUINCE UNIDADES)

- 150 G DE ARROZ

- INGREDIENTES PARA ACOM-PAÑAR EL ARROZ AL GUSTO (VIRUTAS DE BONITO SECO, PESCADITOS PEQUEÑOS, SÉSAMO TOSTADO, SALMÓN DESMENUZADO, ALGA *WAKA-ME*, ETC.)

② MÓJATE LAS MANOS CON AGUA Y SAL Y HAZ CINCO *O-NIGIRI* REDONDOS CON EL ARROZ DE CADA BOL.

③ APÍLALOS EN UN PLATO COMBINANDO LOS COLORES.

- NUEVE EN EL PRIMER NIVEL
- CUATRO EN EL SEGUNDO NIVEL
- DOS EN EL TERCER NIVEL

SI HACES DOCE: NUEVE EN EL PRIMER NIVEL Y TRES EN EL SEGUN-DO NIVEL.

HAZLO RODAR ENTRE LAS PALMAS DE LAS MANOS.

SI TE CUESTA DARLES FORMA, PUEDES USAR PAPEL FILM.

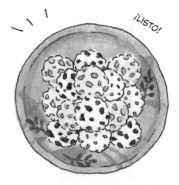

¡LISTO!

El ladrón de los pastelitos *tsukimi*

En los últimos años, Halloween tiende a eclipsar los demás eventos otoñales. Aun así, en Japón todavía hay regiones que mantienen viva esta divertida tradición.

Solo en la noche de la Jūgo-ya se permite a los niños que roben los pastelitos *tsukimi-dango* ofrendados a la luna. Los pequeños merodean por el vecindario con un palo largo o similar que tiene un alambre en un extremo y con el que «pescan» estos pastelitos. Se cree que aquella casa a la que hayan robado más pastelitos tendrá suerte, por lo que los adultos suelen dejarlos en sitios accesibles.

Últimamente, los niños van a las casas y dicen: «soy el ladrón de los pastelitos», y reciben dulces de los adultos. Realmente es como un Halloween a la japonesa.

CURIOSIDADES   ¡Rivalidad entre animales! ¡La carrera de los doce signos!

Se dice que en la luna viven conejos, porque parece que en su superficie haya un conejo machacando pasta de arroz con un mazo. Sin embargo, una leyenda budista nos cuenta otra versión: un día, un mono, un zorro y un conejo iban por la montaña y se encontraron a un anciano en el suelo. Los tres quisieron ayudarlo. El mono subió a los árboles para coger frutos y el zorro fue al río a pescar peces. El conejo no podía hacer ninguna de estas cosas, así que encendió un fuego y se tiró a él para alimentar al anciano con su carne. En realidad, aquel hombre no era otro que Sakra, el gobernante del cielo Trayastrimsa según la cosmología budista. El espíritu de sacrificio del conejo lo conmovió tanto que decidió enviarlo a la luna para que su acto pasara a la posteridad... Se dice que las sombras globosas que hay alrededor del conejo son el humo de las quemaduras que sufrió.

En Japón, la luna llena simboliza las cosechas abundantes. Además de *mangetsu*, nos parece gracioso llamarla *mochizuki* (otro nombre para 'luna llena'), porque se parece a la palabra *mochitsuki*, que significa 'machacar la pasta de arroz'. En cambio, en China la figura machaca el polvo del elixir para la eterna juventud en lugar de arroz. Por algo es el país que inventó la medicina tradicional.

Al parecer, cada región del mundo tiene su manera de interpretar las sombras de la luna. Descubrir una imagen única que solo veamos nosotros puede ser otra manera de divertirse contemplándola.

JAPÓN

ESTADOS UNIDOS

NORTE DE EUROPA

SUR DE EUROPA

CONEJO QUE MACHACA
PASTA DE ARROZ

PERFIL DE UNA MUJER

MUJER QUE LEE
UN LIBRO

CANGREJO

Shūbun, el equinoccio de otoño
23 de septiembre (aprox.)

En el equinoccio de otoño, igual que en el de primavera, el día y la noche duran prácticamente lo mismo. Es una fiesta nacional en la que se honra a los antepasados y se recuerda a los difuntos.

En la semana que comprende los tres días anteriores y posteriores al equinoccio tiene lugar el Higan de otoño, unos días en los que se visitan los cementerios. Hay muchos otros países que practican el budismo, pero esta costumbre es única de Japón.

En estas fechas abundan las *higanbana* ('flor del Higan') o *lycoris radiata*. También se denominan *manjushage*, cuyo significado en sánscrito es 'flor que florece en el paraíso'. Un nombre tan bonito le va como anillo al dedo a una flor que parece abrirse como los fuegos artificiales.

No obstante, también recibe otros nombres que ponen los pelos de punta, como *jigokubana* ('flor del infierno'), *yūreibana* ('flor de los espíritus') o *shibitobana* ('flor de los muertos'). Es una flor que se suele ver en los cementerios, y por eso hay gente que no tiene muy buen concepto de ella. De hecho, su bulbo es venenoso, y en el Japón antiguo se plantaba en las tumbas para evitar que insectos y animales dañaran el cadáver. Es común verlas en los pasillos que bordean los campos para proteger los cultivos de ratas y topos.

Su floración dura apenas una semana y coincide con las fiestas del Higan, justo en los días en los que la conexión entre nuestro mundo y el Más Allá es más fuerte. Ni hecho adrede, ¿verdad? ¡Qué flor tan misteriosa!

Las siete hierbas de otoño

Las siete hierbas de primavera se comen con arroz hervido, pero las de otoño solo se contemplan. Se dice que estas plantas fueron escogidas a raíz de un poema de Yamanoue no Okura.

HAGI

AULAGA. ESTA FLOR DA NOMBRE AL DULCE *O-HAGI* QUE SE OFRENDA EN EL HIGAN.

KIKYŌ

CAMPANILLA CHINA. SU FLOR TIENE FORMA ESTRELLADA E INSPIRÓ EL DISEÑO DE LA INSIGNIA FAMILIAR DEL MISMO NOMBRE.

KUZU

ARRURRUZ. EL ALMIDÓN QUE SE EXTRAE DE SU RAÍZ SIRVE PARA HACER HARINA CON LA QUE ELABORAR PASTELITOS Y DEMÁS.

FUJIBAKAMA

EUPATORIO. CUANDO SE SECA DESPRENDE UN AGRADABLE AROMA. ANTAÑO SE UTILIZABA COMO PERFUME.

OMINAESHI

NARDO SIRIO. EN JAPONÉS SIGNIFICA 'BELLEZA QUE ABRUMA A MUJERES HERMOSAS'.

OBANA

EULALIA. EN JAPONÉS SIGNIFICA 'FLOR DE COLA', PORQUE SE PARECE A LAS COLAS DE LOS ANIMALES.

NADESHIKO

CLAVELITO COMÚN. LA EXPRESIÓN *YAMATO NADESHIKO*, QUE SIGNIFICA 'LA PERSONIFICACIÓN DE LA MUJER IDEAL JAPONESA', VIENE DE ESTA FLOR.

¡RECORDÉMOSLAS AL RITMO DE CINCO-SIETE-CINCO-SIETE-SIETE SÍLABAS! ♪

HAGI, KIKYŌ, KUZU, FUJIBAKAMA, OMINAESHI, OBANA, NADESHIGO, ¡SIETE HIERBAS DE OTOÑO!

Juegos con bellotas

Cerca de casa de mis padres había un parque bastante grande. En primavera íbamos a contemplar los cerezos en flor y en verano jugábamos en un circuito de obstáculos de agua. Tengo un sinfín de divertidos recuerdos invernales de infancia, en los que nos tirábamos bolas de nieve, y jamás olvidaré cuando en otoño íbamos a recoger bellotas. Competía con mis amigos para ver quién recogía más y acababa con los bolsillos llenos. Cuando volvía a casa, mi madre las hacía en la sartén. Todavía recuerdo aquel sabor sencillo y ligeramente dulce. Se llaman bellotas los frutos de varios tipos de árboles como los robles, las encinas, etc. Normalmente hay que eliminar las sustancias que las vuelven amargas antes de comerlas, pero con las del chinquapin no es necesario y están muy ricas. No creo que abunden los que, como yo, han comido bellotas, pero ¿has jugado alguna vez con ellas? Hay cosas que solo se pueden hacer en una determinada estación del año. Podemos usar la imaginación para disfrutar de los regalos que nos brinda la naturaleza. Puede que esta manera de disfrutar te resulte más enriquecedora que los juguetes de siempre.

CHINQUAPIN

ENCINA

ROBLE DIENTE
DE SIERRA

PEONZA DE BELLOTA

① QUITA LA CÚPULA DE LA BELLOTA Y HAZLE UN AGUJERO EN EL CENTRO CON ALGO PUNZANTE.

CÚPULA

MATERIAL

· 1 BELLOTA
· 1 MONDADIENTES

② CLAVA EL MONDADIENTES EN EL AGUJERO.

¡LISTO!

¿CUÁL DE ELLOS RODARÁ MEJOR?

PRUEBA DISTINTOS TIPOS DE BELLOTA Y PROFUNDIDADES A LA QUE INSERTAS EL MONDADIENTES.

① QUÍTALE LA CÚPULA A UNA BELLOTA, HAZ UN AGUJERO EN EL CENTRO Y CLAVA EL MONDADIENTES.

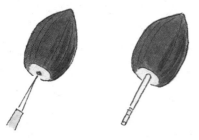

MATERIAL

- 3 BELLOTAS
- 1 MONDADIENTES
- 2 PALILLOS

② HAZ LO MISMO CON LAS OTRAS DOS, PERO INSERTA UN PALILLO EN CADA UNA DE ELLAS.

③ ABRE DOS AGUJEROS EN LOS LATERALES DE LA PRIMERA BELLOTA E INSERTA LOS EXTREMOS LIBRES DE LOS PALILLOS.

④ PONLO SOBRE UN PEDESTAL O TU DEDO Y HAZ EQUILIBRIOS.

¡UY, UY!

¡PUEDES PINTARLE UNA CARA CON UN ROTULADOR!

El canto de los insectos de otoño

En la colección de poesía japonesa *Man'yōshū* hay versos que mencionan a los grillos. El canto de los insectos siempre ha fascinado a los japoneses. En otoño se los oye en todos lados, como si fueran una verdadera orquesta. Podemos aprovechar para prestar atención y tratar de adivinar qué insecto está cantando en ese momento.

¡RIIIN, RIIIN!

¡GIII-CHON, GIII-CHON!

¡KORO, KORO, KORO, KORO!

¡CHIN-CHIRORÍN!

GRILLO *SUZUMUSHI*   SALTAMONTES LONGICORNIO   GRILLO COMÚN   GRILLO *MATSUMUSHI*

十
月 Octubre

神 無 月 *Kannazuki,*
el décimo mes del antiguo calendario

(神: deidad sintoísta; 無: no haber; 月: mes)

Se cree que el nombre se debe a que, en este mes, las deidades sintoístas *kami* se reúnen en el santuario Izumo Taisha, de modo que desaparecen de las demás regiones del país. Otros dicen que, al ser un mes en el que no retumban los truenos, el nombre viene de *kaminarikarizuki* ('mes sin truenos'); otra teoría dice que proviene de *kaminashizuki* ('mes de elaboración'), ya que también es el mes en que se elabora el sake. También se llama *kamisarizuki* ('mes en el que los dioses se van'), *shigurezuki* ('mes de lluvias temporales'), *hatsushimotsuki* ('mes de primeras heladas'), etc.

OCTUBRE

1	16
2	17
3	18
4	19
5	20 EBISU-KŌ
6	21
7	22
8 (APROX.): KANRO, ROCÍO FRÍO	23 (APROX.): SŌKŌ, CAÍDA DE LA HELADA
9	24
10	25
11	26
12	27
13	28
14	29
15	30
	31

FESTIVAL EN HONOR AL DIOS EBISU

A MEDIDA QUE AVANZA EL OTOÑO, EL ROCÍO DE LA MAÑANA ES MÁS FRÍO.

ÉPOCA EN LA QUE EMPIEZA A LLOVER ESCARCHA.

24 TÉRMINOS SOLARES

OTROS EVENTOS Y COSTUMBRES

Un aire fresco sustituye la humedad del calor remanente del verano y el cielo se ve completamente despejado. Cuando salgo a pasear, noto el dulce aroma de los olivos fragantes que trae consigo el viento, el delicioso olor a pescado frito de alguna casa del vecindario y la voz de un vendedor de boniatos asados a la piedra. Cuando empieza el otoño, siempre me invaden los recuerdos de esta época del año. Recuerdo que cuando era niña solía pegarme a los carritos de estos vendedores y ayudarlos a promocionarse con un megáfono a grito de: «¡boniatooos asadoooos!». En agradecimiento, siempre me regalaban un boniato pequeño y bien calentito.

Otoño nos trae un sinfín de alimentos deliciosos. Dicen que, al ser la estación previa al invierno, es la época en la que es más fácil engordar. Pero, aunque trate de contenerme, no puedo evitar hincarles el diente uno tras otro a los platos típicos de esta temporada.

FLOR DE LOS NACIDOS
EN OCTUBRE:

COSMOS

SIGNIFICADO EN EL LENGUAJE
DE LAS FLORES: 'INOCENCIA DE
UNA NIÑA'

ALIMENTOS DE TEMPORADA EN OCTUBRE

十
月
の
旬

CAQUI

SIEMPRE SE HA DICHO QUE LOS CAQUIS VAN MUY BIEN PARA LA RESACA. LOS TANINOS Y LA VITAMINA C QUE CONTIENEN AYUDAN AL CUERPO A DESHACERSE DEL ALCOHOL. ADEMÁS DE CRUDOS, TAMBIÉN SE PUEDEN COMER CON MAYONESA, YOGUR O VINAGRE, YA QUE COMBINAN GENIAL CON EL SABOR ÁCIDO.

ENSALADA DE CAQUI Y RÁBANO

① CORTA LOS RÁBANOS EN RODAJAS FINAS DE 5 MM. CORTA TAMBIÉN LAS HOJAS EN RODAJAS PEQUEÑAS Y SÁLALO TODO. DÉJALO REPOSAR HASTA QUE SE ABLANDE Y ESCURRE EL AGUA QUE SUELTE.

∘ INGREDIENTES ∘
(PARA DOS PERSONAS)

- · 2 RÁBANOS
- · 1 CAQUI

☆ 2 CDAS. SOPERAS DE VINAGRE
☆ 1 CDA. SOPERA DE AZÚCAR
☆ 1 PIZCA DE SAL

② CORTA EL CAQUI EN RODAJAS FINAS DE 5 MM.

UN CAQUI MÁS BIEN DURO TE SERÁ MÁS FÁCIL DE CORTAR.

③ MEZCLA LOS INGREDIENTES MARCADOS CON LA ESTRELLA Y VIÉRTELOS SOBRE LOS RÁBANOS Y EL CAQUI ¡Y LISTO!

¡LA ACIDEZ Y EL DULZOR COMBINAN DE MARAVILLA! ♪

AUNQUE EXISTEN MUCHOS TIPOS DE SALMÓN, COMO EL SALMÓN ROJO O EL PLATEADO, EN JAPÓN EL MÁS PESCADO ES EL *KETA*. LOS SALMONES QUE SE PESCAN EN OTOÑO SE LLAMAN *AKISAKE* ('SALMÓN DE OTOÑO'), MIENTRAS QUE LOS QUE SE CAPTURAN FUERA DE TEMPORADA A PRINCIPIOS DE VERANO RECIBEN EL NOMBRE DE *TOKISHIRAZU*, QUE SIGNIFICA 'DESCONOCER EL MOMENTO', PORQUE ESTOS SALMONES VUELVEN A LOS RÍOS CUANDO AÚN NO ES EL MOMENTO DE HACERLO.

SALMÓN

SATOIMO

TAMBIÉN LLAMADO COLOCASIA O TARO. SU NOMBRE EN JAPONÉS SIGNIFICA 'TUBÉRCULO DE ALDEA', YA QUE, A DIFERENCIA DEL ÑAME JAPONÉS *YAMAIMO* ('TUBÉRCULO DE MONTAÑA'), SE SOLÍAN CULTIVAR EN LOS PUEBLOS. AL SER BAJO EN CALORÍAS Y RICO EN FIBRA, ES APTO PARA DIETAS DE ADELGAZAMIENTO.

 COLOCASIAS HERVIDAS EN CALDO: ¡BIEN CALENTITAS!

① PELA LAS COLOCASIAS Y MÉTELAS EN UN BOL. SÁLALAS, MÉZCLALAS CON LAS MANOS PARA QUE SUELTEN EL LÍQUIDO VISCOSO Y LÁVALAS EN AGUA.

INGREDIENTES
(PARA DOS PERSONAS)

- 8 COLOCASIAS
- 1 CDTA. DE SAL
- 500 ML DE AGUA

☆ 1 CDTA. DE CALDO JAPONÉS (*WAFÛ-DASHI*)
☆ 1 CDA. SOPERA DE SAKE
☆ 1 CDA. SOPERA DE AZÚCAR
☆ 1 CDA. SOPERA DE *MIRIN*
☆ 2 CDAS. SOPERA DE SALSA DE SOJA

② PONLAS EN UNA OLLA CON AGUA QUE LAS CUBRA A FUEGO FUERTE. CUANDO HIERVA Y SALGA ESPUMILLA, LÁVALAS EN AGUA PARA RETIRARLES EL LÍQUIDO VISCOSO.

EL HERVIDO PREVIO HACE QUE EL SABOR PENETRE MEJOR Y EL RESULTADO SEA VISUALMENTE MÁS BONITO.

④ QUITA EL PAPEL Y CUECE HASTA QUE EL CALDO REDUZCA.

¡LISTO!

③ PON LAS COLOCASIAS EN UNA OLLA A FUEGO MEDIO, AÑADE EL MEDIO LITRO DE AGUA Y LOS INGREDIENTES MARCADOS CON LA ESTRELLA Y PON UN PAPEL SULFURIZADO QUE HAGA DE TAPA. CUANDO HIERVA, BAJA EL FUEGO Y DEJA QUE CUEZA UNOS 15 MIN HASTA QUE LAS COLOCASIAS SE ABLANDEN.

ZANAHORIA

MEDIA ZANAHORIA APORTA TODA LA VITAMINA A QUE NECESITAMOS EN UN DÍA. ES BUENA PARA LA VISTA, YA QUE AYUDA A ALIVIAR EL CANSANCIO Y LA SEQUEDAD DE LOS OJOS. CUANDO NACÍ NO VEÍA MUY BIEN, ASÍ QUE ME OBLIGARON A COMER ZANAHORIA CADA DÍA. NO SÉ SI HA SIDO POR ESO, ¡PERO AHORA TENGO UNA VISTA PERFECTA!

Jūsan-ya, la decimotercera noche

A medida que avanza el otoño, el aire es cada vez más puro y el cielo nocturno va intensificando su belleza. La hermosura de la luna parece envolverme; me apetece contemplarla cada día aun después de la Jūgo-ya.

Mientras que la Jūgo-ya denomina la luna casi llena del 15 de agosto del antiguo calendario, la Jūsan-ya es la luna levemente menguada del antiguo 13 de septiembre. Esta fecha no tiene por qué coincidir con el calendario actual y varía según el año.

Otro de los nombres para la Jūgo-ya es Imomeigetsu, ya que es común ofrendar colocasias (*satoimo*). En la Jūsan-ya se ofrendan castañas (*kuri*) y judías (*mame*), por lo que también se llama Kurimeigetsu y Mamemeigetsu.

Hoy en día ya no se celebra tanto la Jūsan-ya, pero el hecho de participar solo en uno de estos dos eventos se llama *katamitsuki* ('ver solo una luna'), y se cree que trae mala suerte. Se dice que la luna de la decimotercera noche es la segunda más bella del año después de la luna de la decimoquinta noche, así que te animo a disfrutarla. En cuanto a los pastelitos *tsukimi-dango*, los de esta luna son trece, así que en la base pondremos nueve y en la fila superior, cuatro. Se ofrendan junto a hierba Eulalia, castañas y judías.

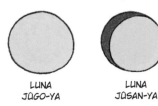

LUNA
JŪGO-YA

LUNA
JŪSAN-YA

Shinmai

El arroz de las primeras cosechas de otoño, que alcanzan su punto culminante en esta época, se llama *shinmai* y solo se puede comer en ese momento. ¡Es el favorito de los sibaritas! Recién cocido queda tierno y brillante, desprende un vapor fragante y tiene un ligero dulzor que invade la boca por completo... Qué contenta estoy de ser japonesa.

El arroz que se cosecha durante el año en curso se llama *shinmai* ('arroz nuevo'), mientras que el del año anterior recibe el nombre de *komai* ('arroz viejo'). Si pasa otro año se llama *kokomai*, y si pasan tres *kokokomai*; y así, sucesivamente, se van sumando *ko*, que significa 'viejo', por cada año que transcurre.

El olor añejo del arroz envejecido puede estropear su sabor, pero hay platos que quedan mejor con el *komai*, ya que no se pega tanto. Algunos restaurantes de sushi prefieren combinar *shinmai* y *komai* para que el arroz quede más suelto y el vinagre penetre mejor en él.

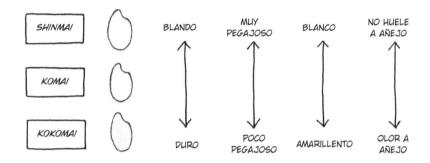

 PREPARAR UN ARROZ VIEJO DELICIOSO

LÁVALO A CONCIENCIA
EL ORIGEN DEL MAL OLOR ESTÁ EN LA OXIDACIÓN DE LA GRASA QUE CONTIENE EL SALVADO QUE RECUBRE LA SUPERFICIE DEL ARROZ. SI ELIMINAMOS ESE SALVADO, EL OLOR SE REDUCE CONSIDERABLEMENTE. DE HECHO, HAY QUE LAVAR EL ARROZ HASTA QUE EL AGUA SALGA TRANSPARENTE. UN SEGUNDO PROCESO DE PULIDO TAMBIÉN SERVIRÍA.

MÉZCLALO CON ARROZ GLUTINOSO
SI SE MEZCLAN DOS PARTES DE ARROZ GLUTINOSO POR UNA DE ARROZ VIEJO Y SE CUECEN JUNTAS EVITAMOS QUE EL ARROZ QUEDE SECO. AÑADIR 1 G DE POLVO DE AGAR-AGAR POR CADA 150 G DE ARROZ TENDRÍA EL MISMO EFECTO.

AÑÁDELE MIEL
SI SE AÑADE UNA CUCHARADITA DE MIEL POR CADA 300 G DE ARROZ, ESTA HARÁ QUE EL ARROZ DESPRENDA SU AROMA Y SEA MÁS AGRADABLE AL PALADAR. TAMBIÉN SE PUEDE HACER CON SAKE O *MIRIN*.

Preparar el *shinmai*

Si quieres que el *shinmai* te salga delicioso, recuerda dos cosas: no lo frotes fuerte cuando lo laves y cuécelo con poca agua. Ya que tenemos un buen arroz entre manos, qué menos que nos quede tierno y brillante.

¡EL *SHINMAI* SE ROMPE CON FACILIDAD, LÁVALO CON DELICADEZA!

① RETIRA RÁPIDO EL AGUA CON LA QUE LAVAS EL ARROZ DOS VECES PARA QUE ESTE NO ABSORBA EL OLOR DEL SALVADO. LUEGO, LÁVALO 4 O 5 VECES MÁS SIN FROTARLO FUERTE HASTA QUE EL AGUA SALGA CLARA.

UN POCO POR DEBAJO DE LA RAYA QUE LE TOCA.

② PON POCA AGUA AL ARROZ, PERO QUE SEA SUFICIENTE, Y DÉJALO REPOSAR DE 30 MIN A 1 H ANTES DE COCERLO.

③ CUANDO SE HAYA COCIDO, DÉJALO REPOSAR 15 MIN MÁS PARA QUE EL CALOR EVAPORE LA HUMEDAD SOBRANTE.

HAY ARROCERAS QUE YA CUENTAN ESTE TIEMPO DE REPOSO CUANDO HIERVES EL ARROZ.

¡A COMER!

EL *SHINMAI* RECIÉN HECHO ESTÁ RIQUÍSIMO, Y AUNQUE SE ENFRÍE SIGUE BLANDITO Y DELICIOSO.

¡UN *O-NIGIRI* SIMPLE DE ESTE ARROZ CON UNA PIZCA DE SAL ES LO MEJOR!

Sobre el arroz

GENMAI

ARROZ INTEGRAL. *GEN* SIGNIFICA
'NEGRO' Y HACE REFERENCIA AL
COLOR DEL ARROZ.

LOS CINCO GRANOS

ARROZ   TRIGO

JUDÍAS

MIJO MENOR

MIJO COMÚN O MIJO DEL CORRAL

CONTIENEN MUCHA FIBRA, CALCIO, HIERRO Y DEMÁS NUTRIENTES.

El *genmai* o arroz integral conserva el salvado, la fina capa que lo envuelve. Si este arroz se pule se llama *hakumai*, arroz blanco o pulido. El arroz integral desprende un olor característico y es más duro que el pulido, por eso hay a quien no le gusta. Sin embargo, es rico en vitamina B1, minerales y fibra. Algunas arroceras no lo cuecen del todo bien, así que en esos casos podemos usar una olla a presión, mezclarlo con arroz pulido o elegir una variedad ligeramente pulida.

Los cinco alimentos en grano más importantes de nuestra alimentación son el arroz, las judías, el trigo, el mijo menor y el mijo común o el mijo del corral. Desde tiempos antiguos, han sido el alimento principal de los japoneses, y cosecharlos en abundancia es un deseo compartido por toda la nación.

En los últimos años apenas hay gente que consuma mijo como alimento principal, pero la mezcla de estos cinco granos tiene un alto valor nutricional, y su atractiva combinación de colores le ha hecho ganar popularidad. También hay mezclas que incluyen arroz sin pulir, maíz, sésamo, germen de arroz integral y demás, que ponen de relieve el afán de los japoneses por la salud.

CURIOSIDADES ¿Al nuevo se le llama *shinmai*?

En el trabajo solemos llamar *shinmai* ('arroz nuevo') a los nuevos empleados. Sin embargo, a aquellos que llevan más tiempo no se los llama *komai* ('arroz viejo'), sino *furukabu* ('raíces viejas'), etc.

Al parecer, el origen del mote *shinmai* no tiene nada que ver con el arroz. La teoría más aceptada dice que, en el período Edo, los aprendices que se incorporaban a un negocio llevaban un delantal nuevo, en japonés *shin-maekake*. Los compañeros los llamaban al grito de *shinmae*, palabra que pasó a pronunciarse *shinmai* y a la que finalmente se le asignaron los *kanji* de 'arroz nuevo'.

恵比寿講

Ebisu-kõ, el festival en honor al dios Ebisu (20 de octubre)

En octubre, las deidades de todo Japón se reúnen en el santuario sintoísta Izumo Taisha. En el antiguo calendario este mes se llamaba *kannazuki* ('mes sin dioses') en todas las regiones excepto en Izumo, donde se denominaba *kamiarizuki* ('mes con dioses').

Pero ¿qué pasa si los dioses se van? Tranquilos: Ebisu se hará cargo de todo. Ebisu es el dios de la prosperidad en los negocios. Es uno de los Siete Dioses de la Fortuna y lleva una caña de pescar en la mano derecha y un besugo en la izquierda. Se venera desde tiempos antiguos para otras cosas, como la pesca abundante en la costa o las buenas cosechas en el campo.

En la época otoñal de cosechas se celebra un festival en su honor, el Ebisu-kō, en el que se ofrendan alimentos de temporada y sake en el altar doméstico sintoísta (*kamidana*). Según la región, puede caer en el 20 de noviembre, el 10 de enero o el 8 de diciembre. Ya que Ebisu no puede irse a Izumo debido al festival, los demás dioses lo eligen para quedarse en su ausencia.

Por cierto, ¿de qué hablarán las deidades en su reunión? Al parecer, se ponen de acuerdo para ligar el destino de las personas. Cuando los imagino diciendo cosas como «¿Y si juntamos a estos dos?» o «No, no, esa mejor con este otro», más que un trabajo parece un divertimento... Pero Ebisu me da un poco de pena, ya que él no tiene ni un momento de descanso.

CURIOSIDADES **¿El dios Ebisu está dentro de la boca?**

Los dos incisivos frontales reciben nombres curiosos: la pala derecha (si las miramos de frente) se llama *ebisu-ba* ('diente Ebisu') y la izquierda, *daikoku-ba* ('diente Daikoku'). Estos nombres se originaron en el período Edo, cuando era costumbre colocar dos estatuas a ambos lados de las cocinas: una de Ebisu a la derecha y otra de Daikokuten a la izquierda. Del mismo modo que la cocina y la boca, ambos dioses tenían relación con los alimentos, y terminaron asociándose a los dientes.

Según cierta superstición, si te faltan estos dos dientes te arruinarás. No sé si será verdad, pero la factura del dentista seguro que es elevada.

DIENTE EBISU — DIENTE DAIKOKU

SI TENGO DIOSES EN LOS DIENTES TENDRÉ QUE CUIDÁRMELOS BIEN.

En el *kannazuki* ('mes sin dioses') las deidades de todo Japón se reúnen en Izumo, pero ¿cuántas hay en total?

Desde la antigüedad, se cree que hay divinidades en todos los elementos naturales, como las montañas, los ríos, los mares, el viento... Los japoneses aceptamos la naturaleza tal y como es y convivimos con ella con agradecimiento pese a temerla algunas veces. Pero es que además también existen las deidades del baño, de la cocina, de los estudios, del viaje seguro...

El sinfín de dioses de Japón recibe el nombre conjunto de *Yaoyorozu no kami*. *Yaoyorozu* se escribe con los *kanji* de «ocho millones», «八百万», pero en realidad quiere decir 'muchos'. El ocho es un número que se utiliza para indicar cantidades elevadas, por ejemplo en palabras como *yae-zakura* ('cerezos de ocho capas'), una variedad de cerezo con muchos pétalos, o *yakumo* ('nube ocho'), nubes densas. Si al *kanji* de ocho (八) le añadimos el de cien (百) y el de diez mil (万), la palabra resultante viene a indicar un número elevadísimo.

Por cierto, las verdulerías se llaman en japonés *yao-ya* ('tienda ochocientos') porque antiguamente vendían artículos domésticos además de frutas y verduras. Si en aquella época hubieran existido las tiendas de 24 horas que conocemos como *konbini*, quizás se habrían denominado *yaoyorozu-ya* ('tienda ocho millones').

Momiji~gari, la contemplación de las hojas otoñales

紅葉狩り

Cuando llega esta época, las hojas de los árboles empiezan a teñirse de colores amarillos y rojizos: ¡es momento de ir a contemplarlas! Al igual que cuando florecen los cerezos, las noticias informan del mejor momento para ir a ver las hojas otoñales.

Los árboles de los santuarios y templos son muy bonitos, pero a mí me gusta más ver los de las montañas. Observar cómo la capa verde de las montañas va cambiando día a día a colores amarillos y rojos brillantes es un verdadero espectáculo. Los colores de las hojas otoñales combinan de una forma exquisita. Me provoca tal emoción que no creo que haya arte alguna que pueda compararse a la misma naturaleza.

El *gari* se refiere al hecho de contemplar flores y árboles. No se deben cortar ramas ni arrancar hojas. Si queremos llevarnos un recuerdo, mejor coger las hojas que hayan caído al suelo.

Actividades con hojas caídas

CONEJO DE GINKGO BILOBA

① CORTA LA HOJA COMO INDICA LA IMAGEN Y HAZ UN AGUJE-RO UN POCO POR DEBAJO DEL CENTRO.

② METE EL PECÍOLO POR EL AGUJERO.

③ TIRA DEL PECÍOLO POR LA PARTE POSTERIOR PARA QUE LAS ORE-JAS SE LEVANTEN Y DIBÚJALE LA CARA.

HOJAS PRENSADAS

① ENVUELVE LA HOJA EN UN PAÑUELO DE PAPEL Y MÉTELA EN UN LIBRO.

② PON OTRO LIBRO ENCIMA PARA QUE HAGA PRESIÓN. ¡DÉJALO DOS O TRES DÍAS Y LISTO!

¡PUEDES ENMARCARNOS O PEGARNOS EN UN ÁLBUM!

Colores tradicionales japoneses

Si recogemos unas cuantas hojas otoñales, nos daremos cuenta de que aquellas hojas que desde lo lejos parecían compartir un mismo color rojo en realidad tienen tonalidades algo distintas. Rojo amarillento, rojo brillante, rojo amarronado... Quizás en estos casos quedaría mejor expresarnos con nombres de colores que desprendieran más sentimiento. Las denominaciones para los colores que tiene Japón desde la antigüedad están inspiradas en la naturaleza y los animales. Todas ellas son tan carismáticas que nada más pronunciarlas parece que los colores cobren vida. Si, al recoger una hoja de otoño, en vez de decir «es de un marrón rojizo» dices, como quien no quiere la cosa, «es de un marrón langosta», quedará muy sofisticado.

COLOR
IBIS

ROSA PÁLIDO; SE INSPIRA EN
EL COLOR DE LAS PLUMAS
PRIMARIAS DEL IBIS NIPÓN.

MARRÓN
LANGOSTA

CASTAÑO ROJIZO Y OSCURO, PARECIDO
AL DE LAS LANGOSTAS JAPONESAS.
TAMBIÉN SE LLAMA 'MARRÓN UVA'.

COLOR
ZORRO

CASTAÑO CLARO DE UN TONO
AMARILLENTO COMO EL PELAJE
DE LOS ZORROS.

COLOR ROSA
AMARILLA

AMARILLO SUBIDO CON TRAZOS
ROJIZOS COMO LAS ROSAS
AMARILLAS.

COLOR
RUISEÑOR

COLOR PARDO VERDOSO
OSCURO COMO LAS PLUMAS
DE LOS RUISEÑORES.

COLOR
CEBOLLETA

COLOR DE LA CEBOLLETA AZULA-
DA, CÉLEBRE POR SER EL COLOR
DE LAS CHAQUETAS QUE LLEVABA
EL SHINSENGUMI, LA POLICÍA MILI-
TAR DEL PERÍODO EDO.

VERDE
SEMPITERNO

PRECIOSO VERDE INSPIRADO
EN LAS HOJAS DE LOS
ÁRBOLES PERENNES.

AZUL OSCURO
BERENJENA

COLOR AZUL VIOLETA
OSCURO COMO EL DE
LAS BERENJENAS.

COLOR
GLICINA

COLOR LILA PÁLIDO CON
TRAZAS DE AZUL COMO
EL DE LAS FLORES DE
LA GLICINA.

Motivos tradicionales japoneses

Seguro que alguna vez has visto estos motivos japoneses en algún kimono, toalla o envoltorio. Muchos de ellos son diseños simples que se encadenan unos con otros, pero, al parecer, nuestros antepasados expresaban sentimientos de felicidad apilando estas figuras para crear patrones.

HOJAS DE CÁÑAMO

MOTIVO INSPIRADO EN LAS HOJAS DEL CÁÑAMO. ESTA PLANTA CRECE RÁPIDO Y CON FUERZA, POR LO QUE LA ROPA DE RECIÉN NACIDO SOLÍA LUCIR ESTE PATRÓN.

SIETE TESOROS

ESTOS CÍRCULOS REPRESENTAN LOS SIETE TESOROS BUDISTAS: ORO, PLATA, LAPISLÁZULI, CRISTAL DE ROCA, PERLA, CORAL Y ÁGATA.

CUADROS ICHIMATSU

INSPIRADOS EN EL PATRÓN DEL *HAKAMA* (UNA ESPECIE DE FALDA-PANTALÓN PARA EL KIMONO) DE ICHIMATSU SANOGAWA, UN ACTOR DE KABUKI DEL PERÍODO EDO.

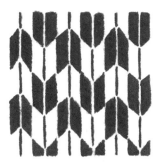

FLECHAS

INSPIRADO EN LAS PLUMAS DE LAS FLECHAS. EN LOS PERÍODOS MEIJI Y TAISHO SE PUSO DE MODA ENTRE LAS ESTUDIANTES COMBINAR UN KIMONO DE ESTE MOTIVO CON UN *HAKAMA* MARRÓN LANGOSTA.

OLAS AZULES DEL MAR

INSPIRADO EN LAS OLAS DEL MAR. REPRESENTAN EL DESEO DE QUE LOS DÍAS TRANSCURRAN CON PAZ Y TRANQUILIDAD, COMO EL PATRÓN DE GENTILES OLAS QUE SE REPITE.

MOTIVO KAMAWANU

KAMA ('HOZ') + *WA* ('CÍRCULO') + *NU* (SÍLABA DEL *HIRAGANA*). KAMAWANU TAMBIÉN SIGNIFICA 'DAR IGUAL'. EN EL PERÍODO EDO, SU SIGNIFICADO DE 'ME DA IGUAL LO QUE ME PASE' SE POPULARIZÓ, PORQUE SE CONSIDERABA ESTILOSO.

Mi madre era increíblemente hábil con las manos. Se le daba muy bien la papiroflexia. Además de la grulla, sabía hacer una gran esfera llamada *kusudama* combinando decenas de papeles distintos, o fabricaba cajones para convertir una caja vacía en un pequeño cofre de accesorios. El corazón me latía con fuerza mientras observaba aquellos simples papeles cuadrados transformándose en otra cosa. ¡Parecía magia! La papiroflexia es una parte de nuestra cultura que me gustaría mantener viva para siempre.

SIRVIENTE DEL SAMURÁI

 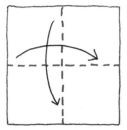 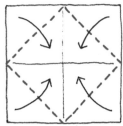

① DOBLA EL PAPEL POR LAS LÍNEAS DE PUNTOS PARA CREAR UN PLIEGUE HORIZONTAL Y OTRO VERTICAL.

② DOBLA POR LAS LÍNEAS DE PUNTOS HACIA EL CENTRO.

③ GIRA EL PAPEL Y DOBLA POR LAS LÍNEAS DE PUNTOS.

 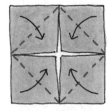 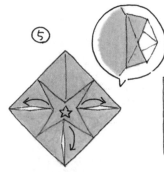 

④ GÍRALO DE NUEVO Y DOBLA POR LAS LÍNEAS DE PUNTOS.

⑤ GÍRALO DE NUEVO, METE LOS DEDOS EN LAS ABERTURAS Y ÁBRELAS HACIA FUERA.

¡LISTO!

GRULLA

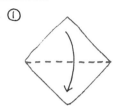

① DOBLA POR LA LÍNEA PARA HACER UN TRIÁNGULO.

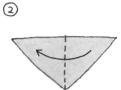

② DOBLA POR LA MITAD.

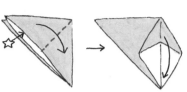

③ ABRE EL ESPACIO QUE SEÑALA LA ESTRELLA Y DÓBLALO HACIA ABAJO.

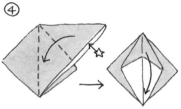

④ GIRA EL PAPEL Y HAZ LO MISMO CON LA OTRA ABERTURA.

⑤ DOBLA POR LAS LÍNEAS PARA CREAR LOS PLIEGUES.

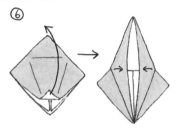

⑥ ABRE HACIA ARRIBA EL EXTREMO INFERIOR Y DÓBLALO HORIZONTALMENTE.

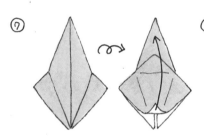

⑦ GIRA EL PAPEL Y HAZ LO MISMO QUE EN EL PUNTO ANTERIOR.

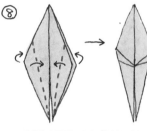

⑧ DOBLA POR LAS LÍNEAS HACIA EL CENTRO Y HAZ LO MISMO POR DETRÁS.

⑨ ABRE EL PLIEGUE Y JÚNTALO CON EL LADO CONTRARIO. HAZ LO MISMO POR DETRÁS.

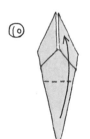

⑩ DOBLA POR LA LÍNEA DE PUNTOS. HAZ LO MISMO POR DETRÁS.

⑪ ABRE EL PLIEGUE Y JÚNTALO CON EL LADO CONTRARIO. HAZ LO MISMO POR DETRÁS.

⑫ DOBLA UNO DE LOS LADOS POR LA LÍNEA PARA HACER LA CABEZA.

¡ÁBRELE LAS ALAS Y LISTO!

ESTRELLA NINJA

 ①

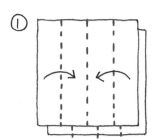

USA DOS PAPELES Y DOBLA AMBOS POR LAS LÍNEAS DE PUNTOS.

②

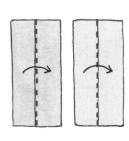

DOBLA POR LA LÍNEA DE PUNTOS.

③

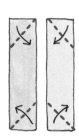

DOBLA POR LAS LÍNEAS DE PUNTOS.

④

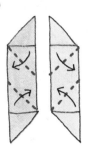

DOBLA POR LAS LÍNEAS DE PUNTOS.

⑤

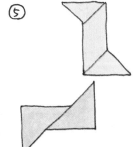

VOLTEA SOLO UNO DE LOS DOS Y COLÓCALOS COMO INDICA LA IMAGEN.

⑥

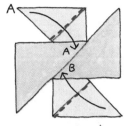

MÓNTALOS, METE EL EXTREMO B EN EL ESPACIO B Y EL A EN EL A.

⑦

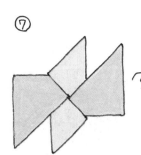

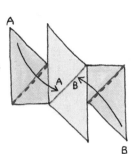

GÍRALO, METE EL EXTREMO B EN EL ESPACIO B Y EL A EN EL A.

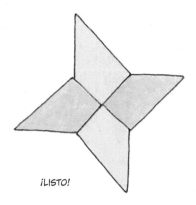

¡LISTO!

PELOTA

①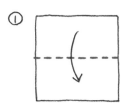

DOBLA POR LA LÍNEA
DE PUNTOS.

②

DOBLA OTRA VEZ POR
LA MITAD.

③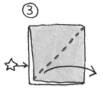

ABRE LA ABERTURA MARCADA CON LA
ESTRELLA Y PRESIONA HACIA ABAJO
PARA DOBLARLO.

④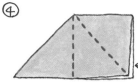

GÍRALO Y HAZ LO MISMO EN EL OTRO LADO
CON LA OTRA ABERTURA.

⑤

DOBLA POR LAS LÍNEAS
HACIA EL CENTRO. HAZ
LO MISMO POR DETRÁS.

⑥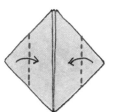

DOBLA POR LAS LÍNEAS HACIA EL
CENTRO. HAZ LO MISMO POR
DETRÁS.

⑦

DOBLA POR LA LÍNEA DE
PUNTOS. HAZ LO MISMO
POR DETRÁS.

⑧

DOBLA POR LA LÍNEA DE
PUNTOS Y METE LOS EX-
TREMOS EN LAS ABERTU-
RAS. HAZ LO MISMO POR
DETRÁS.

⑨

SOPLA POR EL PUNTO MAR-
CADO CON LA ESTRELLA E
ÍNFLALO.

¡LISTO!

¡PUEDES
JUGAR A
HACERLA
SALTAR! ♪

POM
POM

十一月 Noviembre

霜 月 *Shimotsuki,* el decimoprimer mes del antiguo calendario

(霜: escarcha, helada; 月: mes)

El nombre viene de la abreviatura de la palabra *shimofurizuki*, que significa 'mes en el que cae la helada', ya que los días amanecen cubiertos de escarcha. Tiene otros nombres, como *shimomizuki* ('mes en el que se ve escarcha'), *yukimachizuki* ('mes en el que se espera la nieve'), *yukimizuki* ('mes en el que se ve la nieve'); y puesto que es el mes en el que los dioses dejan Izumo Taisha y vuelven a su lugar de origen, también se llama *kamikizuki* ('mes en el que regresan los dioses').

NOVIEMBRE

1

2

3

4

5

6

EN EL CALENDARIO, LA ESTACIÓN SE INICIA AQUÍ Y DURA HASTA EL DÍA PREVIO AL INICIO DE LA PRIMAVERA.

7 (APROX.): *RITTŌ*, EL INICIO DEL INVIERNO

8

9

10

11

12

13

14

15 SHICHI-GO-SAN, SIETE-CINCO-TRES

16

17

18

19

20

21

EMPIEZA A NEVAR DE FORMA ESPORÁDICA.

22 (APROX.): *SHŌSETSU*, PEQUEÑA NEVADA

23

24

25

26

27

28

29

30

24 TÉRMINOS SOLARES

OTROS EVENTOS Y COSTUMBRES

Un tiempo apacible precede a la llegada del pleno invierno. El contraste entre las hojas doradas de los *ginkgo biloba* y el azul claro del cielo son dignos de la expresión *koharubiyori* o 'días de paz de la pequeña primavera'. A veces la gente se confunde, pero este término no hace referencia a la primavera, sino a las agradables temperaturas de la época comprendida entre finales de otoño y comienzos de invierno.

Las nueces de *ginkgo* son el sabor del otoño por excelencia. Cuando paso por debajo de estos árboles me embriaga el olor característico de sus frutos.

Los frutos del *ginkgo* que solemos ver normalmente son solo la parte de las semillas. Cuando caen de los árboles, estas están envueltas por una pulpa, igual que las cerezas, que es la responsable de su olor.

Antes vivía en un piso que se encontraba en un lugar algo elevado. El suelo de un camino cercano bastante empinado estaba repleto de estos frutos, y cuando llovía resbalaba mucho. Cuando llega esta época del año, el olor de las nueces del *ginkgo* me trae recuerdos que me hacen sonreír.

Ahora que lo pienso, mi madre solía recoger las nueces que encontraba de vuelta a casa y las freía, pero al tocar la pulpa con las manos desnudas se le irritaba la piel... ¡No olvides los guantes si quieres coger estos frutos!

FLOR DE LOS NACIDOS
EN NOVIEMBRE:

CRISANTEMO

SIGNIFICADO EN EL LENGUAJE
DE LAS FLORES: 'NOBLE'

ALIMENTOS DE TEMPORADA EN NOVIEMBRE

十一月の旬

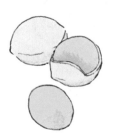

NUEZ DEL GINKGO BILOBA

NO PUEDEN FALTAR COMO GUARNICIÓN EN PLATOS COMO EL *CHAWANMUSHI*, NATILLAS DE HUEVO CON POLLO, SETAS Y DEMÁS, O EN LAS BROCHETAS AL FUEGO LLAMADAS *KUSHI-YAKI*. ALIVIAN LA TOS Y MEJORAN LA ENURESIS NOCTURNA Y LA POLIURIA, Y TIENEN PROPIEDADES ANALÉPTICAS.

SI SE COMEN DEMASIADAS HAY RIESGO DE INTOXICACIÓN. LOS ADULTOS PUEDEN COMER HASTA DIEZ AL DÍA Y LOS NIÑOS, CINCO.

 RECETA FÁCIL DE NUECES DE *GINKGO* AL MICROONDAS

① METE LAS NUECES EN EL SOBRE Y PLIEGA LA ABERTURA DOS VECES.

LAS NUECES SALTAN CUANDO SE CALIENTAN, ASÍ QUE HAZ UN PLIEGUE ANCHO PARA QUE NO SALGAN DEL SOBRE.

INGREDIENTES

- 10 NUECES DEL GINKGO
- SOBRE MARRÓN (QUE NO TENGA PEGAMENTO)

② PON EL MICROONDAS A 500 W ENTRE 1 MIN Y MEDIO Y 2.

③ SÁCALAS DEL SOBRE Y PÉLALAS. CALIENTA UN POCO MÁS LAS QUE NO SE HAN ABIERTO Y QUÍTALES LA CÁSCARA CON UNAS TIJERAS DE COCINA.

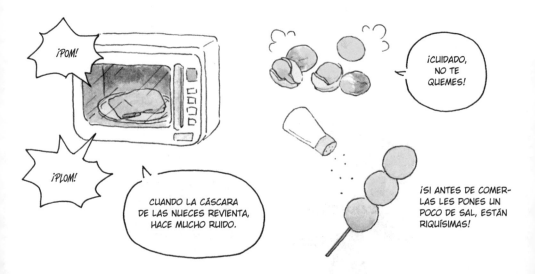

¡POM!

¡PLOM!

CUANDO LA CÁSCARA DE LAS NUECES REVIENTA, HACE MUCHO RUIDO.

¡CUIDADO, NO TE QUEMES!

¡SI ANTES DE COMER-LAS LES PONES UN POCO DE SAL, ESTÁN RIQUÍSIMAS!

MANZANA

ES UNA FRUTA TAN SALUDABLE QUE POPULARMENTE
SE DICE QUE COMER UNA AL DÍA EVITA LAS VISITAS
AL MÉDICO. SU FIBRA ALIMENTARIA MEJORA LA FLORA
INTESTINAL, LOS POLIFENOLES DE SU PIEL PREVIENEN
EL ENVEJECIMIENTO DEL CUTIS Y SU POTASIO BAJA LA
PRESIÓN ARTERIAL ELEVADA.

BONIATO

CUANDO ESTÁN CALIENTES DESPRENDEN UN AROMA DULCE
Y AGRADABLE, SOBRE TODO AQUELLOS QUE SE CONSUMEN
EN ÉPOCAS FRÍAS. NORMALMENTE, LA VITAMINA C ES MUY
SENSIBLE AL CALOR, PERO EL CASO DE LOS BONIATOS ES
ESPECIAL PORQUE, AUNQUE LOS CALENTEMOS, NO LA PIER-
DEN CON FACILIDAD. TAMBIÉN SON RICOS EN FIBRA, POR LO
QUE MEJORAN LA FLORA INTESTINAL.

```
INGREDIENTES
(PARA DOS PERSONAS)

•    2 BONIATOS

•    100 ML DE AGUA

•    UNA PIZCA DE SAL
```

 BONIATOS DULCES Y CALENTITOS: ¡FÁCILES DE HACER
EN LA ARROCERA!

(1) LAVA BIEN LOS BONIATOS CON
AGUA Y CÓRTALOS EN TROZOS
GRANDES PARA QUE QUEPAN
EN LA ARROCERA.

(2) AÑADE LOS 100 ML DE AGUA EN LA
QUE PREVIAMENTE HAYAS DISUELTO
LA SAL.

(3) ¡CUÉCELOS CON EL MODO NORMAL!

FUM   FUM

¡LISTO!

Rittõ, el inicio del invierno
7 de noviembre (aprox.)

Hemos llegado al término solar en cuyo nombre aparece la palabra «invierno». Según el calendario, esta estación dura hasta el día anterior al Risshun, o inicio de la primavera.

Durante el día la temperatura es más propia del otoño, pero en las horas sin sol baja bastante. Cuando llega el invierno, acaba la temporada de las hojas otoñales y el viento frío del norte va despojando a los árboles de sus vestiduras. Por eso recibe el nombre de *kogarashi*, que significa 'secador de árboles'.

Un baño relajante

En esta época empezamos a decir que «hace frío» en vez de «fresco». ¡Menos mal que puedo darme baños calentitos! Para muchos japoneses, es el requisito imprescindible para terminar el día.

Leer en la bañera es parte de mi rutina diaria. Uso aromas para relajarme o dejo en remojo solo la mitad del cuerpo para eliminar toxinas a través del sudor. Además de limpiar el cuerpo, el baño alivia la fatiga mental y es un momento del día que disfrutamos.

No son muchos los países que tienen por costumbre usar la bañera y, de entre estos, Japón ha desarrollado una cultura propia, como meterse en el agua con cálamo aromático o con los cítricos llamados *yuzu*.

Se cree que la práctica de tomar baños llegó a Japón en el siglo VI desde China, con el budismo. Según esta doctrina, «quita las siete enfermedades y otorga las siete bendiciones», y es importante eliminar la suciedad del cuerpo para servir a Buda. Antes, en los templos había baños públicos abiertos para el uso del pueblo.

Una teoría dice que la palabra *furo* ('baño') viene de la palabra *muro* ('cueva, sótano, bodega'). Antaño, la gente entraba en habitaciones llenas de vapor para sudar y eliminar toxinas, algo similar a las saunas de la actualidad. Hace un par de siglos, en el período Edo, empezaron a meterse en bañeras con agua caliente. Yo pensaba que relajarse en la bañera había sido parte de la mentalidad japonesa desde tiempos remotos, pero al parecer es algo más reciente.

Formas de disfrutar de un baño

BAÑO DE LECHE

PON DE MEDIO LITRO A UN LITRO DE LECHE EN LA BAÑERA. MEJORA EL ASPECTO DE LA PIEL Y AYUDA A DORMIR.

BAÑO DE ÁCIDO CARBÓNICO

PON UNA CUCHARADA SOPERA DE ÁCIDO CÍTRICO Y DOS DE BICARBONATO SÓDICO EN LA BAÑERA; EMANARÁ DIÓXIDO DE CARBONO. MEJORA LA CIRCULACIÓN Y PREVIENE EL OLOR CORPORAL.

BAÑO CON AGUA DE ARROZ

PON EL AGUA TURBIA CON LA QUE HAS LAVADO POR PRIMERA VEZ EL ARROZ EN LA BAÑERA. DEJA LA PIEL TERSA Y SUAVE.

BAÑO DE SAL

PON DE 30 A 50 G DE SAL NATURAL Y SAL DE ROCA EN LA BAÑERA. MEJORA LA PIEL SECA Y LOS ECCEMAS. AYUDA A RETENER EL CALOR.

BAÑO DE SAKE

AÑADE DE 50 A 100 ML DE SAKE JAPONÉS A LA BAÑERA. RETIENE EL CALOR, MEJORA EL ASPECTO DE LA PIEL Y AUMENTA LA RESISTENCIA AL FRÍO.

BAÑO DE ARTEMISA

METE EN LA BAÑERA HOJAS DE ARTEMISA QUE HAYAN ESTADO DOS O TRES DÍAS COLGADAS EN UN LUGAR SECO. RELAJA, ALIVIA EL DOLOR LUMBAR Y LA TENSIÓN DE HOMBROS.

La tela polivalente: el pañuelo *furoshiki*

El *furoshiki* es como una tela mágica que puede cambiar de forma y tamaño para ajustarse a los objetos que envuelve o transporta. Últimamente los hay con diseños muy bonitos, lo cual ha hecho que ganen popularidad entre las mujeres jóvenes. Yo también compré uno en Tokio del que me enamoré nada más verlo, y todavía lo uso. No sé muy bien cuándo fue, pero una vez fui a contemplar los cerezos en flor con unas botellas de sake envueltas en uno, y a la vuelta lo usé de paraguas cuando empezó a chispear. ¡Realmente sirve para muchas cosas!

El nombre *furoshiki* (*furo*: 'baño'; *shiki*: 'poner, extender') tiene su origen en un señor feudal del período Muromachi, que cuando se bañaba envolvía sus ropas en una tela con su insignia familiar para que no las confundieran con las de otros. Cuando terminaba de bañarse la extendía y se sentaba sobre ella para vestirse.

Claves para dominar el *furoshiki*

CÓMO HACER EL NUDO *MAMUSUBI* — ES EL NUDO MÁS BÁSICO DE TODOS. SI LO APRENDES A HACER BIEN, ¡NO TENDRÁS QUE PREOCUPARTE POR QUE SE SUELTE!

①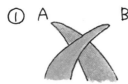

SUPERPÓN AMBOS EXTREMOS CON EL B POR ENCIMA.

②

ENLÁZALOS.

③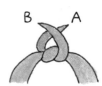

SUPERPÓN AMBOS EXTREMOS CON EL B POR ENCIMA OTRA VEZ.

④

ENLÁZALOS OTRA VEZ.

⑤

¡ÑUC!

TIRA DE LOS EXTREMOS HACIA AMBOS LADOS.

> HAY UN TRUCO PARA DESHACERLO FÁCILMENTE.

①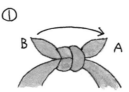

TIRA DE B HACIA A.

②

SUJETA AQUÍ.

TIRA DE AQUÍ.

SUJETA EL PUNTO QUE INDICA EL DIBUJO Y TIRA DE LA TELA EN DIRECCIÓN A LA FLECHA.

BOLSO

①

DÓBLALO EN UN TRIÁNGULO CON LA PARTE QUE QUIERAS QUE QUEDE EN EL EXTERIOR DENTRO.

②

ATA CADA EXTREMO CON UN NUDO SIMPLE.

③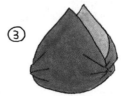

DALE LA VUELTA A LA TELA.

④

GIRA SOBRE SÍ MISMOS 3 O 4 VECES LOS EXTREMOS QUE NO HABÍAS ANUDADO Y HAZ UN NUDO *MAMUSUBI* CON ELLOS.

¡LISTO!

¡SI TE INVITAN A CASA DE ALGUIEN Y LLEVAS LAS BOTELLAS ASÍ, QUEDARÁS GENIAL! ♪

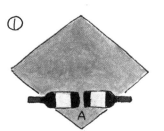

①  ②

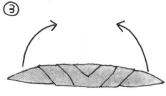 ③

COLOCA LAS BOTELLAS SEPARADAS POR UNOS 5 CM, COMO EN LA IMAGEN.

ENROLLA LAS BOTELLAS CON EL EXTREMO A.

COGE AMBOS EXTREMOS Y LE- VÁNTALOS DE MODO QUE EN EL MEDIO QUEDE UN PLIEGUE.

④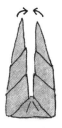

⑤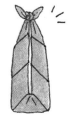

CÓGEME POR EL NUDO PARA TRANSPORTARME.

HAZ UN NUDO *MAMUSUBI* CON AMBOS EXTREMOS.

¡LISTO!

ASEGÚRATE DE UTILIZAR UN PAÑUELO PEQUEÑO.

¡USA TELAS DE ESTAMPADOS QUE HAGAN JUEGO CON LA DECORACIÓN!

①

②

COLOCA LA CAJA EN EL CENTRO DEL PAÑUELO.

DOBLA DOS EXTREMOS.

③

④

¡LISTO!

RECOLOCA EL PAÑUELO PARA QUE CU- BRA LA CAJA Y ATA AMBOS EXTREMOS CON UN NUDO *MAMUSUBI*.

HAZ LO MISMO EN EL OTRO LADO.

Shichi-go-san, Siete-Cinco-Tres
15 de noviembre

En las primeras páginas de mi álbum de fotos salgo con tres años ataviada con un kimono precioso y los labios pintados de rojo: son las fotos del Shichi-go-san. La mayoría de las fotos de mi época de guardería son de color sepia, pero las de esta celebración lucen colores muy vivos. Seguro que mis padres quisieron guardar un buen recuerdo de este gran momento de mi vida y usaron una cámara muy buena. Para ser sincera, lo único que recuerdo de aquel día son lo deliciosos que estaban los *chitose-ame* ('caramelos de los mil años'), pero para mis padres fue una ocasión muy especial para celebrar cuánto había crecido su niña.

El Shichi-go-san consiste en ir a los santuarios o templos para celebrar y dar las gracias por que los niños hayan crecido con salud y para desear que sean felices en adelante. Antaño lo celebraban los niños de tres y cinco años y las niñas de tres y siete (con el sistema de conteo de la edad *kazoedoshi*). En cambio, ahora solo lo suelen celebran los niños de cinco años y las niñas de tres y de siete (con el sistema de conteo de edad real). La razón por la que se escogen estas edades tiene su origen en unas ceremonias del período Heian conocidas como Kamioki no iwai, Hakama-gi no iwai y Obitoki.

A partir del Kamioki no iwai, que se celebraba a los tres años, los niños y las niñas, que llevaban el pelo rapado, podían dejárselo crecer. A los cinco años, los niños vestían un *hakama* por primera vez en el Hakama-gi no iwai, y a los siete años las niñas dejaban de usar un cordel como cinturón para su kimono y empezaban a ponerse uno llamado *obi*, como las mujeres adultas.

Durante el Shichi-go-san se comen unos caramelos llamados *chitose*, que significa 'mil años', para desear que la vida de los niños sea tan larga como el nombre de este dulce.

Inoko iwai, el Festival del Día del Jabalí

亥の子祝い

Esta celebración empezó como un evento anual de la Casa Imperial en el período Heian y aún hoy se mantiene sobre todo en el oeste de Japón. En el primer día del jabalí (cerdo) del décimo mes del antiguo calendario a la hora del jabalí (de 9 a 11 de la mañana), se come *inoko-mochi* para pedir salud y una próspera descendencia.

Antes, el *inoko-mochi* se hacía con arroz de temporada o *shinmai* al que se le añadían siete tipos de ingredientes en polvo: soja, judías *azuki*, caupí, sésamo, castaña, caqui y azúcar. Hoy en día la receta varía según la región o la pastelería tradicional que los haga.

Se les dio forma de crías de jabalí porque es un animal es muy prolífico. Al parecer, estos *mochi* aparecen en una escena de la novela clásica *Genji Monogatari*, más concretamente en la segunda noche de recién casados de Hikaru Genji y Murasaki.

Además de comer *inoko-mochi*, hay regiones que celebran el Inoko-tsuki, un evento en el que los niños golpean la tierra con los *inoko-zuchi*, una especie de varas hechas con la paja de la planta del arroz, y las *inokonoishi*, unas piedras atadas con cuerdas. También recorren el vecindario recibiendo *mochi*, dulces y calderilla. Se dice que los golpes a la tierra sirven para avivar su espíritu.

¡O-*NIGIRI* CON FORMA DE JABATOS!

AQUÍ TE DOY UNA RECETA FÁCIL DE *O-NIGIRI* CON FORMA DE JABATOS.

INGREDIENTES
(PARA CUATRO UNIDADES)

- 2 BOLES DE ARROZ HERVIDO
- VIRUTAS DE BONITO SECO
- PASTA DE MISO
- SÉSAMO BLANCO
- ALGA *NORI*

---

① MEZCLA EL ARROZ CON EL BONITO Y EL SÉSAMO Y DALE FORMA DE JABALÍ.

② HAZ TRES HENDIDURAS EN LA ESPALDA CON UN PALILLO E INTRODUCE AHÍ EL MISO.

③ CORTA EL ALGA PARA HACER LOS OJOS.

¡LISTO!

Tal y como he dicho en la página anterior, la hora del jabalí es entre las nueve y las once de la mañana. Ese jabalí es el mismo cerdo que el de los signos del zodíaco chino. Estos signos no solo se relacionan con los años, los meses y las direcciones, sino que también se usaban para contabilizar las horas del día. Ahora tiene veinticuatro horas, pero antiguamente se dividía en doce partes; y a cada una de estas se le asignaba un animal del zodíaco.

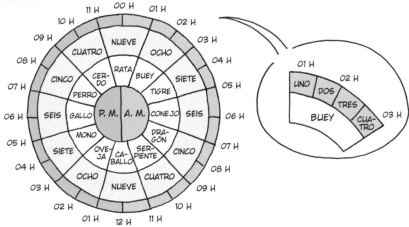

En las historias de fantasmas se suele decir «*kusaki mo nemuru ushi mittsu-doki*», que significa 'en el tercer cuarto de la hora del buey, cuando hasta árboles y plantas duermen'. Cada tiempo asignado a un signo zodiacal se divide a su vez en cuatro partes, por lo que «el tercer cuarto de la hora del buey» es entre las dos y las dos y media de la madrugada. Ciertamente, el silencio de esa hora invita a que salgan los fantasmas. Además, el buey equivale al noreste, donde también está la *kimon*, la puerta de los demonios, por lo que se refuerza aún más la asociación de esta hora con un concepto negativo.

¡QUÉ HAM- BRE!

Por otro lado, en el período Edo, la forma de contabilizar las horas era un tanto curiosa. Tanto el día como la noche se dividían en seis partes, que iban del cuatro al nueve, tal y como se muestra en el dibujo. En aquella época se comía dos veces al día. De hecho, una de ellas era sobre las tres de la tarde, las ocho (*yattsu*) en ese sistema antiguo, y es la que dio lugar al término *o-yatsu*, que significa 'tentempié' o 'merienda'. Puedes pensar: «Y yo, que hago tres comidas y un tentempié al día, ¿no estaré comiendo demasiado?», pero ¡siempre hay un rinconcito en el estómago para picar! Seguro que entonces la gente también deseaba que llegara la hora de comer.

酉の市

Tori no ichi, el Festival del Gallo

En los días del gallo de noviembre se abren mercadillos en los santuarios sintoístas Ōtori de todo el país para pedir prosperidad económica. Se cree que el origen de estos eventos está en que, antiguamente, los campesinos ofrendaban estas aves en los santuarios durante los festivales de las cosechas. Esta tradición se fue transformando a lo largo del tiempo y se ha convertido en un mercadillo de productos y herramientas agrícolas. Con la llegada del período Edo, se empezaron a vender también rastrillos de la buena suerte llamados *engi-kumade*, que tenían adornos de grullas y tortugas, de mujeres mofletudas y sacos de arroz, etc. Se cree que este rastrillo adornado con bambú arrastra hacia uno la felicidad y atrae la buena suerte, por eso es un símbolo auspicioso de la prosperidad en los negocios.

En el mercadillo se ve un sinfín de rastrillos *kumade*: los hay que son del tamaño de un puño, y otros tan grandes y pomposos que ni siquiera caben en los puestos. Entre el gentío se oyen palmadas y gritos de celebración: es tal el poder de la vida que hay en ellos que los escalofríos del invierno se convierten en entusiasmo. Los festivales del gallo más famosos son el Ōtori-jinja de Asakusa, el Hanazono-jinja de Shinjuku, el Ōkunitama-jinja de la ciudad tokiota de Chūfu, el Ōtori-taisha de la ciudad de Sakai en Ōsaka, el Chōfuku-ji de Nagoya, etc.

Comprar un rastrillo *kumade*

Una de las cosas divertidas de comprar un rastrillo *kumade* es que hay que regatear con el vendedor, aunque, antiguamente, la parte que se lograba rebajar del precio se daba igualmente a la tienda como propina. De vuelta a casa, se lleva el *kumade* bien alto para que atrape toda la felicidad posible. Se cree que para tener prosperidad económica hay que comprar un *kumade* más grande que el año anterior, así que es mejor controlarse y no comprar uno enorme desde el principio.

Hace años, cuando compré el primero, elegí el más barato de la tienda. Valía tan poco que no pude regatear... A pesar de ello, todos los vendedores de la tienda aparecieron y me hicieron un enérgico *sanbonjime*, tres repeticiones de un patrón de palmadas que se suelen hacer en las celebraciones. Recuerdo que aquel gesto me encantó. Ya hace años de aquello, pero siempre que llega esta época empiezo a planear qué tamaño escogeré. Para mí, este festival es muy importante, me emociona mucho.

CURIOSIDADES ¿Si hay tres días del gallo, hay más incendios?

El primer día del gallo del mes se denomina *ichi no tori*, el segundo *ni no tori* y el tercero *san no tori*. Una superstición dice que los años en los que hay un tercer día del gallo en noviembre se producen más incendios. Hay varias teorías que explican el origen de esta creencia, entre las cuales una que dice que todo empezó con una mentira que las esposas contaban a sus maridos para que estos no se acercaran al distrito rojo de Yoshiwara. En aquella época, muchos hombres hacían una parada en dicha zona de regreso a casa después del festival, y sus esposas no soportaban que lo hicieran una tercera vez, así que les decían que había más peligro de incendios, por lo que debían volver directos a casa. Qué historia tan interesante idearon esas mentes femeninas, ¿eh?

Remedios tradicionales para el resfriado

Con la llegada del invierno aumentan los resfriados. Antes, cuando no había hospitales ni farmacias tan cerca como ahora, la gente usaba remedios tradicionales para superar las enfermedades. Aún a día de hoy, cuando uno empieza a sentirse resfriado, toma *tamago-zake* (ponche de huevo) y *shōga-yu* (infusión de jengibre). Los medicamentos que tomamos para el resfriado sirven para tratar síntomas como la fiebre y la congestión nasal, pero no curan. Para curarnos solo podemos fortalecer las defensas y el poder de recuperación que ya posee nuestro cuerpo. Si te parece que estás incubando un resfriado, además de descansar mucho, lavarte las manos y hacer gárgaras, prueba estos remedios. (Si te encuentras muy mal, ¡lo mejor es ir al médico!)

| TAMAGO-ZAKE | PONCHE DE HUEVO. CALIENTA EL CUERPO, ES NUTRITIVO Y REDUCE LA CONGESTIÓN NASAL. |

PON UN HUEVO EN UN BOL, BÁTELO, ÉCHALE DOS CUCHARADAS SOPERAS DE AZÚCAR Y MÉZCLALO TODO.

AÑADE POCO A POCO 180 ML DE SAKE JAPONÉS QUE ESTÉ A TEMPERATURA CORPORAL Y MÉZCLALO BIEN.

SI LO QUIERES SIN ALCOHOL, HIERVE EL SAKE PARA QUE SE EVAPORE Y DÉJALO ENFRIAR.

| UMEBOSHI-CHA | TÉ DE CIRUELAS SECAS ENCURTIDAS. CALIENTA EL CUERPO, ALIVIA EL CANSANCIO Y LA CONGESTIÓN NASAL. |

FRÍE LA CIRUELA A FUEGO LENTO Y SIN PRISAS, PONLA EN UN BOL Y VIERTE TÉ VERDE POR ENCIMA.

BÉBETELO MIENTRAS APLASTAS LA CIRUELA CON UNOS PALILLOS, UN TENEDOR O SIMILAR.

SHŌGA-YU   INFUSIÓN DE JENGIBRE. CALIENTA EL CUERPO, ALIVIA EL DOLOR DE GARGANTA Y LA CONGESTIÓN NASAL.

RALLA UNA CUCHARADITA DE JENGIBRE EN UN BOL (TAMBIÉN PUEDE SER DE TUBO). AÑADE UNA CUCHARADA SOPERA DE MIEL, AGUA CALIENTE Y MÉZCLALO.

NEGI-YU   INFUSIÓN DE CEBOLLETA. CALIENTA EL CUERPO Y ESTIMULA LA SUDORACIÓN.

PICA MUY FINOS UNOS 10 CM DE LA PARTE BLANCA DE LA CEBOLLETA Y PONLO EN UN BOL.

AÑADE UNA CUCHARADITA DE PASTA DE MISO, 200 ML DE AGUA CALIENTE Y MÉZCLALO.

DAIKON-AME   CARAMELOS DE NABO JAPONÉS. CALMAN LA INFLAMACIÓN DE GARGANTA.

CORTA EL NABO SIN PELAR EN DADOS DE 1 CM, PONLOS EN UN BOTE DE CONSERVAS Y AÑADE MIEL HASTA SUMERGIRLOS.

DEJA QUE REPOSE MEDIO DÍA.

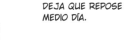

PUEDES BEBERTE EL LÍQUIDO CLARO DE LA SUPERFICIE DIRECTAMENTE O DILUIRLO EN AGUA CALIENTE.

十二月 Diciembre

師 走 *Shiwasu,*
el decimosegundo mes del antiguo calendario

(師: maestro; 走: correr)

Se cree que el nombre proviene de que en el último mes del año hay tanto que hacer que hasta el maestro más calmado corre de un lado para otro. Otra teoría dice que viene de la palabra *shihasezuki* ('mes en que los maestros se dan prisa'), porque los monjes budistas maestros recorren el país a toda prisa recitando sus *sutra*. También se llama *kukan* ('frío doloroso'), *kurekozuki* ('mes en que termina lo viejo'), *harumachizuki* ('mes en el que se espera la primavera'), *umehatsuzuki* ('mes de los primeros ciruelos'), entre otros.

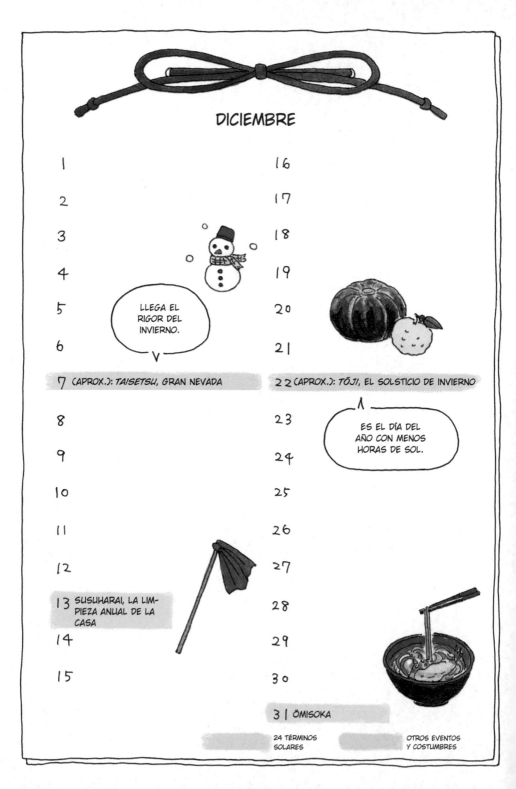

DICIEMBRE

1	16
2	17
3	18
4	19
5	20
6	21

LLEGA EL RIGOR DEL INVIERNO.

7 (APROX.): *TAISETSU*, GRAN NEVADA

22 (APROX.): *TŌJI*, EL SOLSTICIO DE INVIERNO

ES EL DÍA DEL AÑO CON MENOS HORAS DE SOL.

8	23
9	24
10	25
11	26
12	27
13 SUSUHARAI, LA LIMPIEZA ANUAL DE LA CASA	28
14	29
15	30

31 | *ŌMISOKA*

24 TÉRMINOS SOLARES

OTROS EVENTOS Y COSTUMBRES

Por fin llega el último mes del año. Cuando sé que el año está a punto de acabar, me envuelve la extraña sensación de que tengo que apresurarme. ¡Incluso el frío me ayuda a caminar más rápido! Los días ajetreados se suceden mientras corro para terminar todo lo que me queda por hacer, porque quiero empezar el nuevo año renovada, con el trabajo y la casa en orden. Los eventos anuales rompen un poco el ritmo de vida diaria, pero el cambio de año es el más especial de todos. Siento que todo renace.

En japonés tenemos las palabras *bōnenkai* ('reunión para olvidar el año') y *toshiwasure* ('olvidar el año'), que hacen referencia a fiestas para despedir el año. Tal y como dicen sus significados literales, hay que olvidar todo lo malo que ha ocurrido y prepararse para recibir el nuevo año llenos de esperanza.

FLOR DE LOS NACIDOS
EN DICIEMBRE:

CICLAMEN

SIGNIFICADO EN EL LENGUAJE
DE LAS FLORES: 'TIMIDEZ'

ALIMENTOS DE TEMPORADA EN DICIEMBRE

十
二
月
の
旬

MANDARINA

COMER MANDARINAS SENTADOS A LA MESA-BRASERO ES LA IMAGEN POR EXCELENCIA DEL INVIERNO EN JAPÓN. LA PECTINA DE SU PIEL, CON SUS TIRAS BLANCAS, MEJORA LA FLORA INTESTINAL Y SU ALTO CONTENIDO EN FIBRA AYUDA A BAJAR EL COLESTEROL, POR LO QUE YO RECOMIENDO COMERLAS ENTERAS, CON LA PIEL.

NABO JAPONÉS

CASI TODOS LOS NABOS QUE HAY SON DE UNA VARIEDAD LLAMADA *AOKUBI*. EN INVIERNO ES CUANDO MÁS DULCES Y JUGOSOS ESTÁN, Y CUANDO MÁS PICAN ES EN VERANO. POR OTRO LADO, TAMBIÉN LLAMAMOS *DAIKON* ('NABO JAPONÉS') A UN MAL ACTOR. ESTO VIENE DE UNA BROMA CON LA SEMEJANZA DE DOS PALABRAS: *SHOKU-ATARI SHINAI* ('NO DAR INTOXICACIÓN ALIMENTARIA') Y *ATARANAI* ('NO HACERLO BIEN'). IGUAL QUE EL NABO JAPONÉS NO PRODUCE INTOXICACIÓN SE COMA COMO SE COMA, YA SEA CRUDO O HERVIDO, UN ACTOR MALO, HAGA LO QUE HAGA, NUNCA DARÁ UNA.

COL CHINA

ES AGUA EN UN 95 %, PERO TAMBIÉN CONTIENE POTASIO, CALCIO Y VITAMINA C EN GRANDES CANTIDADES, POR LO QUE TIENE UN BUEN EQUILIBRIO NUTRICIONAL. ¡SU SIMPLE SABOR RESULTA MUY FÁCIL DE COMBINAR CON OTROS INGREDIENTES! VA MUY BIEN EN CUALQUIER COMIDA QUE HAGAS CON UNA OLLA.

BACALAO

PESCADO BLANCO DE SABOR SUAVE CUYA CARNE SE DESMENUZA CON FACILIDAD. LA PALABRA *TARAFUKU* ('COMER HASTA HARTARSE'), CUYOS *KANJI* SIGNIFICAN LITERALMENTE 'BARRIGA DE BACALAO', VIENE, ADEMÁS DE POR EL ASPECTO DE SU PANZA, DE QUE ESTE PEZ ES MUY GLOTÓN.

LA CAZUELA *DONABE*: ¡LA FORMA DE COCINAR PREFERIDA PARA EL INVIERNO!

ESTE TIPO DE CAZUELAS CONSERVAN MUY BIEN EL CALOR. SE CARACTERIZAN PORQUE UNA VEZ QUE SE CALIENTAN, TARDAN MUCHO EN ENFRIARSE. SI SE CUIDAN BIEN, PUEDEN DURAR MUCHOS AÑOS. SU CAPACIDAD DE POTENCIAR EL SABOR DE LOS ALIMENTOS TAMBIÉN ES FASCINANTE.

COMPRAR UNA CAZUELA *DONABE*

LAS CAZUELAS NUEVAS TIENDEN A ABSORBER EL AGUA, POR LO QUE ANTES DE USARLAS ES CONVENIENTE HACER UN ARROZ HERVIDO PARA SELLAR SUS POROS. EL ALMIDÓN RECUBRIRÁ EL INTERIOR, LAS GRIETAS QUE PUEDA HABER Y EVITARÁ QUE EL ALIMENTO ADQUIERA EL OLOR DEL RECIPIENTE.

☆ SELLAR LOS POROS

LLENA LA CAZUELA HASTA EL 80 % DE SU CAPACIDAD, PON UNA QUINTA PARTE DE ARROZ RESPECTO AL AGUA Y PONLO A FUEGO LENTO. CUANDO ACABE DE COCERSE, APAGA EL FUEGO Y DÉJALO ASÍ UNAS HORAS. DESPUÉS LAVA LA CAZUELA CON AGUA.

BLUP BLUP

LAVARLA

LAVA LA CAZUELA CUIDADOSAMENTE CON UNA ESPONJA Y DETERGENTE NEUTRO. NO UTILICES ESTROPAJOS DE ACERO NI OTROS PRODUCTOS DE LIMPIEZA. SI HAY SUCIEDAD INCRUSTADA, DÉJALA EN REMOJO CON AGUA CALIENTE UN RATO ANTES DE LAVARLA. SI ESTO NO ES SUFICIENTE, PONLA AL FUEGO CON AGUA Y UNA O DOS CUCHARADITAS DE BICARBONATO SÓDICO. CUANDO HIERVA, PARA EL FUEGO, DEJA QUE SE ENFRÍE Y DESPUÉS LÁVALA.

OTRAS CUESTIONES QUE TENER EN CUENTA

- ¡PROHIBIDO PONERLA AL FUEGO VACÍA!
- NO LA MOJES CUANDO AÚN ESTÁ CALIENTE.
- NO LA PONGAS AL FUEGO SI SU SUPERFICIE EXTERIOR ESTÁ HÚMEDA.

  TODO LO ANTERIOR PUEDE AGRIETARLA.

AL LAVARLA, HAY QUE TRATAR DE MOJAR LA SUPERFICIE EXTERIOR LO MENOS POSIBLE.

SI TIENE GRIETAS

CUECE ARROZ HERVIDO PARA SELLARLAS. EL ALMIDÓN DEL ARROZ PENETRARÁ EN LAS GRIETAS Y LAS TAPARÁ.

SI EL OLOR IMPREGNA LOS ALIMENTOS

LLENA LA CAZUELA HASTA EL 80 % DE SU CAPACIDAD, AÑADE UN PUÑADO DE HOJAS DE TÉ USADAS Y HIÉRVELAS DURANTE 10 MINUTOS.

Susuharai, la limpieza anual de la casa
13 de diciembre

すす払い

El 13 de diciembre es el día de la gran limpieza anual de la casa, en la que se acaba con el polvo y el hollín a consciencia, pero en realidad hay mucha gente que se pone a ello más cerca del final del año.

Antiguamente, este día se conocía como *shôgatsu-kotohajime*, que significa 'empezar a prepararse para el Año Nuevo'. Se iba a la montaña a por el pino de la decoración del *kadomatsu* y a por leña para cocinar la sopa tradicional *o-zôni*. La limpieza también formaba parte de estas actividades para recibir al dios del año, *toshigami-sama*, ya que se purificaban los altares budistas y sintoístas de la casa, así que el origen de la costumbre radica en las creencias religiosas. Las cocinas de las casas antiguas, llamadas *irori*, eran como una especie de chimeneas hundidas en el suelo del salón. Con el tiempo, el interior del hogar acababa negro por el hollín, *susu* en japonés.

¡HOY LIMPIARÉ TODAS LAS ZONAS A LAS QUE NO LLEGO NORMALMENTE!

LOS ALTARES HAY QUE LIMPIARLOS EL DÍA 13.

Limpiarlo todo de una tajada es demasiado para mí, así que a partir del 13 de diciembre voy avanzando por partes. Un día limpio la campana extractora, a la mañana siguiente las ventanas... ¡Así evito estresarme!

Limpieza ecológica con bicarbonato sódico y ácido cítrico

No me gusta usar productos de limpieza fuertes para quitar la grasa incrustada de la cocina o las marcas de agua del baño, porque agreden la piel y me preocupa que pasen a la comida. Voy a explicarte cómo limpiar con bicarbonato sódico y ácido cítrico, una alternativa mejor para ti y el medio ambiente. El primero es el ingrediente principal del polvo para hornear pasteles, mientras que el segundo es la sustancia que da acidez al limón. Ambos son naturales, por lo que difícilmente dañan las manos, e incluso son seguros si se ingieren. Pueden usarse sin preocupación en hogares con niños o mascotas.

BICARBONATO SÓDICO

COMPRA UNO PARA LIMPIAR.

EL DE COCINAR TAMBIÉN SIRVE, PERO ES MÁS CARO.

ÁCIDO CÍTRICO

COMPRA UNO PARA LIMPIAR.

AMBOS SE VENDEN EN DROGUERÍAS Y TIENDAS DE CIEN YENES.

BICARBONATO SÓDICO

FUNCIONA CONTRA LA SUCIEDAD ÁCIDA, COMO LAS MARCAS DE DEDOS O LAS MANCHAS DE GRASA. LE DA UN EFECTO DE PULIDO.

¡NO! NO LO USES EN ALUMINIO. (SE VUELVE NEGRO.)

ESPRAY DE AGUA Y BICARBONATO SÓDICO

DISUELVE UNA CUCHARADA SOPERA DE BICARBONATO SÓDICO EN 250 ML DE AGUA DENTRO DE UNA BOTELLA DE ESPRAY.

¡ÚSAME SIN MIEDO EN TODO LO QUE VEAS SUCIO! ♪

PASTA DE AGUA Y BICARBONATO SÓDICO

MEZCLA UNA PARTE DE AGUA POR CADA DOS DE BICARBONATO SÓDICO PARA CREAR UNA PASTA.

¡ÚSAME EN LA SUCIEDAD RESISTENTE!

GRASA DE LA COCINA

USA EL ESPRAY EN LAS MANCHITAS DE PAREDES Y DEMÁS, Y LUEGO PASA UN PAÑO. PON LA PASTA EN LOS LUGARES QUE SE RESISTAN, COMO LOS FOGONES, DÉJALA 30 MINUTOS Y QUÍTALA.

BAÑERA, SUELO Y PAREDES DEL BAÑO

MOJA LAS SUPERFICIES CON AGUA Y ÉCHALES BICARBONATO SÓDICO EN POLVO POR ENCIMA. FRIÉGALAS BIEN CON UNA ESPONJA Y LUEGO RETIRA EL BICARBONATO CON AGUA.

MICROONDAS Y NEVERA

LIMPIA CON UN PAÑO EMPAPADO EN AGUA CON BICARBONATO SÓDICO. PARA ACABAR, MOJA EL PAÑO EN AGUA Y HAZ 1OTRA PASADA.

EL BICARBONATO SÓDICO PUEDE DEJAR MANCHAS BLANCAS, ASÍ QUE ASEGÚRATE DE RETIRARLO BIEN.

ELIMINA EL MAL OLOR DEL ZAPATERO

¡SOLO HAY QUE PONER BICARBONATO SÓDICO EN POLVO DENTRO DE UN RECIPIENTE Y DEJARLO EN EL ZAPATERO PARA ACABAR CON EL MAL OLOR! PUEDES CAMBIARLO CADA DOS O TRES MESES Y REUTILIZARLO PARA LIMPIAR. ¡ESO QUE LE AHORRAS AL MEDIO AMBIENTE!

ÁCIDO CÍTRICO

FUNCIONA CONTRA LA SUCIEDAD ALCALINA, COMO LAS MARCAS DE AGUA O LOS RESTOS DE JABÓN.

¡NO!

° NO LO USES EN MÁRMOLES O SOBRE HIERRO. (DERRITE EL MÁRMOL Y OXIDA EL HIERRO.)

° NO LO MEZCLES CON DETERGENTES CLORADOS. (¡EMANARÁ GAS CLORURO Y ES MUY PELIGROSO!)

ESPRAY DE AGUA Y ÁCIDO CÍTRICO

DISUELVE UNA O DOS CUCHARADITAS DE ÁCIDO CÍTRICO EN 250 ML DE AGUA DENTRO DE UNA BOTELLA DE ESPRAY.

> PARA LA SUCIEDAD DIFÍCIL HAZME CONCENTRADO CON DOS CUCHARADITAS DE ÁCIDO CÍTRICO.

MARCAS DE AGUA Y RESTOS DE JABÓN EN GRIFOS Y ASEOS

USA EL ESPRAY CONCENTRADO Y DÉJALO ACTUAR 30 MINUTOS. FRIEGA LA SUPERFICIE CON UNA ESPONJA O UN CEPILLO DE DIENTES Y LUEGO ACLARA CON AGUA.

LAVABO

ROCÍA SUELO Y PAREDES CON EL ESPRAY Y LÍMPIALOS CON UNA BAYETA. PARA QUITAR LAS MANCHAS DIFÍCILES DEL VÁTER, COLOCA PAPELES SOBRE LAS ZONAS SUCIAS O AMARILLENTAS Y ROCÍALAS CON EL ESPRAY CONCENTRADO. DEJA ACTUAR TODA LA NOCHE Y RASCA CON UN CEPILLO.

MARCAS DE AGUA EN HERVIDORES ELÉCTRICOS

LLEVA EL HERVIDOR CON EL MÁXIMO DE AGUA POSIBLE Y AÑADE 50 G DE ÁCIDO CÍTRICO. ENCIÉNDELO Y, CUANDO SE CALIENTE EL CONTENIDO, DÉJALO UNA HORA. APÁGALO Y CUANDO SE ENFRÍE EL AGUA, DESÉCHALA Y FRIEGA EL INTERIOR CON UNA ESPONJA Y AGUA.

O~seibo, los regalos de Fin de Año

Al llegar la época de los regalos de Fin de Año, los centros comerciales, ya de por sí abarrotados, se llenan todavía más. Al abrirme paso entre la multitud, realmente me doy cuenta de que ha llegado diciembre.

Los *o-seibo* son los regalos que se hacen en diciembre a todas aquellas personas a quienes se quiere agradecer el apoyo prestado durante el año.

Los *kanji* de *seibo* significan 'año' y 'terminar', ya que antiguamente era una palabra para referirse al fin del año. Esta costumbre tiene su origen en la práctica de mandar regalos a la casa principal de una familia que servían de ofrenda para recibir al dios del año en Año Nuevo. La gente iba de casa en casa entregando los presentes a todos sus benefactores, lo que se denominaba *seibo-mawari* ('recorrido de fin de año') y, con el tiempo, pasó a designar los regalos en sí mismos.

Estos regalos de invierno, al igual que los de verano, no se dan para celebrar nada, sino para mostrar gratitud. La gente suele hacerlos a sus superiores, por lo que, normalmente, no es necesario responder con otro regalo. No obstante, en cuanto llegan hay que mandar una carta de agradecimiento enseguida. Responder con una llamada de teléfono, un correo electrónico o una felicitación de Año Nuevo debido a la proximidad de las fechas se considera una falta de respeto.

Si se recibe este regalo de un amigo, se puede responder con otro regalo del mismo valor en Año Nuevo.

CUÁNDO HACER ESTOS REGALOS	DE PRINCIPIOS DE DICIEMBRE HASTA EL 20 DEL MISMO MES.

SI PASA DEL DÍA 20, TENEMOS HASTA EL INICIO DE LA PRIMAVERA PARA MANDARLO CON UNA POSTAL DE INVIERNO PARA PREGUNTAR CÓMO VA LA ÉPOCA DE FRÍO. NO OBSTANTE, SI EL PAQUETE VA A LLEGAR EN EL PERÍODO FESTIVO DE AÑO NUEVO, QUE VA DESDE EL 1 AL 7 DE ENERO (O DEL 1 AL 15 SEGÚN LA REGIÓN), HAY QUE MANDARLO COMO FELICITACIÓN DE AÑO NUEVO.

PRESU-PUESTO	• FAMILIARES, AMIGOS, JEFES, ETC.: 3.000 A 5.000 YENES. • PERSONAS QUE NOS HAN AYUDADO MUCHO: 5.000 A 10.000 YENES.

ARTÍCULOS DE REGALO	JAMÓN, SALCHICHAS, CANGREJO... SIRVE CUALQUIER ALIMENTO DE TEMPORADA. TAMBIÉN SE PUEDEN ENVIAR BEBIDAS ALCOHÓLICAS O VALES REGALO.

SI SE HA ENVIADO UN REGALO DURANTE EL VERANO A UNA PERSONA, ES CORTESÍA MANDAR OTRO EN INVIERNO, PERO SI SOLO SE QUIERE ENVIAR UNO DE LOS DOS, ES MEJOR ELEGIR EL REGALO DE INVIERNO.

Tōji, el solsticio de invierno
22 de diciembre (aprox.)

El solsticio de invierno es el día con menos horas de sol y más horas de oscuridad; en él solemos bañarnos con cítricos *yuzu* para pedir salud. Se cree que todos aquellos alimentos que contienen la letra ene traen buena suerte. Normalmente se come *nankin* ('calabaza'), pero hay otros seis que, junto con esta, son los siete alimentos del solsticio de invierno. Son: *ninjin* ('zanahoria'), *renkon* ('rizoma de loto'), *ginnan* ('nuez de ginkgo'), *kinkan* ('quinoto'), *kanten* ('agar-agar') y *udon* (tipo de fideos). Estos alimentos no solo dan buena suerte, sino que también nos ayudan a calentarnos.

Cuando llega diciembre, las calles adoptan el espíritu navideño, pero cuando se acerca el solsticio, mucha gente compra calabazas y cítricos *yuzu*. Cuando los veo me siento aliviada y satisfecha de que nuestras antiguas tradiciones sigan vivas.

A partir de aquí, los días se van haciendo cada vez más largos. El solsticio de invierno también se conoce como *ichiyōraifuku*, que viene a significar que lo malo se va y todo cambia en la buena dirección. A pesar del frío, oír algo así hace que parezca que nos aguarda un futuro esperanzador, y eso lo llena a uno de fuerza.

ITOKONI DE CALABAZA Y JUDÍAS *AZUKI*

SE CREE QUE SI COMES ESTE PLATO EN EL SOLSTICIO DE INVIERNO NO TE RESFRIARÁS. EN ALGUNAS REGIONES SE DICE QUE TE HARÁS RICO. LAS *AZUKI* TARDAN UN BUEN RATO EN COCERSE SI ESTÁN CRUDAS, POR LO QUE USAREMOS JUDÍAS DE LATA.

¿QUÉ ES EL *ITOKONI*?

ES LA COMIDA QUE SE PREPARA HIRVIENDO LOS INGREDIENTES PROGRESIVAMENTE, DE MÁS DURO A MÁS BLANDO. EN JAPONÉS, ESE 'PROGRESIVAMENTE' SE DICE *OIOI*, PALABRA QUE COMPARTE *KANJI* CON «SOBRINO», DE AHÍ EL NOMBRE *ITOKO* ('PRIMO/SOBRINO SEGUNDO') + *NI* ('COCER').

① QUITA LAS PIPAS DE LA CALABAZA Y CÓRTALA EN TROZOS QUE QUEPAN EN LA BOCA.

② PONLA EN LA OLLA CON LA PIEL HACIA ABAJO SIN AMONTONARLA, AÑADE EL AGUA Y PON EL FUEGO FUERTE. CUANDO HIERVA, CÚBRELA CON UN PAPEL SULFURIZADO, BAJA A FUEGO MEDIO Y DEJA QUE CUEZA 5 MIN.

INGREDIENTES
(PARA DOS PERSONAS)

- ½ CALABAZA
- 100 G DE JUDÍAS *AZUKI* (EN LATA)
- 2 CDTAS. DE SALSA DE SOJA
- 1 VASO DE AGUA

③ AÑADE LAS JUDÍAS Y LA SALSA DE SOJA, VUELVE A CUBRIRLO TODO CON EL PAPEL SULFURIZADO Y DEJA QUE CUEZA 5 MIN MÁS. CUANDO PUEDAS ATRAVESAR FÁCILMENTE LA CALABAZA CON UN PALILLO, YA ESTÁ HECHO.

¡ESTOY RECIÉN HECHO Y TENGO UN DULZOR NATURAL!

SI NOS METES EN UNA BOLSITA DE MALLA, DESPUÉS TE SERÁ MÁS FÁCIL LIMPIAR.

Un baño con cítricos *yuzu*

Hazlo como prefieras: cortando los cítricos por la mitad para que floten en el agua o vertiendo el jugo exprimido.

En mi caso, suelo meterme en la bañera con los cítricos enteros y voy aplastándolos con las manos mientras disfruto en el agua para sentir su aroma. Es una manera un poco salvaje de bañarse, ¡pero es que el olor fresco del *yuzu* me encanta!

¿Por qué en el solsticio nos bañamos con cítricos *yuzu*?

Se cree que esta costumbre se remonta al período Edo. Al parecer, el fuerte aroma del *yuzu* y sus propiedades medicinales expulsaban el mal. Hay un juego de palabras que explica la relación entre los términos *yuzu* y *tōji*. *Yuzu* se parece a *yūzū* ('adaptabilidad') en el sentido de la capacidad del cuerpo para mantenerse sano, mientas que *tōji* puede significar tanto 'solsticio de invierno' como 'baño de tratamiento termal'. Un baño de *yuzu* mejora la resistencia al frío, alivia el dolor lumbar y mejora el aspecto de la piel, algo interesante para las mujeres y, además, su aroma es muy relajante. Estos conocimientos ancestrales ayudan a pasar el invierno con salud.

INGREDIENTES
- 500 G DE *YUZU* (UNOS CINCO CÍTRICOS)
- 500 G DE AZÚCAR PIEDRA
- BOTE DE CONSERVAS QUE PUEDA CERRARSE AL VACÍO

INFUSIÓN DE *YUZU* CASERA: ¡APÚNTATE AL RETO!

¡Solo un sorbo te calienta de pies a cabeza! Es muy fácil de hacer y aguanta en la nevera dos meses. ¡También tiene mucha vitamina C, que te ayudará a prevenir resfriados!

(1) LAVA BIEN LOS *YUZU*, QUÍTALES EL RABITO, PÁRTELOS POR LA MITAD Y SÁCALES LAS SEMILLAS.

(2) EXPRIME EL JUGO DENTRO DEL BOTE Y CÓRTALOS EN TROZOS PEQUEÑOS SIN QUITARLES LA PIEL.

(4) DÉJALO REPOSAR DE UNA A DOS SEMANAS HASTA QUE SE DISUELVA EL AZÚCAR.

(3) METE LOS TROZOS DE *YUZU* Y EL AZÚCAR INTERCALÁNDOLOS, Y CIERRA LA TAPA.

MENÉAME DE VEZ EN CUANDO.

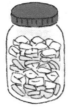

¡AÑADE AGUA Y TENDRÁS UNA DELICIOSA INFUSIÓN DE *YUZU*!

¡EL JENGIBRE LE QUEDA GENIAL!

TAMBIÉN PUEDES UNTARLO EN UNA TOSTADA, COMO SI FUERA MERMELADA.

¡O METERLO EN UN YOGUR!

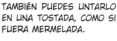

お正月の準備

Preparativos para Año Nuevo

Tras el solsticio de invierno, ¡en breve hay que empezar a prepararse para Año Nuevo! Después de limpiar la casa entera a fondo, hay que colocar los adornos propios de esta festividad y preparar el *o-sechi*, la comida que consumiremos tras cambiar de año. En estos ajetreados días siento una mezcolanza de sentimientos al recordar todo lo que ha pasado en el último año e imaginar lo que nos depara el nuevo. Incluso cuando camino por la ciudad puedo percibir el peculiar clima de esta época; es un ambiente de nervios y emoción.

Toshi no ichi, los mercadillos de fin de año

Los mercadillos de fin de año tienen todo lo que se necesita para recibir el nuevo año. Camino por filas de paradas que exponen adornos para las fiestas, palas ornamentales llamadas *hagoita* o ingredientes frescos o desecados para el *o-sechi*, mientras se oye a la gente regateando con energía. También se venden artículos de cocina, ropa interior y demás, ya que se cree que renovar aquello que nos rodea es una manera de purificarnos de cara al año que comienza.

Dependiendo de qué hora del día sea, los mercadillos de fin de año bajan mucho los precios, así que puede ser buena idea visitarlos. No obstante, simplemente saborear ese ambiente tan lleno de vida ya es entretenido de por sí. Es la verdadera estampa del final del año.

Adornos de Año Nuevo

KADOMATSU

SE COLOCA FRENTE LA PUER-
TA DE LA ENTRADA. SI ES UN
PISO, SE PUEDE PONER UNO
PEQUEÑITO A UN LADO DE LA
PUERTA. EN ÉL SE HOSPEDA
EL DIOS DEL AÑO.

KAGAMI-MOCHI

SE COLOCA EN UNA SALA LLAMADA
TOKONOMA. SI LA CASA NO LA TIE-
NE, SE PONE EN LA SALA DE ESTAR,
DONDE SE REÚNE LA FAMILIA. SON LAS
OFRENDAS AL DIOS DEL AÑO.

SHIME-KAZARI

SE COLOCA EN LA PUERTA DE LA CASA. LE INDICA AL
DIOS DEL AÑO QUE ESE ES UN LUGAR PURO Y ADE-
CUADO PARA SU ESTANCIA. SIRVE COMO BARRERA
CONTRA EL MAL.

¿CUÁNDO SE COLOCAN?

ENTRE EL 13 Y EL 28 DE DICIEMBRE. COMO MUY TARDE,
EL DÍA 30. EL DÍA 29 NO; SE CREE QUE DA MALA SUERTE,
PORQUE EL NÚMERO 29 SE LEE NIJŪKU, IGUAL QUE LA
PALABRA JAPONESA PARA «DOBLE SUFRIMIENTO». EL 31
TAMPOCO, PORQUE A ESO SE LE LLAMA ICHIYA-KAZARI,
QUE SIGNIFICA 'DECORACIÓN DE UNA NOCHE', Y ES UNA
FALTA DE RESPETO HACIA EL DIOS DEL AÑO.

13	14	15	16	17	18	19
20	21	22	23	24	25	26
27	28	29	30	31		

¿CUÁNDO SE GUARDAN?

SE CREE QUE EL DIOS DEL AÑO ESTÁ DEL DÍA 1 AL 7 DE ENERO (DEPENDIENDO DE LA ZONA ES
HASTA EL 15). CADA REGIÓN LO HACE A SU MODO, PERO NORMALMENTE SE GUARDAN CUANDO
ACABA ESTE PERÍODO DE FIESTAS LLAMADO MATSU NO UCHI.

A veces, por las circunstancias que sea, no se pueden poner decoraciones por todo lo alto, pero con un poco de ingenio podemos llenar la entrada de casa de color. ¡Preparar un simple adorno puede ser muy divertido!

DECORACIÓN SENCILLA PARA UN AMBIENTE FESTIVO

PON DOS PAPELES DE PAPIROFLEXIA CON DISTINTOS MOTIVOS DE COLORES UNO SOBRE OTRO VARIANDO LA ROTACIÓN. COLOCA UNA GRULLA DE PAPIROFLEXIA, UNAS PIÑAS, ETC.

CUBRE UNA BOTELLA VACÍA CON PAPEL DE PAPIROFLEXIA Y COLOCA HOJAS DE PINO Y NANDINA. A FINAL DE AÑO, LAS FLORISTERÍAS VENDEN PACKS DE FLORES Y HOJAS DE ÁRBOLES TÍPICOS DE AÑO NUEVO.

SHIME-KAZARI DE PAPIROFLEXIA PARA COLGAR EN LA PUERTA

MATERIALES

- PAPEL DE PAPIROFLEXIA
- PEGAMENTO
- UN CORDEL RESISTENTE Y UN LAZO

¡SI USAS UNO DE 24 CM DE LADO, QUEDARÁ IMPONENTE!

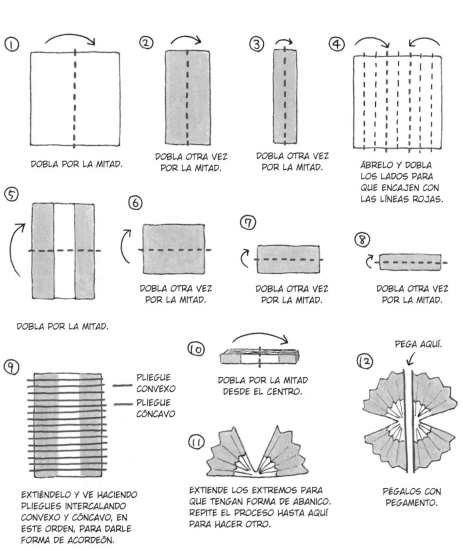

① DOBLA POR LA MITAD.

② DOBLA OTRA VEZ POR LA MITAD.

③ DOBLA OTRA VEZ POR LA MITAD.

④ ÁBRELO Y DOBLA LOS LADOS PARA QUE ENCAJEN CON LAS LÍNEAS ROJAS.

⑤ DOBLA POR LA MITAD.

⑥ DOBLA OTRA VEZ POR LA MITAD.

⑦ DOBLA OTRA VEZ POR LA MITAD.

⑧ DOBLA OTRA VEZ POR LA MITAD.

⑨ EXTIÉNDELO Y VE HACIENDO PLIEGUES INTERCALANDO CONVEXO Y CÓNCAVO, EN ESTE ORDEN, PARA DARLE FORMA DE ACORDEÓN.

— PLIEGUE CONVEXO
— PLIEGUE CÓNCAVO

⑩ DOBLA POR LA MITAD DESDE EL CENTRO.

⑪ EXTIENDE LOS EXTREMOS PARA QUE TENGAN FORMA DE ABANICO. REPITE EL PROCESO HASTA AQUÍ PARA HACER OTRO.

⑫ PEGA AQUÍ.

PÉGALOS CON PEGAMENTO.

⑬ PEGA AQUÍ. PEGA AQUÍ.

ATA EL LAZO EN EL CENTRO Y PEGA LOS LADOS PARA QUE FORME UN CÍRCULO.

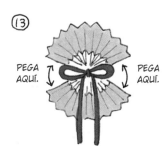

PONME EL CORDEL POR DETRÁS PARA COLGARME EN LA PUERTA.

PUEDES USAR DOS CORDELES O PAPELES DE COLORES DISTINTOS PARA QUE RESULTE MÁS LLAMATIVO.

Ōmisoka, el 31 de diciembre

大晦日

Por fin llega el último día del año. Las familias que normalmente viven separadas se reúnen para celebrar la Nochevieja juntas. Solo este día a los niños se les permite estar levantados hasta tarde, y hay un clima especial en el ambiente que nos llena de entusiasmo. Nos sentamos todos a la mesa-brasero, comemos los fideos típicos de esa noche mientras escuchamos las campanadas que resuenan a lo lejos y, cuando dan las doce, nos felicitamos unos a otros. Hay muchos eventos durante el año, pero me atrevería a decir que el momento del cambio de año es el más importante de todos. Este día concluye un período que nos entristece dejar atrás, pero abre uno nuevo que ilumina nuestros corazones con esperanza.

Toshikoshi-soba, los fideos de las campanadas

Se dice que se empezaron a comer para desear una vida larga como estos fideos. En comparación con otros tipos de fideo, los *soba* se rompen con facilidad, lo cual se asocia con la idea de romper con el sufrimiento y los infortunios. No hay un momento único en el que deban comerse. Hay quien los come para cenar y hay quien lo hace justo antes de las campanadas, pero siempre es mejor habérnoslos acabado antes de que cambie el año.

¡FINOS Y LARGOS!

Joya no kane, las campanadas de Nochevieja

La palabra *joya* significa 'noche que elimina (el año viejo)' y hace referencia a la Nochevieja. En la medianoche del día 31 los templos tañen sus campanas 108 veces, número que representa el total de los deseos mundanos del ser humano. Se cree que las campanadas los eliminan y así se puede recibir el año con el corazón purificado. Estos deseos terrenales son aquellos sentimientos que descarrían la mente y el cuerpo de las personas, como la avaricia, la ambición o los celos. Pero ¿de dónde sale este número? Según el budismo, el ser humano posee seis sentidos, a los que denomina «seis raíces», a saber: vista, oído, olfato, gusto, tacto y mente. Cada uno de ellos se corresponde con uno de los «seis campos»: imagen, sonido, olor, sabor, sensación táctil y pensamientos. Luego tienen tres estados posibles: bueno, malo o neutro. 6 × 3 más 6 × 3 son 36. Finalmente, también hay tres posibles tiempos: presente, pasado y futuro. Por lo

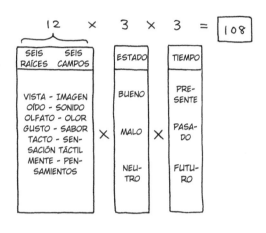

tanto, 36 × 3 equivale a 108. Existe otra teoría que afirma que son 12 meses más 24 términos solares más 72 péntadas, cuya suma también da 108. Una tercera dice que viene de la palabra *shikuhakku*, que significa 'pasar por muchas penalidades' (en el sentido de que estas campanadas quitan todo sufrimiento) y cuyos *kanji* pueden leerse también como los números: 4, 9, 8, 9. De aquí se hace la operación 4 × 9 + 8 × 9, que da 108. Todas estas teorías parecen plausibles.

Mientras oigo las majestuosas campanadas, recuerdo las vivencias del año. Cada tañido me limpia el corazón y me permite recibir el nuevo año con sentimientos puros.

Conclusiones

Yo me he criado en Tokio, así que podríamos decir que soy de ciudad, pero cuando era pequeña siempre pasaba las vacaciones de verano e invierno en casa de mis abuelos de Tomonoura, perteneciente a la ciudad de Fukuyama, en la prefectura de Hiroshima. El amor que siento por el sosegado paisaje del mar interior de Seto y por sus amables gentes, que viven apreciando cada estación del año, hizo que me empezara a interesar por la naturaleza y los distintos eventos anuales.

Cuando me propusieron hacer este libro, dudé si alguien como yo, que a pesar del carácter afable de mis padres he salido un tanto descuidada, podría escribir un libro sobre el calendario anual de eventos conocido como *saijiki*. No obstante, me acabé decidiendo porque pensé que, precisamente gracias a mi carácter, podría hablar sobre este tema en un lenguaje llano para aquellos a quienes estas tradiciones no les sean muy conocidas y se preguntasen: «¿Qué es el *saijiki*?».

Cuando era estudiante de primaria, en el colegio teníamos que apuntar los resultados de los experimentos de ciencias y demás. Recuerdo que los demás estudiantes solo escribían, pero yo redactaba escritos cómicos y llenos de color en los que incluso me dibujaba a mí misma junto a las explicaciones.

Al parecer, ya desde niña me esforzaba mucho por explicar cosas complicadas de la manera más sencilla y clara posible.

Mientras escribía este libro, aquella época me ha venido a la memoria. He intentado explicar temas difíciles de una manera tan fácil y amena como he podido. Espero haberlo conseguido.

Para acabar, me gustaría aprovechar este espacio para dar las gracias a todas aquellas personas que me han ayudado a escribir este libro.

A mi editor Matsunaga, por descubrirme y animarme a seguir adelante, y a mi familia por sus ánimos y apoyo constantes. Os quiero expresar mi agradecimiento de todo corazón.

Y también a ti, que tienes este libro en tus manos, muchísimas gracias. Espero que cada uno de los 365 días de tus años sea maravilloso.

HIROMI SATŌ

Papel certificado por el Forest Stewardship Council®

MIXTO
Papel procedente de
fuentes responsables
FSC® C117695

Penguin
Random House
Grupo Editorial

Título original: 大切にしたい、にっぽんの暮らし
Primera edición: octubre de 2021

© 2013, Hiromi Satō
Primera publicación en lengua japonesa por Sanctuary Publising Inc.
La autora ha manifestado su derecho moral a ser considerada la autora de esta obra
© 2021, Penguin Random House Grupo Editorial, S.A.U.
Travessera de Gràcia, 47-49. 08021 Barcelona
© 2021, Alèxia Miravet, por la traducción

Printed in Spain – Impreso en España

ISBN: 978-84-18007-49-1
Depósito legal: B-12.885-2021

Compuesto por DARUMA Serveis Lingüístics, S. L.
Impreso en en Gráficas 94, S. L.
Sant Quirze del Vallès (Barcelona)

DO 0 7 4 9 1